中国现代教育社团史

周谷城题

"中国现代教育社团史"丛书编委会

丛书主编：储朝晖

丛书编委会： 于书娟　马立武　王　玮　王文岭　王洪见
　　　　　　 王聪颖　白　欣　刘小红　刘树勇　刘羡冰
　　　　　　 刘嘉恒　孙邦华　苏东来　李永春　李英杰
　　　　　　 李高峰　杨思信　吴冬梅　吴擎华　宋业春
　　　　　　 汪昊宇　张礼永　张睦楚　陈克胜　陈梦越
　　　　　　 周志平　周雪敏　钱　江　徐莹晖　曹天忠
　　　　　　 梁尔铭　葛仁考　韩　星　储朝晖　楼世洲

审读委员会： 王　雷　王建梁　巴　杰　曲铁华　朱镜人
　　　　　　 刘秀峰　刘继华　牟映雪　张　弛　张　剑
　　　　　　 邵晓枫　范铁权　周　勇　赵国壮　徐　勇
　　　　　　 徐卫红　黄书光　谢长法

"中国现代教育社团史"丛书书目

《中国现代教育社团发展史论》
《中华教育改进社史》
《中华平民教育促进会史》
《生活教育社史》
《中华职业教育社史》
《江苏教育会史》
《全国教育会联合会史》
《中国教育学会史》
《无锡教育会史》
《中国社会教育社史》
《中国民生教育学会史》
《中国教育电影协会史》
《中国科学社史》
《通俗教育研究会史》
《国家教育协会史》
《中华图书馆协会史》
《少年中国学会史》
《中华儿童教育社史》
《新安旅行团史》
《留美中国学生联合会史》
《中华学艺社史》
《道德学社史》
《中华教育文化基金会史》
《中华基督教教育会史》
《华法教育会史》
《中华自然科学社史》
《寰球中国学生会史》
《华美协进社史》
《中国数学会史》
《澳门中华教育会史》

推进教育治理体系和治理能力现代化……推动社会参与教育治理常态化，建立健全社会参与学校管理和教育评价监管机制。

——《中国教育现代化 2035》

当前，我国改革开放正在逐步地深入和扩大，激发社会组织活力，在整个社会治理体系建设中具有重要作用。现代教育治理体系的建设，也迫切需要发挥专业的教育社团的积极作用。在这个大背景下，依据可靠的历史资料，回溯和评价历史上著名教育社团的产生、发展、组织方式和活动方式等，具有现实意义和社会价值。总的来说，这个项目设计视角独特，基础良好，具有较高的学术价值、实践价值和出版价值。

——石中英

教育社团组织与中国教育早期现代化，既是一个有丰富内涵的历史课题，更是一个极具现实意义的重大课题。由中国教育科学研究院储朝晖研究员领衔的学术团队，多年来在近代教育史这块园地上努力耕耘，多有创获，取得了可喜的成果，积累了深厚的知识储备。现在，他们选择一批有代表性、典型性、产生过重大影响的教育社团组织，列为专题，分头进行深入的研究，以期在丰富中国教育早期现代化研究和为当代中国教育改革服务两个方面做出贡献，我觉得他们的设想很好。

——田正平

国家出版基金项目

NATIONAL PUBLICATION FOUNDATION

中国现代教育社团史　丛书主编 / 储朝晖

中国社会教育社史

曹天忠　蔡越蠡　著

西南大学出版社
国家一级出版社 全国百佳图书出版单位

图书在版编目(CIP)数据

中国社会教育社史 / 曹天忠, 蔡越蠡著. — 重庆：西南大学出版社, 2021.10
(中国现代教育社团史)
ISBN 978-7-5697-1002-1

Ⅰ.①中… Ⅱ.①曹… ②蔡… Ⅲ.①社会教育—学术团体—历史—中国 Ⅳ.①G779.2-26

中国版本图书馆CIP数据核字(2021)第130649号

中国社会教育社史
ZHONGGUO SHEHUI JIAOYUSHE SHI

曹天忠　蔡越蠡　著

策划编辑：	尹清强　伯古娟
责任编辑：	尹清强
责任校对：	曹园妹
装帧设计：	观止堂_朱璇
排　　版：	李　燕
出版发行：	西南大学出版社(原西南师范大学出版社)
	重庆・北碚　邮编：400715
印　　刷：	重庆新生代彩印技术有限公司
幅面尺寸：	170mm×240mm
印　　张：	15.75
插　　页：	4
字　　数：	270千字
版　　次：	2021年10月 第1版
印　　次：	2021年10月 第1次
书　　号：	ISBN 978-7-5697-1002-1
定　　价：	68.00元

总序

在中国教育早期现代化的历史进程中,无论是清末,还是北洋政府和国民政府时期,在整个20世纪前期传统教育变革和现代教育推进波澜壮阔的历史舞台上,活跃着这样一批人的身影,他们既不是清王朝的封疆大吏、朝廷重臣,也不是民国政府的议长部长、军政要员,从张謇、袁希涛、沈恩孚、黄炎培,到晏阳初、陶行知、陈鹤琴、廖世承,有晚清的状元、举人,有海外学成归来的博士、硕士,他们不居庙堂之上,却念念不忘国家民族的百年大计;他们不拿政府的分文津贴,却时时心系中国教育的改革与发展。是"研究学理,介绍新知,发展教育,开通民智"这样一个共同理想和愿景,将这些年龄悬殊、经历迥异、分散在天南海北的传统士人、新型知识分子凝聚在一起,此呼彼应、同气相求,结成团体,组织会社。于是,从晚清最后十年的江苏学务总会、安徽全省教育总会、河南全省教育总会,到民国时期的全国教育会联合会;从中华职业教育社、中华新教育共进社、中华教育改进社,到中华平民教育促进会、生活教育社、中国社会教育社、中华儿童教育社、中国教育学会……在短短的半个世纪里,仅省级以上的和全国性的教育会社团体就先后有数十个,至于以县、市地区命名,以高等学校命名或以某种特定目标命名的各式各样的教育会社团体,更是难以计数。所有这些遍布全国各地的教育会社团体,通过持续不断的努力,从不同的层面,以不同的方式,冲刷着传统封建教育的根基,孕育和滋养着现代教育的因素。可以毫不夸张地说,在传统教育变革和现代教育推进的历史进程中,从宏观到微观,到处都留下这些教育会社团体的深深印记,它们对中国教育早期现代化的贡献可谓功莫大焉!

大约从上世纪90年代开始，中国近代教育会社团体的研究，渐渐进入人们的学术视野，20多年过去了，如今关于这一领域的研究，已经风生水起，渐成气候，取得了相当的成果，并且有着很好的发展势头。说到底，这是当代中国教育改革的需要和呼唤。教育是中华民族振兴的根基和依托，改革和发展中国教育，让中国教育努力赶上世界先进水平，既是中央政府和各级政府义不容辞的职责，也必须依靠广大教育工作者的自觉参与和担当。从这个意义上讲，中国近代教育会社团体与中国教育早期现代化研究，既是一个有丰富内涵的历史课题，更是一个极具现实意义的重大问题。中国教育科学研究院储朝晖研究员，多年来在关注现实教育改革的诸多问题的同时，对中国近代教育史有着特殊的感情，并在这块园地上努力耕耘，多有创获，取得了可喜的成果，积累了深厚的知识储备。现在，他率领一批志同道合的中青年学者，完成了"中国现代教育社团史"的课题，从近代以来数十上百个教育社团中精心选择一批有代表性、典型性、产生过重大影响的教育社团，列为专题，分头进行了深入的研究。我相信，读者诸君在阅读这些成果后所收获的不仅仅是对教育社团的深入理解和崇高敬意，也可能从中引发出一些关于当代中国教育改革的更深层次的思考。

是为序。

田正平

丁酉暮春于浙江大学西溪校区

前言

教育化民,润物无声,中国自古以来注重教化的作用。近代中国社会转型的过程中,社会教育的作用愈发凸显,成为开启民智、塑造国民的重要工具,但由于其成效不能立竿见影,因而在追求快速实现退虏送穷的任务时,社会教育常常成为"少数人的责任"。由此而产生的颇为值得注意的现象是,在中国近现代教育结构体系中,虽然家庭教育、学校教育和社会教育三大部类各据其一,大体可以说学校教育最发达,家庭教育最受重视,而社会教育最容易被忽视。

"社会教育"一词是清末从日本引入中国的。中国的杂志上在1902年便出现过"社会教育"一词。关于"社会教育"的概念,1929年的全国教育大会决议指出,"社会教育是家庭教育、学校教育以外的,以文化向上为目标的一般教育作用的总称,具备各种各样的教养训练的设施和机关,以使一般国民能自由利用之为本旨"[1]。1931年,社会教育代表人物之一的俞庆棠在江苏省立教育学院的演讲中指出,社会教育一词"是从社会学和教育学而产生得来的,而社会教育的目的,是无论公共团体和私人团体,以社会全体民众为对象,以谋任何人都有进步的机会,所以无论何人所办的补习教育均属之"[2]。社会教育是相对于学校教育而言的,"收效迟缓而起的新教育"。这既说明它的宽泛范围,也表明其短时间内难以办出成效。

清末十年,社会教育已成为重要的社会教化方式,被诸多个人和团体加以

---

[1] 丘学训:《社会教育的概念与实质》,《东方杂志》第30卷第6期,1933年。
[2] 俞庆棠:《民众社会教育谈——在江苏省立教育学院演讲》,载茅仲英、唐孝纯编《俞庆棠教育论著选》,人民教育出版社,1992,第27页。

运用,因社会各界重视而蔚然成风,一度繁荣发展。民国肇建,教育总长蔡元培主张社会教育与学校教育并重,在教育部设立专门的主管机关社会教育司,将社教分为普通性质与专门性质两大类,行动上实行注音字母运动。社会教育在官方的推动下,自然得到越来越多人的关注。但之后逐渐滞后。究其原因,主要是边界范围过宽,种类繁多、分散,社会功能模糊,特别是在全国学制中没有地位与合法性等。此时的社会教育,从教育受众来看,更接近民众教育;从教育对象来看,更接近成人教育;从教育活动范围来看,更接近乡村教育;从教育目的来看,更接近职业教育;从关怀领域来看,更接近生活教育。此外,也经常出现"国民基础教育""特种教育"等名异实同、大同小异的称呼,反映了学理认识上的混乱。

1920年代,在"唤起民众"的呼声下,国民政府主张民众运动与社会教育打成一片;而在新生活运动的推动下,政府重新青睐社会教育,甚至规定社会教育经费占所有教育经费的百分之二十以上。九一八事变后,闲散、滞后的社会教育无法适应急剧变化的形势需要。为了团结和整合全国社会教育资源,加强异地同行之间的联系,推动社会教育学术研究,宣传社教的重要性以及与世界社会教育团体接轨,1931年12月中国社会教育社[①]应运而生,并在之后的教育历史舞台上表现十分活跃,发挥了比较重要的作用。

本书共六章,在已有研究的基础上,按照历史与逻辑相统一的原则,逐层深入,由表及里,由内而外地叙述中国社会教育社成立、演进、结束的历史。试图通过对它的成立背景、历史沿革、组织运作、年会举行、实验事业、学术研究、与政治的纠葛关系、参与乡村建设、历史地位等方面,进行内与外、纵与横、理论与实践多方面的考察,重建社会教育社活动及其参与当时重大社会建设的基本史实,推进相关研究,并为今日进行社会教育提供参考。

第一章"中国社会教育社的沿革",主要从其所产生的时代背景与具体现实出发,对全面抗战前的四届年会、全面抗战后参加中国教育学术团体联合会并与之举行的联合年会,以及抗战胜利后召开第五届年会,按照时间先后顺序从侧面呈现中国社会教育社本身的演进、变化和发展情形。

第二章"中国社会教育社的组织运作",着重从其内部组织架构的设置与日

[①] 简称"社教社"。

常运作出发,诸如理事选举、理事会议、理事会事务所维持、经费筹集、成员招募等层面以窥其组织活动;同时梳理其在争取社会教育在当时学制中合法化、学术化以及规范化、制度化中的表现。

第三章"中国社会教育社与全国社教界的关系",主要关注其与社教界相关团体的外部联络活动,在出版物发行、人员交换、分社设立、教育参观考察组织和全国乡村工作讨论会促成召开等方面的表现。同时考察其与相关社教团体组织,尤其是与中国教育电影协会的合作,以说明其发挥的"全国社会教育枢纽"的作用。

第四章"中国社会教育社的实验事业",主要关注中国社会教育社与相关高校或地方政府合办设立的江苏北夏民众教育实验区、河南洛阳民众教育实验区、广东花县乡村教育实验区及抗战时期桂林岩洞教育实验区的办理经过以及具体情况。

第五章"中国社会教育社与'政教合一'"。教育与政治关系本来就难以分割,以社会为主要活动范围的社会教育必须与政治进行合作才能有效地进行。社会教育,尤其是乡村社会教育成为打破民初以后流行的教育独立思潮的最早教育领域之一,社教社在理论和行动上主动寻求与政治合作,奋力参与抗日战争,邀请召开年会所在地的国民政府党政领导出席年会,接受教育行政机关的经费补助,积极向教育部建言各种社教政策,发挥民间专家智库的作用,至少得到了后者言语上比较及时的回应。

第六章"中国社会教育社与乡村建设"。社教社成立之日,正是乡村建设如火如荼在全国进行之时,因而中国社会教育社以乡村建设作为自己的工作宗旨,反映在前四届年会的中心主题以及年会提案所建议进行经济调查、金融合作方面上。中国社会教育社成为乡村建设各主要派别进行联系、合作,甚至分歧、争论表现的主要"平台",在乡村建设运动中扮演了不可忽视的重要角色。

总之,中国社会教育社作为民国时期全国性社会教育团体,担负着社会教育"以教育改造达社会改造"的重要使命,中国社会教育社的相关活动,是近代"教育中国化"的缩影,深刻影响着中国近现代教育格局的形成,本书力图对中国社会教育社的情况进行全景式展现,为今日开展社会教育事业提供经验与借鉴。

目录

总序（田正平）
前言

第一章　中国社会教育社的沿革
　　第一节　成立背景　/3
　　第二节　全面抗战前独立活动　/9
　　第三节　全面抗战后加入中国教育学术团体联合会　/23
　　第四节　复员后的工作及第五届年会　/35

第二章　中国社会教育社的组织运作
　　第一节　理事会及其职责　/43
　　第二节　经费及社务运作　/78
　　第三节　推动社会教育合法化、规范化、制度化　/90

第三章　中国社会教育社与全国社教界的关系
　　第一节　全国社会教育枢纽　/107
　　第二节　与国内有关团体机构联系　/118

第四章　中国社会教育社的实验事业
第一节　社会教育实验区设置　/127
第二节　北夏民众教育实验区　/130
第三节　洛阳社会教育实验区　/134
第四节　花县乡村教育实验区　/146
第五节　桂林岩洞教育实验区　/153

第五章　中国社会教育社与"政教合一"
第一节　从与政治分离到参与救亡　/159
第二节　与各级党政部门关系　/175
第三节　对政教合一的认识深入　/181

第六章　中国社会教育社与乡村建设
第一节　中国社会教育社对乡村建设的重视与参与　/189
第二节　社教社与乡村建设各派的联系　/193
第三节　在乡村建设中的分歧与笔战　/200

结语　/213

附录　/217

主要参考文献　/225

后记　/231

丛书跋(储朝晖)　/233

第一章 中国社会教育社的沿革

社会教育的不断发展，国难时期唤起民众的需要，加之联络社教机关的现实需求，促使中国社会教育社应运而生，逐渐发展。本章主要叙述中国社会教育社成立的历史背景，以其年会为载体，结合社会与时代变化，考察全面抗战前其主要活动以及在全面抗战后加入中国教育学术团体联合会的具体情况，以梳理出中国社会教育社的基本活动和沿革脉络。

第一节　成立背景

中国社会教育社的成立，是社会教育发展到一定阶段的产物。南京国民政府推行训政，一度标榜遵照孙中山"唤起民众"的遗嘱，主张实行民众教育，以达到训政的目的，在客观上促进了社会教育的发展。1931年11月，社教界人士俞庆棠、李蒸、高践四、赵步霞[①]等鉴于"训政期间民众教育使命之重大，更非彼此联络相互帮助，难获实效"，约同钮永建、尚仲衣、雷宾南、陈礼江等若干教育界知名人士发起社会教育社。[②]实则早在当年4月，在江苏省会举行识字运动时，与会演讲者郑晓沧、高阳、雷沛鸿、赵步霞即酝酿组织中国社会教育社问题。11

[①] 文献中的人名有时称名，有时称字，如高阳（高践四）、雷沛鸿（雷宾南）、赵冕（赵步霞）等，本书尽量尊重原文献写法，未刻意统一。

[②] 《中国社会教育社成立志盛》，《教育与民众》第3卷第4期，1931年。

月21日,发起人先于镇江开会,商讨中国社会教育社的名称及组织纲要,并推俞庆棠、赵冕、甘豫源为社章及缘起词的起草人。会后分头进行,征求发起人。12月31日,受九一八事变对时局的影响,在"国难当前,凡足领导民众之组织,亟宜从速成立"的动议下,该社正式成立于南京民众教育馆,通过社章,推举临时理事会。其缘起云:

> 众人的聪明智慧是全世界的重大幸福。……社会教育是增进众人的聪明智慧之最妙法门……人们对于现行的社会秩序,常表不满足,而有继续不断的新改造运动。在这新改造运动中,常有新教育理想,新教育制度发生。……中国以受帝国主义之压迫,而有数十年来之革命运动。但新运动的成功,必赖新教育制度,因此成人教育为世界公同的需要,而于中国尤为迫切。大凡人们要努力建筑新社会秩序,必须先增进在田间和厂中的民众的智慧。诚以民众缺乏智慧,即一切社会改造运动的阻力。中国数十年来的一般学校教育,不多注意及此,清末的简易识字学塾,民元以后的通俗教育。民国八年以后的平民教育,确曾注意及此,只以同志无多,政府不力,观成难望。社会教育现已获得新意义新动力,不及时推进,更待何时?我们已知各地的社会教育同志,已在不同的环境之下,依据适当的理论和方法,推进他们的事业。但中国地大人众,同志散处各地,深感声气少通,愿宏力薄。因此,同人等欲谋全国社会教育同志的大团结,而有中国社会教育社的发起……[①]

作为结社宣言式的发起词,常是该社的旨趣,反映它所关心事务的过去、现在及将来,为集思广益、反复协商的结果;且行文往往高度抽象、概括,蕴藏丰富的内容,甚至玄机,不易理解,需要进一步揭示和发覆,以为理解该社历届年会的主题和议案张本。揆诸缘起原文,有以下两点值得注意。

一、强调社教的重要性及其与学校教育的关系

第一,从世界范围内强调社会教育的功能,尤其是其在改造近代中国社会中所起作用的重要性。这可以从对内和对外两大方面而言。

在对内方面,20世纪30年代,中国教育界有识之士反思中国近代以来前赴

---

① 《中国社会教育社成立志盛》,《教育与民众》第3卷第4期,1931年。

后继的多次革命和改良运动失败的根本原因,在于没有认识到增进"民众的智慧"的重要作用,没有对革命和运动的主力——民众的智力进行有效的开发。晏阳初、梁漱溟均认为太平天国、自强运动、戊戌变法、辛亥革命、新文化运动之所以失败,是没有顾及运动的主体——民众的教育的结果。所以,通过对下层民众的教育,开发智力,以促进乡村建设,较历次运动都重要和进步,是中华民族最后觉悟的表现。[1]社教社发起人之一、广西省政府委员兼教育厅厅长雷沛鸿也说,辛亥以后社会失序,是因为没有将革命和"人生与社会的一种历程"——教育相联系,以致革命的意义"与民众教育在过去二十年间从来未有丝毫缘分",两者未发生关系,因而应亡羊补牢,本辛亥革命的理想以实施大规模的社会教育。[2]

在对外方面,社会教育不发达,人民智慧没有得到开发,引起列强对中国的觊觎和侵略。在论述社教社组织缘起时,认为"我中华民族的聪明智慧,开化虽早,而进步很迟。欧西民族开化虽迟,而进步很速,真觉'后生可畏'!现今中华民族智慧进化的落后,不但关系个人的命运、民族的前途,而且关系世界人们的幸福,因为中华民族智慧的落后,足使一切事业落后,予帝国主义者发展野心的机会,贻世界人们以莫大的忧虑"。同时认为教育在中国社会改造过程中扮演着重要角色,强调社教"是增进众人的聪明智慧之最妙法门";教育制度对于社会改造具有重要作用,"新运动的成功,必赖新教育制度,因此成人教育为世界公同的需要,而于中国尤为迫切"。[3]

第二,批评学校教育漠视民众,勾勒社会教育在中国的演变,强调社会教育在民族矛盾上升时灵活变通的救国功能。清末癸卯学制的颁布,标志着新式教育即学校教育制度的确立,这对中国原有的科举制度八股取士而言,有其合理性。但随着社会的进步,新式的学校教育在中国逐渐显露其缺陷,屡为人诟病,谓为"洋化的八股教育"。它不顾教育制度的社会基础和国情,专事模仿,轮流抄袭,时而日德,时而英美,其结果:一是"抽象地玄想,而脱离现实社会"[4],这种

---

[1] 晏阳初、(美)赛珍珠著,宋恩荣编《告语人民》,广西师范大学出版社,2003,第68页。
[2] 雷宾南:《辛亥革命与民众教育》,《教育与民众》第3卷第2期,1931年。
[3] 《中国社会教育社成立志盛》,《教育与民众》第3卷第4期,1931年。
[4] 雷沛鸿:《国民中学与学制改革》,《广西教育研究》第3卷第5期,1942年。

脱离中国社会实际的教育难以肩负改造中国社会的重任；二是"教育制度之变动太快、太轻率"，无定见，缺少中国根基；①三是专注于少数有钱人，绝大多数贫苦的民众百姓被拒于学校之外，他们的智慧因此没有得到应有的开发，遂"成为一切社会改造运动的阻力"。

社会教育在中国古已有之，进入近代后形式发生了变化，存在有形与无形之别。此前中国的社教，如乡规民约、风俗习惯之类，多为无形，所谓"散漫的、零碎的、附带的、寄生的"；进入近代之后，变成有形，如图书馆、民众教育馆、戏剧影院等，即"有组织、有系统、有计划、有办法"的社会教育。②"社会教育"的名称不仅在民初出现，而且内涵发生演变。清末偏重通俗化的教育，五四时为平民识字教育，北伐后成为以公民训练及职业补习为内容的民众教育。

20世纪30年代初，天灾人祸交织。外有九一八事变，日本闪击中国，民族危机出现；内临水旱并发，农村经济凋敝。专为少数人而办、脱离社会实际的近代新式学校教育的缺陷进一步暴露：一方面教育对象上"太贵族化"——少爷小姐脱离生产劳动，专门造就高等消费者；另一方面在教育内容方面闭门造车，孤芳自赏，和政治完全脱节。③与此相反，灵敏而适应性强，目标"依随社会的动向和时代的要求而演进"的社会教育，"获得新动力"，备受关注。以唤起民众、训练民众和组织民众为职志的国难教育，呼声高涨；揭橥救亡、救穷、救愚"三救"为目标的乡村教育及乡村建设，方兴未艾。因此，"回溯九一八之后，举国彷徨，教育界方面，思有以自救，有组织团体增加力量之必要，本社于是成立"。④社教社总干事俞庆棠事后也指出"本社成立于九一八国难最严重的时候。三年以来，同人思想行动所集中的，就在如何运用社会教育的力量，以求解决民族的问题"⑤。所以，社会教育社把抗日救国以及进行乡村建设作为复兴中国的方针。

---

① 李正富编著《王凤喈先生的生平及其著作》，台北正中书局，1980，第64页。
② 傅葆琛：《我国社会教育的演变及其动向》，载陈侠、傅启群编《傅葆琛教育论著选》，人民教育出版社，1994，第377—380页。
③ 北京师范大学校史研究室编《林砺儒文集》，广东教育出版社，1994，第415—416页。
④ 《中国社会教育社第三届年会报告》，第15页。
⑤ 《中国社会教育社第三届年会报告》，第23页。

二、沟通国内外社教界之间的联系

中国社会教育社的成立,也符合沟通国内外社会教育机关的需要,为以后社会教育事业的发展提供重要的组织支撑。

第一,联络民间与官方,沟通社教各派关系。训政开始之后,由于南京国民政府提倡,社教得到明显的发展,表现在以下方面:试验和培养人才的机关得以设立;理论与实际问题得到研讨;民众学校日增,文盲减少;注意深入民众生活;经费有所增加。但是,这些发展仅是政府当局的行为,与民间社会各界"分道扬镳,缺乏联络",从而成为社教"进展中的阻碍"。[1]就社教界本身而言,由于信奉理论的差异,所处区域的不同,依托的背后势力有别,派分林立。此前虽已有社教同志致力于相关活动,"但中国地大人众,同志散处各地,深感声气少通,愿宏力薄",不能发挥出更好的效能,因此中国社会教育社的发起,便是谋求"全国社会教育同志的大团结"。"我们相信团结便是力量,我们必须联合作战,而后可以克胜这阻碍中华民族进化的大敌,而后可以使田间和厂中的民众同入光明之境。"[2]诚如发起人之一的郑晓沧指出:"就吾人所知,华北除定县外,近年更有梁漱溟先生之山东邹平所办之乡村建设研究院,江苏除徐公桥黄巷而外,更有钮永建先生所主办之俞塘事业及张仲仁、李根源先生新近所办之善人桥事业;其在珠江流域,则中山大学古楳先生及广西唐现之先生对于乡教事业,或在理论或在实际均有甚大之努力。"[3]但各家"散处各地,深感声气少通,愿宏力薄",严重影响和制约了社教的进一步发展。可见,不但是政府与民间社会双方,还是社会教育内部各地各派之间,都需要加强联系,才能适应社会教育发展的需要。

第二,参加国际同类组织,加强中国与世界社会教育团体——世界成人教育协会的联系。借鉴近代世界社教先进的经验,联络、团结国外社教团体是中国社教社成立的缘起之一,也是社章规定的基本任务。该社缘起的第一句话"众人的聪明智慧是全世界的重大幸福",是世界成人教育协会标明的宗旨。"我

---

[1]《中国社会教育社第一届年会报告》,第97页。
[2]《中国社会教育社成立志盛》,《教育与民众》第3卷第4期,1931年。
[3]《中国社会教育社第一届年会报告》,第107页。

们已深知世界的成人教育同志,因团结而生力量,有力量而事业得到更速的进步。"①因此,组建中国的社教团体,学习国际上先进的社会教育经验和做法,联络并加入国际同类组织,成为社教社的迫切愿望。所以,此后历届年会多有相关的议题提出。在第一届年会上,就有"加入世界成人教育协会"的决议,并视之为该社1932年社务的工作要项。②在第二届年会上,又有《请派人出国考察美、俄、德、丹麦、瑞士等国社会教育及乡村教育案》的特别提案。会议审查意见是"请教育部通令各省,组织国外社会教育及乡村教育考察团,每省派一、二人,联合数省以上,即可组织。考察经费,由各省府酌量筹措"③。事后,总干事俞庆棠出国考察丹麦、英国成人教育,并办妥了加入世界成人教育协会的手续。1935年,社员郑彦棻、罗廷光出席世界教育会议。④1937年7月23—31日,国际初等教育与民众教育会议在巴黎召开,社员代表、中山大学教育研究所时任所长崔载阳代表该社出席,在大会上用法文做了"中国民族教育哲学"的演讲,受到与会者高度的评价。⑤

第三,促进社会教育学术研究。社教社"以研究社会教育学术,促进社会教育事业为宗旨"。⑥中国传统社会教育不适应近代中国的需要,外来新式的社会教育与中国国情也有颇大的距离,业内人士亟待联合起来,集思广益,加强学术研究,以贡献于社会教育界。他们提出"现今全国社会教育同志既感学术的饥荒,事业的幼稚,应当急谋团结",只有这样才能"促新教育制度之成功,新社会秩序之实现,开中华民族的新生命,放世界人类的新光明"。⑦

可见,中国社会教育社的成立,主要是为了阐述社会教育在改造中国的重要性,争取自己在全国学制中的地位,加强社教界本身的团结和联系,积极向世界社教组织靠拢。"溯自民国十六年以来,因着国民革命的呼声,社会教育事业

---

① 《中国社会教育社成立志盛》,《教育与民众》第3卷第4期,1931年。
② 《中国社会教育社第一届年会报告》,第72页。
③ 《中国社会教育社第二届年会报告》,第36页。
④ 《中国社教社加聘罗廷光出席世界教育会议》,《申报》1935年7月3日,第4张第15版。
⑤ 崔载阳:《中国民族教育哲学——巴黎国际初等教育及民众教育会议演讲词》,《教育研究(广州)》第77期,1937年。
⑥ 《中国社会教育社社章》,见本书附录。
⑦ 《中国社会教育社成立志盛》,《教育与民众》第3卷第4期,1931年。

日益扩张,各地同志都感到有联合组织团体,共同研究社教学术及促进社教事业的必要,本社即是应着这种需要而产生。"①这些话基本上概括说明了中国社会教育社成立的背景和动机。

第二节 全面抗战前独立活动

作为重要的民间学术团体,中国社会教育社表明自身观点和阐发主张的主要"平台",便是每年定期举行的年会。在全面抗战爆发前,分别在1932年8月于杭州、1933年8月于济南、1934年8月于洛阳、1936年1月于广州举行过四届年会,因此,它在全面抗战前的活动和变化,可以从举办的四届年会中窥见一斑。每次年会都会探讨社会教育社发展的中心议题,总结工作,交流思想,提出议案,制订计划,建言政府,彰显自己的存在和影响。

一、第一、二、三届年会概况

(一)第一届年会

1932年8月,中国社会教育社在杭州举行第一届年会。在年会开幕的时候,由相关负责人对社会教育社的宗旨进行概括说明。"本社开始筹备于二十年十一月,成立于同年十二月,而理事会和事务所的组织,则完成于二十一年六月。在这几个月里,暴日几次的横行于我国领土,益发显示本社所负使命的重大！如何使民众教育普及全国？如何唤起民族意识共赴国难？"社员积极参加第一届年会,把握交流机会。"这次年会到会的社员,非常踊跃,计共到八十九人。除江浙两省外,河北、山东、湖南、广东、福建、贵州、江西诸省,均有社员出席,足征本社已影响到全国各省;间有因事不能出席的社员,也都有重要议案寄到会中提出讨论,更可见各地社友爱护本社的热烈。"②

第一届年会主要讨论的提案计达五十余件,其中重要的议案不少,如"关于社会教育在学制系统上的地位、实施救国教育、乡村建设运动及确定社教方针

---

① 《弁言》,《中国社会教育社第一届年会报告》,第1页。
② 《弁言》,《中国社会教育社第一届年会报告》,第1页。

诸案,均为目前最切要而急待解决的问题"。①

关于社会教育在学制系统上处于何种的地位,通过有《征集关于学制系统上社会教育地位之方案,整理研究,以备政府采行案》。该提案对此提出的理由为:"查社会教育,应列入现行学制系统,已为我社会教育界同人及教育学者一致之主张,切望其早日实现。顾兹事体大,究应如何排列？及与系统内原定各阶段,如何联络？抑应于现行学校教育系统外,另订一独立的社会教育系统？均为重要的先决问题。主张纷歧,各方意思,以少接近之机会,致无集中之可能,亟应征求全国社会教育界及一般教育家之意见,集思广益,制成全国一致之有力方案,以期适用而利施行。"②

社员朱坚白则提出了《请确定社会教育方针案》。其所提出的理由为:"社教方针之确立,应兼顾个人及民族人类一切活动。其根本目的,在先解决生存问题,生存之意义有二:一为个人生存;一为民族生存。必各个人之生存力充厚,而后民族之生存,始可发展。又必民族之生存能发展,而无障碍,而后个人之生存,始可顺利。"在此基础上,他又提出四条方针,即"陶铸民族意识,锻炼民众体魄,严密民众组织,普及民众科学"。对此,会上所做的决议为"送交理事会参考,并征集各社教机关对于社教方针,共同拟具,以资规定"。③

此外,会上通过《本社于本年度内注重乡村建设运动案》,其中较为重要的一条为"联络全国乡村建设机关,促进全国乡村建设运动讨论会之召集"。④

在第一届年会上,一些教育界人士也表达出自己对社会教育的期待以及对学校教育的不满。教育部代表彭百川不禁慨叹:"社教事业是鉴于学校教育之收效迟缓而起的新事业;社教事业是挽救中国危亡的唯一生路;我们不脚踏实地干一下,我们将无面目可对民众,将无理由可对自己辩解。"面临国家存亡之际,学校教育已无力挽救颓势,社会教育临危受命,必须奋力实干,方能力挽狂澜。在宴会席上,著名教育家舒新城摇着大芭蕉扇批评学校教育:"我对于学校教育,素抱悲观。直到现在,我还是主张学校可以全体关门。我们中国有今日

---

① 《弁言》,《中国社会教育社第一届年会报告》,第1页。
② 《中国社会教育社第一届年会报告》,第17—18页。
③ 《中国社会教育社第一届年会报告》,第30—31页。
④ 《中国社会教育社第一届年会报告》,第26页。

的不幸,都是学校教育的罪恶。"①

第一届年会落幕后不到一个月,社教社便致力于将会上通过的议案建言于政府,形成规定或命令,争取落实于具体实践之中。教育部"通令各省市教厅局云,据中国社会教育社呈称,过去种种社教设施,未免重于城市而略于乡村,以后改进,似宜注重乡村民众教育"。同时附有高阳拟的《苏省各县县单位乡村民众教育普及办法草案》,已经为江苏省教育厅采用施行,"暂指定江宁无锡南汇三县为试行之所,其他各省似可踵行"。②此后,教育部将中国社会教育社理事会所呈送的年会决议等文件,"通令各省市教育厅局,转饬所辖社会教育机关,分别采择施行"。③而浙江社会教育研究会提到第一届年会结束后,"影响于本省近年来社教事业之发展改进者,至深且巨"。④这些表明首届年会的举办对社会教育发展确实有一定的推动作用。

在社务运作方面,到1933年3月,社务发展蒸蒸日上,教育界先后入社者,已达六百余人,请求加入者,"尤见踊跃"。同时,据负责人云,"该社在过去大半是静的工作,如筹划设计之类,今后将转入动的方面",社会教育社的业务也将"由静转动",从言论到付诸行动,扩大其社会影响。⑤工作从理论规划到付诸实践,这是社教工作的重要转变,也是社教事业发展的一个标志。

一些与会人员也撰文表达对首届年会的批评和对下一届年会的期待。首届年会,尚属草创,难免有令人不满意的地方。山东民众教育馆馆长董渭川在10月6日回到济南后所写的《西湖归来》一文中,表达了三点"不满足"。首先,有的会员逃会。有些人的"精神太不集中了,短短三天的会期中,出席数一次比一次少,这个是普通开会的现象,然而我们却不应该"。其次,"大家提出的问题太不集中了,东一个,西一个,支离破碎,揆之'年会'的意义,我失望"。再次,寄希望于下一届年会,提出相关改进开会效率的建议,"我希望下次的提案能预先限定范围,使大家的讨论能集中到某几个方面去,而后不至乱杂无章,在谁脑筋

---

① 钱耕莘:《中国社会教育社第一届年会之留影:本会拾零》,《教育与民众》第4卷第2期,1932年。
② 《教部令各县普及乡村民众教育》,《申报》1932年9月2日,第3张第11版。
③ 《教部令呈报办理短期义教情形》,《申报》1932年10月18日,第2张第8版。
④ 《祝中国社会教育社第五届年会》,《社教通讯》(复刊)第3期,1947年2月25日。
⑤ 《中国社会教育社要讯》,《申报》1933年3月4日,第4张第15版。

中都保留不下几个深刻的印象,其结果还是各自为政"。①

(二)第二届年会

对于第一届年会董渭川关于应该集中议题讨论,以提高会议效率的建言,社教社很快有了回应,不久便在其所在地江苏省立教育学院院刊《教育与民众》上刊登第二届年会征集论文办法,规定七条内容,包括:"本届年会举行时,根据本社年度社务进行要项之规定,应请社员宣读论文";宣读论文,"宜免除空泛理论,于社会教育学术,须有实际贡献";凡愿宣读论文者,须于1933年7月15日以前,依照规定表式填就寄交无锡社教社事务所,编入大会日程;宣读论文之时间,以十分至三十分钟为限;等等。②提早在会前进行论文的征集和规定注意事项,使得年会议题的讨论更加集中、深入。

1933年7月,筹备事项按计划进行。筹备委员会组织分编辑、事务、招待三股;大会会场及会员食宿地,均定在贡院巷山东省立民教馆内;社员通知准期到会者百余人;安排会员在会后"游览泰山曲阜等名胜"。同时"此次该会在济举行,颇受该省地方人士及教育当局之欢迎"。③通过沟通,国民政府交通部也做出"优待中国社教社员乘船"的规定,船票单程八折来回七折。④

第二届年会如期于1933年8月24—26日在山东济南举行。这次年会较第一次年会大有进步:从人数方面讲,"到会的社员多过去年的五分之二";从地域方面讲,"远至粤、桂、闽、赣、陕、豫、晋、皖等省社员,亦踊跃赶来"。⑤

总干事俞庆棠在第二届年会上发表致辞,中心是再次强调该社成立的目的在于谋中华民族的拯救和复兴。大意如下:社会教育即民族自决教育,社会教育之设立,及本社之成立,目的为为民族谋出路。我国过去教育制度不良,学生趋于官途者外,大学毕业教中学,中学毕业教小学,于整个民族毫无裨益。此刻世界经济破产,各国或将货物运华倾销,以解决恐慌,我国替人解除恐慌,而自增恐慌。去岁货物销数,入超五万万六千万元,危急已极。去年本社年会,热河

---

① 董渭川:《西湖归来》,《教育与民众》第4卷第2期,1932年。
② 《中国社会教育社第二届年会征集论文办法》,《教育与民众》第4卷第9、10期合刊,1933年。
③ 《中国社会教育社筹备年会》,《申报》1933年7月11日,第4张第15版。
④ 《优待中国社教社员乘船》,《申报》1933年7月26日,第4张第15版。
⑤ 《卷头语》,《中国社会教育社第二届年会报告》,第1页。

尚在，今则四省尽失，国难益深，吾人责任更大。教育如山东水灾然，吾人见之，痛触于衷，是皆全国问题，非少数人之事，应联合每一国民之力，大处着眼，小处着手，联合政治、经济一切力量，推进社会教育，由乡村建设以推进复兴民族。昔丹麦败于德国，以教育而复兴，吾国土地损失，应有良心精神之胜利，恢复道德心、亲爱精神。进行民族自救及收复东北，均在于此。①

常务理事赵冕在报告年度主要工作时，概述了社会教育社在过去一年里所做的五大方面的工作和成绩。其一，在"征集关于学制系统上社会教育地位之方案"方面，由理事会先后推定陈礼江（召集人）、舒新城、俞庆棠、钮永建、高阳、梁漱溟、孟宪承七人，组织学制系统整理委员会，前后共开会三次，拟订下列三项原则，公开征求各界意见："（甲）于现行学制系统之内，加入社会教育系统，彼此联络。（乙）于现行学制系统之外，另订社会教育系统，彼此并列。（丙）另创中国教育系统，包括社会教育与学校教育。"其二，"实施救国教育"方面，先呈请教育部，通令全国；同时派员赴沪联络国内艺术机关团体及社教机关，动员实施抗日救国教育。其三，"开发西北社会教育"方面，先是筹备组织考察团研究会，后又筹划创办洛阳民众教育实验区，钮永建、赵光涛、陈大白已前往视察，业已选定实验区域。其四，"注重乡村建设运动"方面，各个社员非常努力于乡村工作，乡村建设运动"因之蒸蒸日上"。其五，在社务方面，有各类自办刊物，并"曾有'加入世界成人教育协会'之拟议"，俞庆棠总干事赴丹麦考察成人教育时，"特便道英国，赴该会接洽一切"。②

第一届年会的中心议题为"由乡村建设以复兴民族"，以符合时局需要。鉴于"吾国近年来入超日巨，农村经济日落，乡村破产之声，遍于各地，根基动摇，崩溃堪虞"，作为中心议题的《由乡村建设以复兴民族案》，会员虽尚未取得统一意见，但一致认为"'由乡村建设以复兴民族'实今后社会教育之根本要旨"。其主要理由有两点："过去一切革新运动，所以未见成功者，盖以过去一切，始无外一种上层运动，而于下层民众无与。今后必须使大多数民众觉醒，献其心力，而后建设可期，民族复兴可致。而中国大多数的民众，固在乡村，此其一。中国旧日社会之组织结构，讫于今日，既已崩溃，而新者未立，一切政治、经济、社会等

---

① 《社会教育社年会在济开会》，《时事新报》1933年8月26日，第2张第4版。
② 《中国社会教育社第二届年会报告》，第12—14页。

问题,俱悬而未决,所谓革新运动之中心工作,实应为解决各种问题创建吾民族社会新组织结构之工作。而此问题之解决,新组织结构之建设,必肇端于乡村,此其二。"这两个理由,都强调了乡村在复兴民族工作中的重要性。"民族复兴端赖社会教育,而社会教育端在以乡村建设为内容,夫然后可以完成其复兴民族之功。"①

诚然,在社会教育社的第二届年会上,各种乡村建设与民族教育派别之间的探讨,存在明争暗斗现象,但各方总算以大局为重,确定了社教方针是乡村建设。"在不同的见解中,更显出许多巧妙的意见。例如这次年会的讨论中心'由乡村建设以复兴民族案',起初四组提案,各成系统,甚有互相抵触者。经过相当的讨论以后,一致认为'由乡村建设以复兴民族'为今后社会教育之要旨。"②在会议征集议题时,便按不同派别进行分组,共分为五组。第一组"邹平派":梁漱溟(召集人)、董渭川、杨效春;第二组"平教会";第三组"浙江大学":孟宪承(召集人)、尚仲衣、郑宗海;第四组"中山大学":庄泽宣(召集人)、古楳、崔载阳;第五组"民众教育":高践四(召集人)、陈礼江、赵冕、俞庆棠。在开会前,第三组浙江大学便因为人事纷争,未能提交议案;第二组平教会虽然提交议案,却无人参会。③当理事会接受之后,"深觉各案自成系统,归并不特不易,且亦无益"。④由此可见,各个派别之间的见解颇异,求同殊难。

这次会议之后,诸多乡村建设派别彼此之间交互受到影响。会后,中国社会教育社组织的研究实验协进委员会,邀请平教会参与,晏阳初在写给高阳的信中,以"同仁散处各省,召集不易"婉拒;在填写入会表格时,晏阳初也回复"敝会在定各部分工作,正在研究实验之中,较为复杂,原寄表格难于填写"⑤。此

---

① 《中国社会教育社第二届年会报告》,第27—28页。
② 《卷头语》,《中国社会教育社第二届年会报告》,第1页。
③ 晏阳初本人在会前8月22日致信陈逸民等,信中谓"逸民(即陈逸民)、宪承(即孟宪承)、庆棠(即俞庆棠)、步霞(即赵步霞,赵冕)先生赐鉴:个电奉悉。本月廿四日,贵社在济南开会,本应趋前就教,奈以适值敝会前董事长熊夫人纪念日年会会期,未克分身,至以为歉!平汉路碍于河患,车行多有误点,计程亦恐不及会期,除先行电达外,特此专函奉闻,不胜歉疚之至!前日邮寄上敝会提案一份,谅已收到"。在信中借故拒绝亲自赴会。参见宋恩荣主编《晏阳初全集》第4卷,天津教育出版社,2013,第362—363页。
④ 《中国社会教育社第二届年会报告》,第79页。
⑤ 宋恩荣主编《晏阳初全集》第4卷,天津教育出版社,2013,第376页。

后,平教会与中国社会教育社的互动逐渐减少,渐行渐远,几乎分道扬镳。第二天,会议对中心议题的讨论也十分激烈。讨论理论时以梁漱溟所拟为中心。对乡村建设各种理论讨论甚详,后讨论办法问题,除议及具体设施外,梁漱溟"提案中之社会新组织争议详切"。①会后,社员许公鉴的评价是该届年会以由乡村建设以复兴民族为讨论中心,可见"最近民众教育的新动向,已对准着促进自治一个目标了"②。

会议期间,中国社会教育社拟请教育名家进行演讲,但并不理想。"此次预先去函奉聘者计有蔡元培、钮永建、梁漱溟、晏阳初等四位先生",但"蔡先生因患足疾,不便旅行,钮先生因考试院院务繁忙,晏先生又适逢中华平民教育促进会年会,故能到会讲演者仅梁先生一人"③,多少体现出社会教育界联络的不容易和关系疏离。

第二届年会的反响和议案的落实。社教社机关刊物《社友通讯》第2卷第7、8期上曾开辟专栏,专门报告"本社第二届年会决议案之应声",以公布年会决议案在各地的落实情况。广西省教育厅、河南省教育厅、河北省教育厅、山西省教育厅、湖南省教育厅等,均对社会教育社年会决议"请各省市划区分期成立民众教育机关,并确定实施计划"一案,做出积极的回应。例如时任广西省教育厅厅长的社员雷沛鸿响应较为热烈,认为广西推行的国民基础教育正是落实议案的表现。其回复内容如下:"敝省教育界同人,认为民众教育与义务教育有同等重要,均为国民基础教育之一部分,经制定《广西普及国民基础教育之五年计划大纲》,提出省府会议通过,颁行在案。规定以广西国民基础教育研究院为研究设计及训练人才之中枢机关;以省立民众教育馆为实验民教之实施,并负责规划及辅导省内各县施行民众教育之机关,业经成立,已见相当之效果。以县立民众教育馆为负责实施及指导各该县一切民众教育之机关。由本厅制定广西各县市普设民众教育馆办法大纲,颁发各县,限期成立。现已成立者,计有四十余所。以国民基础学校为实施义务教育及民众教育之基本单位,规定分期筹设

---

① 《中国社教社年会》,《申报》1933年8月29日,第4张第16版。
② 许公鉴:《普及民众教育之联合线》,《中国社会教育社第二届年会报告》,第142页。
③ 储志、王璋:《中国社会教育社第二届年会之原原本本》,《教育与民众》第5卷第1期,1933年。

程序，颁行各县遵办，此其实施机关之系统也。"①在五年计划大纲中，则列出各年度要推进和实施的工作。1933年度，各县施政准则中，规定各县须依地方交通、人口、习惯等情形，及学龄儿童通学之可能，划分设立国民基础学校之学区，并限于该年度绘制教育地图完竣，以为将来规划实施普及国民基础教育，及划定实验区之根据，以便着手筹备。同时设立广西普及国民基础教育研究院，以立学术研究之中枢，为实施人才之准备。从1934年度开始，于划定之试办区着手试办，限于两年内工作完成。其余各县为推广区，分三期进行，每期推广三分之一，至1939年7月，此种国民基础教育，预期可以全省普及。②由此可见，该届年会的相关决议案在地方政府及教育机关的落实情况较为良好，促进了地方社会教育事业的进一步开展。

(三)第三届年会

第二届年会结束半年多后，社会教育社又开始积极筹备第三届年会。1934年3月，社教社理事会在无锡江苏省立教育学院举行第七次理事会议，主要议题之一为讨论召开第三届年会。③该届年会的中心议题为由乡村建设以复兴民族之具体实施办法，并委托梁漱溟撰拟，"现正由其他各委员会商，下月中旬，即可正式脱稿"。④关于会务事宜，除在"积极筹办舟车减票手续"外，还"拟乘年会之便，组织西北教育考察团，考察洛阳、西安等处教育暨农村经济情形，以使着手开发西北"。⑤8月上旬，会议筹备工作接近尾声，参会人员也逐渐确定下来。"该会近接各方会员函电出席者已达二百余人，吴稚晖、钮永建等不日亦将来汴，闽广会员参加者尤为踊跃。"与此同时，该社西北教育考察团之行计划也渐趋成形，"将组织西北考察团，闭会后由汴出发，赴陕甘等地实地考察，以为开发西北之先声"。⑥

1934年8月17日，中国社会教育社第三届年会在开封开幕。该届年会的中

---

① 《本社二届年会决议案之应声》，《社友通讯》第2卷第7期，1934年1月。
② 《本社二届年会决议案之应声》，《社友通讯》第2卷第7期，1934年1月。
③ 《中国社会教育社理事会议》，《申报》1934年3月20日，第4张第15版。
④ 《中国社会教育社征求乡村建设方案》，《申报》1933年10月6日，第4张第16版。
⑤ 《中国社会教育社第三届年会筹备近讯》，《申报》1934年6月10日，第4张第16版。
⑥ 《社教社年会筹委会议》，《申报》1934年8月8日，第3张第9版。

心议题为"由乡村建设以复兴民族之具体实施要点"。其选题背景为："中国的社会，大部分是乡村的社会，中国民众，大多数是乡村的人民，过去从事社会教育或民众教育者，早已感觉到乡村工作的重要而有不少的努力"，虽然在具体实施计划方面，还有待商讨，但"今后社会教育工作的重心，应该移转于乡村，却早已没有疑义"。[①] 该届年会是在上一届年会达成共识基础上的深入推进，对社会教育与乡村建设的关系进行了更多的思考，会场上弥漫着重视社会教育的氛围。在会场上，张贴着由筹备委员会成员蔡衡溪题写的重视社会教育及其与乡村建设关系密切的标语："由乡村建设以复兴民族"，"社会教育是乡村建设的唯一方法"，"乡村建设是社会教育的康庄大道"，"社会教育负有创造新教育的责任"，"社会教育负有建设新社会的使命"，"社会教育要注意中国新生产技术之引进"，"社会教育要注意民众组织力量的培养"，"惟有社会教育才能完成国民革命"。[②]

总干事俞庆棠在会上讲话时，先回顾社教社的发展简史："本社成立于九一八国难最严重的时候。三年以来，同人思想行动所集中的，就在如何运用社会教育的力量，以求解决民族的问题。"[③] 同时对社会教育的发展趋向和意义进行了评价，誉之为中国教育突破单一的学校教育发展的一种新的转向。"可以看到中国整个教育，实在显出一种方向的转变。学校教育是重要的，但大家感觉过去的学校教育，并没有走上他应走的途径，所以又想从社会教育来尝试一个新途径。我们不敢说这是中国以后教育的唯一途径，但这种方向的转变，并不是本社千余个社员所能引起，而实在是整个教育界的一个共同趋势。我们希望尽我们一点微薄的力量，来为中国教育开辟一个新的途径。"[④] 梁漱溟在会上也指出"民众教育是中国教育界的一个新潮流"[⑤]。这些给社员以颇大的鼓舞。

除了对中心议题的讨论外，第三届年会也对一些现实重要问题及社务发展等进行了具体讨论并做出了决议。尹全智、崔以宽、张震云提出了《请由本社拟具华北各省救国教育办法，呈请中央采择施行》的提案。在社会教育的手段方

---

① 《中国社会教育社第三届年会报告》，第29页。
② 《中国社会教育社第三届年会报告》，第25—26页。
③ 《总干事俞庆棠致闭幕词》，《中国社会教育社第三届年会报告》，第23页。
④ 《总干事俞庆棠致闭幕词》，《中国社会教育社第三届年会报告》，第24页。
⑤ 《节录梁漱溟先生语》，《中国社会教育社第三届年会报告》，第102页。

面,会员认识到电影为实施民众教育之一重要手段,越来越多的社教机关采用此种手段开展民众教育。会议通过《积极提倡教育电影,以期增进社会教育效率案》,建议在各级民众教育机关设立电影教育组股,专门办理实施电影教育事宜,同时对教育电影的编剧、摄制、播放、题材等方面做出具体规定。①在该届年会进行过程中,上海柯达公司派员携带机片到会,"开映教育电影以提起会众兴趣"。观众除该社出席社员外,当地人士入场者每晚均达数千人,起到了明显的社会教育效果。究其原因,"原来开封仅有商营电影院一处,而座价又特别高昂,一般民众看电影之机会,甚属寥寥"。与会者"甚盼河南教育当局筹设一民众电影院,借以实施民众教育"②。

会上还通过了《由社编印乡村建设刊物,以供有志乡村建设者之参考案》。在其提案理由上,有"本社为全国从事乡建者之唯一机关,应本集思广益之旨"③,显示了社教社学术和组织的领导作用。所通过的另一个提案《积极筹设西安民教实验区,以普及西北民教,推进西北文化,巩固西北国防案》④,则反映出该社关注社会教育向西北广大地区扩展的良好愿望和长远的眼光。

在年会的影响与议案的落实方面,第三届年会与第二届相比,又有大的进步。总干事俞庆棠在闭幕式上高兴地说:"我们希望全体社员继续以往的努力,造成社教的新结果。本来年会的一个作用,是互相交换心得,互相切磋勉励。这次年会中许多实施报告,给予我们不少的刺激和鼓励,希望我们大家以此印象,以此兴奋而更加增我们的信仰,坚强我们的意志,加紧我们的努力。"⑤

在年会之后,社会教育社还将第三届年会由乡村建设以复兴民族之实施要点的提案向教育部呈递,教育部令各地施行。⑥河北省教育厅积极响应年会关于重视运用电影教育方法实施社会教育的决议和号召,并且回应"本厅早有此项组织"。负责人郑道儒在实施电影教育方面答复社教社说:"贵社二十四年三月二十二日第五〇四号公函,嘱指定规模较大之民众教育机关组织电影巡回队

---

① 《中国社会教育社第三届年会报告》,第43—46页。
② 储志:《中国社会教育社第三届年会之种种》,《教育与民众》第6卷第1期,1934年。
③ 《中国社会教育社第三届年会报告》,第55—56页。
④ 《中国社会教育社第三届年会报告》,第58页。
⑤ 《总干事俞庆棠致闭幕词》,《中国社会教育社第三届年会报告》,第25页。
⑥ 《教部令施行乡村建设复兴民族案》,《申报》1934年12月9日,第4张第15版。

实施电影教育,以增加社会教育效率。准此:查本厅对于此项实施,曾早计及,并于廿三年三月组织巡回教育电影团,购有含教育意味之影片多种,轮拨各省立民众教育馆供辅导各县民众教育馆工作之用。施行以来,尚著成效,今后更拟注意乡村之巡回及与讲演多多联络,以求功效深入。"[1]

二、第四届年会简况

1936年1月18日至22日,社教社第四届年会在广州中山大学举行。[2]在筹备第三届年会时,国立中山大学校长邹鲁就诚恳地邀约社教社第四届年会到广州举行,"借以鼓动南方的民众教育学术空气"[3]。第三届年会讨论下届开会地点时,中山大学教育研究所主任崔载阳再次代表该校邀约,并以广州僻处南方,将补助社员出席年会川资法币四千元为优惠条件。自民国十年(1921)全国教育大会在广州开会之后,"再没有机会举行像这样盛大的,全国性质的教育会议,已有十多年了"[4],数次恳切请求会议在穗召开。

据担任会议记录的社员储志的回忆文章,第四届年会之所以在广州举行,有三个特殊原因:其一,为逐步普及民众教育实验区,使创造的经验广而深,有在南方创办一个实验区的设想;其二,社会教育社对该社理事雷沛鸿在广西办国民基础教育实验区感兴趣;其三,广州中山大学教育研究所愿意承办会议。[5]因此,第四届年会于1936年1月在广州举行。

此届年会与之前相比影响较大,其会期较长,为五天,参加人数也是最多的一次。出席此次年会的有中央执行委员会西南执行部代表区芳浦,教育部代表广东省教育厅厅长黄麟书,广西教育厅厅长雷沛鸿,中山大学校长邹鲁,广东省政府代表、广州大学校长金曾澄,岭南大学校长钟荣光,以及来自鲁、豫、冀、赣、闽、鄂、湘等诸多省市地区的社员200余人,具有一定的广泛性和代表性。举行

---

[1]《第三届年会决议案之应声》,《社友通讯》第3卷第11期,1935年5月。
[2]《中国社会教育社第四届年会今日在本校开幕》,《国立中山大学日报》,1936年1月18日,第3、4版。
[3] 储志:《中国社会教育第四届年会记》,《教育与民众》第7卷第7期,1936年。
[4] 崔载阳:《欢迎社友到广州来》,《社友通讯》第4卷第7期,1936年。
[5] 储心斋(储志):《忆中国社会教育社》,载中国人民政治协商会议江苏省无锡市委员会文史资料委员会编《无锡文史资料》第25辑(江苏省立教育学院专辑),1991,第117页。

年会的地点,从地域上来说,由长江流域、黄河流域扩大到了珠江流域,"有普遍全国的趋势",加强了珠江流域与黄河、长江流域的学术交流。会后组织的广西教育考察团则起到了沟通南北教育界之间联系的作用。

正如年会前崔载阳代表两广教育界欢迎社友到广州来时所强调的,"这届年会充分表示出本社生命之继续不断的扩大。从长江流域、黄河流域,沛然的扩大到珠江流域"。年会后,中国社会教育社跟广东省教育厅、国立中山大学在花县联合创办了乡村教育实验区,通过训练乡村青年中坚,培养乡村自力再造的根苗,以求达到复兴乡村的最终目的。它实际上将第四届年会的讨论结果付诸实践,并吸取了华北华中乡村建设的经验,取得一定成效。实验区不仅弥补了广东乡村建设的不足,而且标志着社会教育实验事业由华北、华中向华南发展的趋势。

第四届年会的中心议题为"助成地方自治,促兴社会生产"。据梁漱溟的说法,此议题是根据第三届年会的讨论结果——"组织民众,促兴生产"而来。[1] 储志则谓"实为接续历届的讨论",与前几届中心议题是一脉相承的。[2] 为使讨论深入,此届年会在方式上有新的变化,增加了会前的通信讨论。程序是理事会决定中心问题后,向社员征求讨论意见;再由常务理事会编订提纲,发给与会社员。讨论的结果包括如何"助成地方自治"和"促兴社会生产"以及推行"政教合一"等问题。

在此届年会上,北平市社会局提出议案《今后民众教育之设施,应以促兴社会生产为重心案》,进一步体现了"促兴社会生产"的会议中心议题。社会教育社以经济建设为重心,其理由可从教育目的和中国经济发展实际两方面来看。首先,就教育目的来说,不仅训导人以精神生活之行为法则,而尤在于传习人以物质生活之技术法则,使其明了如何利用自然,克服自然,以减少生活之压迫,充实生活内容。但中国过去教育设施,只侧重于训导行为,而略于传习技术。故社会有崇拜士人之风,人民怀鄙视劳役之念。虽道德文物,足为世表,而物质建设,则较落后。际兹中央改订职教序幕前,确立促各地民教机关,亟应确立生产教育方针,以教学做合一为手段,而期实现教育即生活,生活即劳动之目的。

---

[1]《中国社会教育第四届年会纪念册》,第36页。
[2] 储志:《中国社会教育第四届年会记》,《教育与民众》第7卷第7期,1936年。

其二,就中国经济情况来说,中国产业技术幼稚,经济组织涣散,一般社会资源,大半为舶来品,而国内手工业日趋没落,虽天然富源所在均有,然非长埋地下,任其抛弃,即遗给于人,不能自用。故中国之贫困,非贫困于天然之富源,实贫困于人为之技术,际兹国际经济战争之中,各地民教机关亟应确立生产教育方针,以训练人民诸种必要之生产技术,而为开发中国富源之初步工作。

关于实行生产教育方针的主要办法包括四个方面。第一,经济分配问题:民教新增之经费,应尽量分配于生产教育方面,其分配比例,应依据工作影响及范围,随时增减。第二,机关设置问题:民教新增之机关应尽量设置职业补习、短期工读等处所,其原有各项生产教育设施,亦应尽量充实其组织与设备。第三,人才之训练问题:民教人才之训练,应尽量训导一种或一种以上之生产技术,使其兼有启发民众智识与指导民众生活技能之力量。第四,各项临时推动问题:如适应实际需要之方法,因生产减少而改良生产工具,因市场垄断而组织合作事业,因交通困难而修建公路河道,凡此种种,均应由各地民教机关根据实际需要,逐渐推进;新兴之生产技术与组织,原则上虽不能避免代办形式,但在可能范围内,应由各地民教机关设法引起民众自动意识,给予民众试做的机会。①

大会提案由分组审查会议审查后,继交大会讨论,主要关注培养人才、充裕经费、训练青年、实施自卫教育等事宜。重要提案有如下十三个:②

《各省市社教机关积极实施国防教育案》;

《提倡乡村中等学校以训练乡村社会之中坚分子而树立乡村建设之永久基础案》;

《呈请教育部确定民众教育视导制度,增设民教督学,并统令各省市县教育厅局,增设民教视导员,以健全教育行政组织,增加行政效率案》;

《由社再呈请中央明定民众教育课程为各级师范必修科目并注意民教实习案》;

《培植乡村建设人才案》;

《请教育部严令各省市限制划定拨足百分之二十社教经费按年递增并著为

---

① 《中心问题以外提案议决录》,《中国社会教育社第四届年会纪念册》,第86—87页。
② 不同的文献记录的提案名称在文字上有少许不同,本书未做改动。

考成案》；

《本社应酌设实验区于各地以便分别研究实验案》；

《由本社举办文盲调查案》；

《本社应鼓励各地分社之设立，并将年会轮流各省举行案》；

《本社应制定社歌案》；

《建议国民政府在修正宪法草案时明白规定社会教育地位案》；

《建议教育部从速制定社会教育机关人员任用及待遇规程案》；

《请由本社制定训练民众、组织民众方案，呈请中央通令各省市实施以增民教功效案》。

此届年会上，同样也设立宣读论文环节，大会期间有各地研究实验报告及社员论文宣读。此次做研究实验报告的有广西普及国民基础教育研究院、山东乡村建设研究院及江苏省立教育学院三处。在会上宣读论文者有：李智《编纂民众基本字典经过》、黄裳《民众学校招生暨留生问题的研究》、李腾仙《河南镇平县地方建设工作》、程宗宣《江西省会的公民训练与简易教育》、张植安《武昌青山实验区工作》及朱懋澄《劳工新村运动》等。[1]此次年会后组织了广西考察团赴桂考察国民基础教育及各种建设，加入考察团者六十余人，后形成长篇考察报告《广西的教育及其经济》。

第四届年会对会议所在地广东省的社教事业产生了直接的影响。首先，广东省当局请参加年会的社教专家，在省民教馆举办为期一周的"全粤社会教育讲习会"，分令各县教育局长、科长、民众教育馆馆长参加，由梁漱溟、俞庆棠、崔载阳等专家主讲，讲题有《中国民众组织》《乡村工作人员修养法》等。其次，推动社会教育实验区在广东的设立与筹备工作，由金曾澄、肖冠英、崔载阳、徐锡龄、梁漱溟、俞庆棠六人组成委员会，这是日后社教社、广东省教育厅和中山大学合办广东花县乡村教育实验区的开始。它实际上将第四届年会的讨论结果付诸实践，不仅弥补了广东乡村建设的不足，而且标志着社会教育实验事业由华北、华中向华南发展的趋势。再次，广东省教育工作者大批加入社教社，成为成员，粤当局通过社会教育计划，各社教机关举行诸多民众教育有关活动等，这

---

[1]《中国社会教育社在粤举行年会》，《申报》1936年1月27日，第5张第18版。

些均成为此届年会在粤举行之影响。①总之,此届年会不仅影响全粤,并且使全国社会教育工作向中国南部推展,意义非同一般。

第三节 全面抗战后加入中国教育学术团体联合会

全面抗战爆发后,社教社随国民政府机关西迁,开始在汉口中山路积庆里23号设立办事处和通信处,方便与各地社员联络,并为其他兄弟教育社团接洽提供便利;社教社事务所则随江苏省立教育学院迁到广西桂林办公。1938年9月,因为较多社员来到重庆,社教社事务所随之迁到重庆白象街58号办公。社教社除了继续自身的研究、活动以及举办实验事业外,还参加了中国教育学术团体办事处以及后来由此更名的中国教育学术团体联合会,积极参与该会举行联合年会等各种有关活动,并在其中发挥了比较重要的作用。

一、社会教育社的独立活动

为了保证社教社工作不因战争爆发受到影响,在大规模举行年会不可能的情况下,理事会的正常的运作就十分必要。为此,1938年9月27日,该社在重庆左营街举行第18次理事会会议,钮永建、梁漱溟、陈礼江、甘豫源、邰爽秋等十多个理事与会,议决通过了三条重要议案:第一,组织社友通讯编辑委员会,以便继续编辑出版《社友通讯》。第二,与教育部第一社教工作团合作设立乡村青年学校。第三,参加中国教育学术团体联合会年会。②

随着全面抗战爆发这一巨变的到来,社教社敏锐地认识到中国社会教育内部出现了与从前不同的崭新动向,经过集体研究,他们以社教社集体的名义发表了《抗战建国时期中国社会教育的新动向》重要文章,认为社会教育发生了七大新的变化:社教目的"国策化",求抗战必胜,建国必成;目标"国防化",致力于唤起民族意识,灌输抗战知识,坚定抗战意志,训练抗战技能,充实基础知识,增进生产能力;教育对象"集中化",以对壮丁、青年和妇女的训练为重点,并非以

---

① 陈一:《中国社会教育社第四届年会记要》,《乡村建设》第5卷第13期,1936年。
② 《中国社会教育社最近一年来的社务报告》,《建国教育》第1期,1938年。

泛泛民众为对象；主体"扩张化"，实施社教不仅包括社教机关，而且包括家庭和一切知识分子；内容"扼要化"，民众基本训练和战时特殊训练结合；实施"效率化"，强调实践，产生效果；制度"组织化"，注重考核与训练、辅导，甚至督导结合。①

与此同时，社教社理事赵冕则发表了重要论文《社会教育统一论》，代表了社教社成员研究社会教育新的理论水平。该文写作是在全面抗战快进入中期的背景下，"社会教育活动的范围很广，事业的类别很多，近几年多未能取得密切的联络，密切的合作，致教育效率不够多，力量未能集中"，提出社教一个对象——"全社会的民众"，一种教育——"全民众的教育"，来促成社会教育的统一，以整合社教的各种对象和繁复的内容范围，认为"战时总动员，为民众精神总动员，民众战时训练，合作教育，抗战宣传，失学民众补习教育，电化教育，新教育，戏剧教育，民众教育，学校兼办社会教育，都是社会教育"，即提出了统一、大社会教育的新概念。在此基础上，作者提出三大建议：第一，最重要的一点，多举行社会教育工作，"统一于基层机构内去实施"。第二，举行一个社会教育统一会议，产生一个统一委员会。中央首先联系设立，再推及省和县。第三，设立和充实社会教育研究机构。设立国立社会教育学院，发展社教社，扩充社员，网罗从事基层政治、基层经济、军队设训、民众训练的工作人员进去。②换言之，结合新县制在基层实施社会教育，提供组织保障；设立国家、省、县社教领导机关；设立培养社教人才的高级专门学校和扩大社教社的发展路径。不久，国立社会教育学院得以在陪都重庆设立与此有关。

以全面抗战爆发为界，中国社会教育社的相关活动，分为前后两个阶段。

首先，关于全面抗战以前的工作和事业总结。这些工作包括学术研究、实验事业和编辑出版。关于学术研究工作，该社成立以后，即集中全体社员之精力，研究社会教育理论与实施方法。如社会教育和意义、社会教育范围、社会教育政策、社会教育制度、社会教育推行方法、学校教育与社会教育合流问题、村区及县民众教育实验、成人学习心理问题、民众学校教材编辑、民众教育推行计划、社会教育效率测量方法，以及成人教育比较研究等等。"凡此或著为论文，或

---

① 中国社会教育社：《抗战建国时期中之社会教育的新动向》，《建国教育》第1期，1938年。
② 赵冕：《社会教育统一论》，《社友通讯》第7卷第4期，1941年。

辑为专书,或编为方案,直接间接对于社会教育之理论与实施,或树有相当基础。"①

关于实验工作的成效,主要有三个方面。

首先,为江苏无锡之实验工作。该实验内容有二:其一,成人学习心理的实验。此项事业是社教社与江苏省立教育学院合办,并在该学院设立成人心理研究所,将研究之结果,分别在该院附属之各项实验中从事实验。其二,为工人教育、蓬户教育以及区单位实验工作等。此项事业也是与前江苏省立教育学院合办,且与该院在无锡合设工人教育实验区、蓬户教育实验区及北夏实验区等,具体展开。

其次,为河南洛阳民众教育实验工作。此项事业系社教社与河南教育厅及洛阳县政府合办,并设洛阳实验区。其实验项目包括:关于教育者,有基础教育制之实验,强迫征学制之实验;关于政治者,有村或辅导制之实验,政务督导制之实验及保教合一之实验等;关于经济者,有合作中心之经济建设实验,军农合一之经济建设实验,全民造产之经济建设实验等。

再次,为广东花县实验区工作。此项事业是与国立中山大学、广东省教育厅合办,在花县设花县实验区,实验项目有乡村基础教育的实验,继续教育的实验及乡村建设的实验等。其学团组织与学制对接,尤为社会教育制度与学校教育制度合流的初步实验之重要工作。

关于编辑出版工作。此项工作计成专著者有各项研究实验报告,《中国社会教育概况》(中英文本各一册)以及民众学校各科教材等。定期出版社教社机关刊物《社友通讯》。

从全面抗战爆发以后到1941年底,社教社进行的重要工作有七项,具体如下。

其一,社会教育备战的研究。计有中华民国战时民众教育方案、中国民众教育哲学等研究。其二,战时动员教育的实验。此项实验计有战时民众训练、战时民众组织以及战时社会服务的实验等。其三,岩洞教育的实验。社教社自抗战后即迁往广西桂林,该地岩洞甚多,且每洞容量甚大,敌机来袭,市民多避

---

① 《中国教育学术团体联合年报》,第28—30页。

至洞内,社教社随即利用空袭时机,自编教材,联合生活教育社实施岩洞教育。其目的在灌输市民以战时各种常识,以激励民气,增强抗战力量。其四,创办战时民众补习学校。此项事业是迁桂之前与江苏省立教育学院合办,教育对象为失学青年及妇女,由该院实习同学义务担任教学工作。该校共设两个班,即补习甲班与补习乙班,同时为家庭妇女之入学便利起见,另附设托儿所一班。结果"成绩甚佳"。其五,创办战时青年学校。社教社自桂迁渝后,与教育部第二社会教育工作团合办战时青年学校,又与松溉纺织实验区合办战时妇女青年学校。这两所学校的教育程度分别包括初中、小学以及补习三种,其目的着重农业工业生产常识及技能,以为战后生产工作干预人员之补充。其六,动员各地社员参加抗战工作。一方面策动社员研究战时社会教育之动员方案,一方面策动社员参加抗战工作。其七,继续编辑发行《社友通讯》。全面抗战以后此定期刊物初仍按期出版,后因经费困难,物价昂贵,遂不得不将定期刊物改为不定期刊物。

社教社1943年到1944年的重要工作包括五大方面:其一,研究成人学习心理。其二,编辑社会教育教材。其三,搜集国外成人教育资料。其四,举行全国战时社会教育事业调查。其五,研究战后社会教育建设问题。[①]

由于抗战期间条件受限,中国社会教育社也向有关方面指出战时社教社发展面临的困境与工作开展之不易,并表明积极进取的工作态度:"惟本社经费,原不宽裕,抗战以后,各省市教育厅局未能继续补助,社员社费亦不易征收,事业进行,颇多困艰,克服此种困难,尚待本社全体社员共同努力!"[②]

中国社会教育社向其主管机关国民政府社会部立案以及简要汇报工作,受到好评。全面抗战爆发后,中国社会教育社也从无锡迁往西部,其日常运作与年会举行受到很大影响。1938年9月,社教社向新的主管机关国民政府社会部简要汇报自身此前尤其是在战时所开展的社会教育工作情况。

"本社平日工作,除与全体社员致力于社会教育之研究与实施外,曾先后与豫、粤两省合办洛阳实验区暨花县实验区各一处。自民族抗战发动以来,对于战时社会教育工作,本社曾拟订实施方案,与全体千余社员竭力推行,洛阳及花

[①]《中国教育学术团体联合年报》,第28—30页。
[②]《中国教育学术团体联合年报》,第30页。

县两实验区,则更在南北两地,加紧教导民众,协助各种抗战工作。"[①]

文中对社址迁移、各地实验区开展情况及战时主要工作进行了说明。一个月后,社会部回复并肯定了社教社告知基本工作情况,并且提出进一步的要求。"该社办理社会教育及各种生产事业,尚称实事求是,殊堪嘉慰,仍希继续努力,以赴事功。至因战事关系,散处各地之社员,尤须切实联系,随时策动其工作。嗣后遇有集会,亦须先期呈报,以便派员列席。"[②]一方面社会部肯定社教社所开展的相关工作,鼓励其继续深入下去;另一方面希望社教社进一步联络各地社教人员,发挥联系的枢纽和桥梁作用;同时指出之后的集会活动需要提前报备,以便派员列席会议,加强双方的联系。

二、加入中国教育学术团体联合会

联合年会是指若干个学术团体联合起来按年度举行的工作交流与学术研究会议。在1930年代的中国学界,联合年会大体可分为两种类型:松散型——各学术团体的临时合作开会;紧凑型——多个性质相同或接近的学术团体,在组织机构合作的基础上再联合开会。如果根据举行联合年会的时间先后论,自然科学界较社会科学界更早,但按团体结合的程度和水平,似不如社会科学中的教育学术团体。此前,中国科学社、中国工程师学会、中国化学会等六个自然科学团体在江西庐山、广西南宁举行联合年会,其性质可以归入松散型。至于学术团体举行联合年会的原因,自然科学界在论及1935年7月六学术团体南宁联合年会的意义时,认为有三:"借年会商讨科学国策","借年会团结科学团体","借年会作考察工作"。其中以第一点为最重要。纯粹科学与应用科学孰先孰后,救亡图存之科学事业应如何赶速建设,开发利源之科学事业应如何努力推进,扶助国脉之科学事业应如何永久树立等重大问题在联合年会期间,得到讨论。[③]

---

① 《中国社会教育社致中央社会部呈(1938年9月5日)》,载中国第二历史档案馆编《中华民国史档案资料汇编》第五辑第二编,教育(二),江苏古籍出版社,1997,第725页。
② 《中央社会部致中国社会教育社指令(1938年10月11日)》,载中国第二历史档案馆编《中华民国史档案资料汇编》第五辑第二编,教育(二),江苏古籍出版社,1997,第737页。
③ 《科学团体举行联合年会之意义》,《科学》第19卷第7期,1935年。

加强与其他学术团体的联系。以推进社会教育为职志之一的社教社,在全面抗战前即有变通办理年会办法,提出与性质相同的学术团体举行联合年会的议案,以提高年会的质量和效率。在该社1934年第三届年会上,由教育界要人庄泽宣提议,赵冕、陈礼江、傅葆琛、高阳连署《明夏变通年会办法,征性质相同学术机关,合办暑期讲习会案》。1935年4月17日,该社理事会议公推陈礼江与中国教育学会及中华儿童教育社接洽,在北平与国立师范大学联合举办暑期讲习会[1],将提案付诸行动。有了这样的先例,为社教社全面抗战爆发后与全国教育学术团体办事处合作,打下了基础。

1937年春,教育界同人鉴于研究教育学术之团体繁多,而各不相谋,有联合组织以谋相互联系之必要,同时第七届世界教育会议邀请我国参加,教育部曾令饬中国教育学会推派代表出席,然鉴于欧美等大国均有会员众多规模宏大教育联合会之组织,而我国虽教育学术团体众多,规模狭小,甚且有被疑为不足以代表我国全体教育界之可能,于是由中国教育学会约集七教育学术团体组织联合办事处,于南京准备参加世界教育会议事宜。[2]可见,全国教育学术团体办事处(简称"教联处")成立的背景有两个方面:对国内,加强各有关教育学术团体之间的相互联系和合作;对国外,成立全国性办事处是加入世界教育会议组织的需要。这个背景与社教社成立背景方向大体一致。

1937年春,中国教育界社团翘楚中国教育学会牵头约集中国社会教育社、中华儿童教育社、中华职业教育社、中国教育电影协会、中国卫生教育社、中华健康教育研究会等七个团体,在南京组织中国教育学术团体联合办事处(简称"教联处")。[3]教联处成立的宗旨:"以促进各教育学术团体之密切合作并发挥互助精神,共谋教育事业之建设。"[4]全面抗战时期,教联处随国民政府西迁重庆。1938年,中国心理卫生协会、中华图书馆协会、中国民生教育学会、中国体

---

[1]《中国社会教育社理事会议》,《教育与民众》第6卷第8期,1935年。
[2]《据中国教育学术团体联合办事处呈请改组为中国教育联合会等情咨请核复由》(1945年4月4日),台北"国史馆"档案,统一编号196,案卷号183-1。
[3]《中国教育学会会章、会务概要与历届监事会名录》,中国第二历史档案馆编《中华民国史档案资料汇编》第五辑第二编,教育(二),江苏古籍出版社,1991,第830页。
[4]《为核准中国教育学术团体联合办事处备案陈批令外相应函请查照由》,台北"国史馆"档案,统一编号196,案卷号183-1。

育学会相继加入,共有十二团体,其后中国健康教育研究会宣告停办,参与该办事处之团体,变为十一个。[①]

中国教育学术团体联合会办事处改名为联合会。全面抗战爆发后,上述教育团体同人为了进一步密切联系,又在联合办事处的基础上,于1944年5月在第三届中国教育学术团体联合年会全体大会上,通过将"中国教育学术团体联合会办事处"改称为"中国教育学术团体联合会"[②](简称"教联会")的决定,并于7月16日在重庆正式宣布成立。

"教联处"之所以要更名为"教联会",主要有三个原因:其一,以"教联处"名义参加世界教育会议名不正言不顺。如上所述,"教联处"是中国教育学会、社教社等为了参加以各国教育联合团体集体会员为主的世界教育会议而成立的,最终有十二团体加入,会员日见增多,规模趋于宏大,但"办事处"之名称明显不具有法人地位,"将来参加国际教育集会时,恐仍不免引起欧美其他诸大国之疑问",对顺利入会造成不必要的麻烦。其二,为了发扬中国教育学术和将来与世界列国交换书刊以及为协助政府对外宣传,需要用"联合会"名义统筹合作编辑英文教育学术刊物,此项刊物若以联合办事处名义印行,不够严肃和规范。其三,向国民党政府社会部立案履行手续的需要。在向社会部立案之前,在第三届中国教育学术团体联合年会上,已经通过将"联合处"更名"联合会"的决议,这时申请立案,如再沿用旧的名称,既不合逻辑,也"未免令所属各单位有沮丧之感,此所以早请改组为联合会理由之三也"[③]。

会上通过了《中国教育学术团体联合会组织章程》13条。章程规定的宗旨是"在促进各教育学术团体之密切合作,协助推行国家教育政策,沟通国际文化,共谋教育事业之建设"[④]。根据第4条章程"凡有全国性之教育学术团体,经本会理事会之通过,均得加入为本会会员"。会议选举西南联大常委张伯苓(理事长)、常道直(总干事)、杨卫玉、艾伟、郝更生等27人为理事,彭百川、黄炎培

[①]《本期导言》《中国教育学术团体联合年报》,第1—2页。
[②] 研究者常以"中国教育学术团体联合会"涵盖前后两个时期,无特殊说明,本文亦如此。
[③]《据中国教育学术团体联合办事处呈请改组为中国教育联合会等情咨请核复由》(1945年4月4日),台北"国史馆"档案,统一编号196,案卷号183-1。
[④]《中国教育学术团体联合会组织章程》,台北"国史馆"档案,统一编号196,案卷号183-1。

等9人为监事。[①]其中,任职教育部的彭百川系社教社的社员。其主要活动包括:已经连续举行四届联合年会;出版机关刊物《建国教育》;举办教育讲谈会和教育讲演会;进行教育研究。[②]其中《建国教育》创办的宗旨和主要任务之一,就是"要把各个教育学术团体平日研究所得的结果报告于全国社会;同时,还要表示它们怎样直接地或间接地参加抗战上底各种服务工作"[③]。

三、出席教联会举行的年会

(一)积极出席联合会第一至第四届年会

中国教育学术团体联合会最主要的活动是举行联合年会。关于联合年会的原因和目的,除讨论学术国策、分工合作、聚会求知外,很重要的一点是结合因抗战天各一方,消息不通的实际,增加身处各地的学者交流的机会,提高开会的效率。1943年7月,国民政府政要、中国自然科学界领袖人物之一的翁文灏以为,"近年以来,中国专门学会纷纷成立,为数渐多,其中会员往往同一人而兼入数会,不赴会固嫌孤立不群之患,兼赴数会又感程途跋涉,损失时间,因之遂有依赖相从联合开会的办法"[④]。教联会自认为举行联合年会的原因为:"各教育学术团体原各因旧习,年自集会一次,惟自抗战以来,播迁无常,会友星散,各自举行年会,势多困难,因有联合年会之举行。"[⑤]

在全面抗日战争阶段,以社教社等十余个学术社团组成的中国教育学术团体联合会,为发挥和整合教育的功能,配合抗战建国,先后在重庆举行四届联合年会,通过大量的议案,为战时、战后的中国教育献计献策,屡有建白;且多为政府采纳,充分发挥了民间学术机构的智库作用。

[①]《教育学术团体联合会昨晨正式成立》,《中央日报》(重庆版)1944年7月17日。
[②]《中国教育学术团体联合会》,台北"国史馆"档案,统一编号196,案卷号183-1。
[③]《发刊辞》,《建国教育》第1期,1938年。
[④]《六学术团体联合年会翁会长开会词》,《中央日报》(重庆版)1943年7月19日,第3版。
[⑤]《中国教育学会会章、会务概要与历届监事会名录》,中国第二历史档案馆编《中华民国史档案资料汇编》第五辑第二编,教育(二),江苏古籍出版社,1991,第830—831页。

(二)参加教联会第一届联合年会

1938年11月,各教育团体在"以中央既颁布抗战建国纲领,复于战时各级教育有所厘订,教育界人士对此不能无所建白,又以各团体播迁无常,会友星散,自集年会,有所难能,为办事便利与集中意志起见"的动议下,于重庆召开中国教育学术团体第一届联合年会。[1]大会以讨论"抗战建国中之各种教育实施问题"为中心,决定了以三民主义和抗战建国纲领为中国教育目标,为争取抗战的胜利而努力。会议发表宣言,揭橥教育四大方案:第一,教育必须适应整个国策,而完整其理论之体系。第二,教育必须针对抗战建国之需要而求计划的实施。第三,教育必须发挥其联系作用,力求各部门工作之沟通,以联合互助而增强效能。第四,教育必须坚定抗战建国信念,而向国际宣示,以阐扬我民族之精神。[2]

首届联合年会共通过了五十五个提案,并送呈教育部采择施行。教育部收到后,认为包括社教社所提的各案,"颇有相当见地"。[3]其中,由中国社会教育社集体或社员个人联名所提的议案有五个:《师范学院及师范学校学生应一律修习并实习社会教育案》(第七案)、《请教育部订立社会教育人员之任用及待遇法规并迅速公布施行案》(第十四案)、《普遍实施战时民众教育案》(第十五案)、《请教育部积极推行各级学校兼办社会教育案》(第十六案,社员彭百川、王欲为、曹书田提)。例如关于《普遍实施战时民众教育案》的案由和实施办法,给出的理由为:"战时社会教育应以增进抗战知能,坚定抗战意志为先务。各省市县应普遍实施,庶几全民兴起,以争取最后之胜利。"实施的办法包括六个:各省市县每保应设立战时民众学校一所,征调十六岁以上男女入学;战时民众学校每日上课一小时,持续六星期;课程为战时公民常识及乐歌二种;教法以通俗生动之演讲与讨论为主;教师由各县市政府征调知识分子充任;校舍利用学校庙宇

---

[1]《中国教育电影协会抗战以来会务活动概况报告书》,中国第二历史档案馆编《中华民国史档案资料汇编》第五辑第二编,教育(二),江苏古籍出版社,1991,第856页。
[2] 菲北:《中国教育学术团体联合年会之回顾——从第一届年会到第三届年会》,《大公报》(重庆版)1944年5月4日,第1张第3版。
[3]《中国教育学术团体联合办事处为呈送年会决议案请采借施行由》,《中国教育学术团体联合办事处请辅助案》(第一册),台北"国史馆"档案,统一编号196,案卷号183-1。

公所民房,设备利用当地公私原有家具,不另添购。

又如《请教育部积极推行各级学校兼办社会教育案》案由和办法。案由:各级学校兼办社会教育,教育部已订定办法通令公私立大学及各省市遵照办理,但非积极推动,难期成效。各级学校师生,尤应尽知识分子之责任,整个动员积极推进。建议教育部四个办理方法:

第一,颁布中小学教员服务规程,明定中小学教员兼办社会教育,俾明责任,而资督导。第二,确定各级学校负责推行社教人员,依照部颁办法,中等以上学校得组织社会教育推行委员会,应进一步改为"中等以上学校应一律组织社会教育推行委员会",并应规定各委员会设置秘书一人,由学校聘请具有社教经验者充任之,专科以上学校应专任,中等学校得由教员兼任,唯须酌减其授课时数。此外,并应于各省行政督察专员公署组织社会教育推行委员会,负督导区内各中小学兼办社教事宜。第三,规定各级学校兼办社会教育之具体工作,此项工作标准宜依照学校之性质及规模之大小,分别规定。第四,规定辅导、考核及奖惩办法,切实施行以利工作之推进。凡兼办社教成绩优良而经费困难者,并应由各主管机关酌予补助。教育部及各省市教育厅局,并应于每年度之预算内,列此项补助费,以供补助之用。

(三)出席教联会第二届联合年会

1942年2月,中国社会教育社约同中国教育学会、中华儿童教育社、中华健康教育研究社等13个单位200余人,在重庆召开第二届联合年会,以"今后三年之教育建设"为讨论中心,共通过提案19件。

其中,《今后三年之教育建设》《今后三年之卫生教育建设方案》和《修订宪法草案教育专章各条条文案》三项议案,被认为"影响我国教育前途,至深且巨,尤有注意价值"。[1]《今后三年之教育建设》各案讨论至详,内容紧要。如第一条关于高级师范教育部分:"设立教育研究所,并增设师范教育研究所教育学部,以提高教育学术水准";"各大学教育院系应与师范学院并存";"师范学院应酌行正辅系办法"。又如第五条关于全面抗战时期国民教育部分:"国民教育量之推广与质之提高应统筹并顾";"乡镇中心学校保国民学校校长及教职员应改为

---

[1]《教育学术团体联合年会闭幕》,《大公报》(重庆版)1942年2月10日,第1张第3版。

专任,不兼地方行政职务,以保持专业精神。"[1]而且,上述这些决议,后来均为国民政府采纳并付诸实施。[2]这表明包括中国社会教育社在内的教联会举行的第二届联合年会所通过的议案,并非只是纸面文章。

(四)出席教联会第三届联合年会

1944年5月5、6日,中国社会教育社又会同中国教育学会等11个单位,在重庆举行中国教育学术团体第三届联合年会,讨论中心议题为"战后世界和平教育改造问题"和"实行实业计划最初十年所需人才培养问题"。会前,中国社会教育社理事刘季洪特撰文祝贺:"我们深知教育学术界诸君平日同声相应,同气相求,分工合作,联络素密,所以很盼望这次年会进行联合全国所有教育和学术团体,罗致全国所有教育界和学术界名流,相互砥砺,相互研讨,相互协助,来提高我国学术的水准,改进我国的教育设施,加速我国建设的成功,发扬我国文化光辉于世界。"[3]

在68件大会提案中,包括了社教社所提的《积极培育社会教育人才案》。在收到的论文里,有社教社理事陈礼江的《教育改造与世界和平》。此外,依托该社设在重庆的国立社会教育学院学生也旁听了这次会议。[4]《中央日报》发表社论对该届会议评价颇高,认为本次会议可以证明:"我国教育学术团体的成员,虽在极艰苦的期间,也未忘如何改进战时及战后教育及如何鼓舞学术研究的问题,有再按再厉为发展教育学术而奋斗的勇气。教育学术界这种艰苦奋斗精神,不仅使我们感动敬佩,并且使我们从而更乐观抗战建国的前途,更增强其必胜必成的信心。"[5]

(五)出席教联会第四届联合年会

1945年8月18日,中国教育学术团体联合会第四届联合年会在重庆开幕,

---

[1] 菲北:《中教育学术团体联合年会之回顾——从第一届年会到第三届年会》,《大公报》(重庆版),1944年5月4日。

[2] 教育部编《第二次中国教育年鉴》第三编第一章,商务印书馆,1948,第10—16页。

[3] 刘季洪:《祝中教育学术团体联合年会》,《中央日报》(重庆版)1944年5月5日,第1张第3版。

[4] 《教育学术团体第三届联合年会》,《中央日报》(重庆版)1944年5月2日,第1张第2版。

[5] 《教育学术界的任务》,《中央日报》(重庆版)1944年5月6日,第1张第2版。

参加者有中国社会教育社、中国教育学会等团体会员300余人,由社教社理事、大会主席陈礼江致开幕词,云"八年中国教育工作者,各本岗位努力,今后仍当致力于建国工作,配合其他各项建设,共同迈进。此外,并应在教育上、思想上根绝日本法西斯侵略因素,以达于世界大同之最后鹄的"。大会提案共85件,"多集中于战后实施计划教育一中心问题"。①

同年10月12日,联合年会理事长张伯苓将该届会议通过的决议案,呈送教育部参考及采择者,计有十大方面的内容:关于积极推进教育研究设施者;关于恢复地方教育独立行政机构者;关于确立高级师范教育制度者;关于改进边疆教育者;关于确立今后世界儿童教育的和平理想者;关于加强女子教育发展女子能力并扶植其独立地位者;关于改进儿童教养及国民教育设施者;关于扩充电化教育之实施者;关于改进体育及医务设施者;关于改进卫生教育设施者。②

其中这些建议案不少为政府采纳,并得到回应乃至落实。诸如关于恢复地方教育独立行政机构的议案指出,"战前各直辖市之以教育并入社会局者,今后应分出成立教育局;各县市应将教育科分出成立教育局,均设局长董其事"。抗战胜利后,全国各县市多恢复设置教育局,置局长一人,并规定任职条件;扩充专办教育行政人员,以健全地方教育行政组织。再如,关于确立高级师范教育制度的议案指出,包括全国在沈阳、北平、南京、武昌、广州、成都等地,分别设立师范大学;特别需要之处,如兰州、昆明、台湾、包头、迪化等地设立独立师范学院。公私立大学得自由设立教育学院或教育系。③1949年以前,全国国立、省立师范大学和独立师范学院的布局,大体上与这一决议吻合,主要有国立北平师范大学(北平)、国立四川大学师范学院(成都)、国立浙江大学师范学院(杭州)、国立中央大学师范学院(南京)、国立中山大学师范学院(广州)、国立昆明师范学院(昆明)、国立西北师范学院(兰州)、国立长白师范学院(先在永吉,后迁至沈阳)、台湾省立师范学院(台北)等。④

---

① 《中国教育学术团体联合会第四届联合年会开幕》,《中央日报》(重庆版)1945年8月19日。
② 《中国教育学术团体联合年会呈本会年会决议呈请采择事项》,台北"国史馆"档案,统一编号196号,案卷号183-1。
③ 《中国教育学术团体联合年会呈本会年会决议呈请采择事项》,台北"国史馆"档案,统一编号196号,案卷号183-1。
④ 《第三次中国教育年鉴》(上),中正书局,1957,第281—282页。

社教社在第四届联合年会上提出三个议案,并获得通过。议案包括《请政府通令各省教育厅转饬各县中心学校国民学校对于民教部成人班妇女班应切实办理以期早日肃清文盲案》《请政府设立社会教育学校以培养中级社会教育干部人才案》《呈请教部积极督令各级学校切实办理社会教育案》。其中在第一个提案中,中国社会教育社提出的具体办法为:呈请教育部通令各省教育厅转饬各县中心学校国民学校对于民教部成人班妇女班应切实办理,并特别注意领导考核。大会的审查意见为"原案经过送请教育部切实办理",决议为"照审查意见通过"。[①]又如《请政府设立社会教育学校以培养中级社会教育干部人才案》,其提供的具体方法包括两个方面:请教育部自1942年度起于重庆、西北、西南、东南各地设立国立社会教育实验学校各一所;请教育部通令各省市教育厅局自1942年起,每省市至少筹设省立社会教育学校一所。大会的审查意见为:"社会教育学校"修正为"社会教育师范学校",余照原案通过。[②]

第四节　复员后的工作及第五届年会

全面抗战胜利后,社教社从重庆迁回无锡,围绕"社友联络、学术研究"的中心任务,着重恢复独立工作,除制订工作计划纲要外,重要活动之一就是将战前原计划要举行的第五届年会付诸行动,并修改了社章。

一、胜利返回后的工作计划

返回到无锡的社教社很快制订了工作恢复计划,内容比较丰富,并付诸了行动。资料显示,1946年工作计划以及之后安排如下。

上半年工作实施计划纲要:

工作总则方面,再度重申工作中心和合作为主的工作方法:其一,以社友联络、学术研究为工作中心。其二,计划各项工作实施,除必须由社教社倡导办理者外,其余得联合有关机关团体办理。在计划实施要项方面:落实社教社的中

---

① 《中国教育学术团体联合年报》,第97页。
② 《中国教育学术团体联合年报》,第100—101页。

心工作。以中心工作之一的社友联络为例,内容包括三项:1.征介社员介绍各县市政府社教行政人员,省县市机关及其他对社会教育有研究之人,均为社教社社员;2.由总社经常举行社员联谊会;3.经常函询各社友近况,编制社友通讯录,出版《社友通讯》。①

下半年工作计划及进展状况(以5—7月三个月为例)。

(一)已经开展工作概况:其一,重组各地分社,以从事研讨工作。其二,设立践四社会教育研究所。该所系为纪念社教社创始人之一、江苏省立教育学院院长高阳(字践四)而设,刘季洪担任所长,为全国性研究社会教育之统一机关。其三,研讨改善工人教育。研究我国工业化后的社会教育,由俞庆棠在工业比较发达的上海负责推进。其四,编撰并实验教材。编改国立社会教育学院教程,附设实验民众补习学校以及市立实验民众学校。

(二)工作计划:其一,编写社会教育丛书。其二,举办战后社会调查及政府抽样调查。其三,扫除无锡县文盲。其四,创制、收集适合建国时期之歌曲、剧本及挂图,以应需要。其五,拟定发展社会教育方案,以供政府参考。其六,召开第五届年会,讨论社教社中心工作,决定之后工作方针。②

这些涉及社教学术、与政府的合作、组织延伸建设以及年会等重要而基本的活动。与此同时,出于"学术思想之研讨、战后社会状况之调查、民众教育及补习教育之推进、教材编造,及社教方案之拟订,业经各社员分别进行"的工作需要和原因,向教育部申请大宗经费补助,③这也反映了这些工作计划开始得到实施,并非全是纸上谈兵。

二、延宕多年的社教社第五届年会举行

早在1937年5月,中国社会教育社即打算于8月在山东青岛召开第五届年会,推定社员雷法章、杨展云、董渭川等担任年会筹备委员,并推请时任青岛市教育局长的雷法章为筹备主任,确定的主要议题为四个:社会教育制度问题;社会教育政策问题;社会教育范围问题;生产教育实施问题。但后因全面抗战爆

---

① 《中国社会教育社请补助》,台北"国史馆"档案,统一编号196,案卷号190-2。
② 《中国社会教育社请补助》,台北"国史馆"档案,统一编号196,案卷号190-2。
③ 《中国社会教育社请补助》,台北"国史馆"档案,统一编号196,案卷号190-2。

发,社教社紧急发出通知,延期举行该次年会。后来,社教社采取加入中国教育学术团体联合年会的方式召开年会。①

抗战胜利后,社教社从重庆迁回无锡,并从全国教育学术团体联合会中重新分离出来,单独活动,独立举行了第五届年会。1947年3月29日至31日,社教社第五届年会在苏州国立社会教育学院举行,其中心议题为"社会教育与新中国之建设"。此时距离最初确定年会召开已经10年。

陈礼江在为中国社会教育社第五届年会献词中写道:"新中国之建立,所须努力者,固非教育一端,然而其基础则在教育。教育一旦普及,则其他建设,事半而功倍。社会教育者,普及教育之利器也,今中国社会教育社以'社会教育与新中国之建设'为本届年会讨论之中心问题,其意义之重大,识见之高远,不禁令吾人以手加额,为国称庆。"② 3月30日上午,第一次大会举行,由程伯路主持,听取小组召集人报告提案审查意见,并由周葆儒等四教授宣读论文,继再召开小组会议。

在中心议题的具体讨论过程中,分为"新中国之建设纲领"与"社会教育切实配合建设纲领"两大部分。"新中国之建设纲领"列举新中国政治、国防、经济、社会、教育文化等五项建设之要领。关于政治建设,内容有三个方面:实行地方自治,完成基层组织;实现民族平等,促进边疆民族自治;实现民主政治,保障人民基本权利。关于国防建设有三个内容:改善国民的营养,发展国民的体育;推行国民兵役,保障军人的生活;发展国防工业,保障民族独立生存。关于经济建设,内容包括四个方面:改革土地制度,兴修水利,发展农业;提倡工业化,发展基本工业;发展交通贸易,开发富源;发展国家资本,完成民生建设。关于社会建设内容有四:改善家庭生活;推行合作制度;提倡救济事业;安定社会秩序。关于教育文化建设有五:推行科学化运动;注重美育;鼓励实验创造;注重专技训练;普及国民教育。③

"社会教育切实配合建设纲领"列举所需注意的四大工作要项:社教工作要

---

① 《中国社教社年会在青举行》,《申报》1937年5月27日,第4张第14版;《社教社年会改期》,《申报》1937年6月15日,第3张第12版;《中国社会教育社紧要通告》,《申报》1937年7月29日,第2版。
② 陈礼江:《中国社会教育社第五届年会献词》,《教育与社会》第6卷第1期,1947年。
③ 《中国社会教育社第五届年会讨论的中心问题——"社会教育与新中国之建设"讨论大纲》,《教育与社会》第6卷第1期,1947年。

项;建立社教机构;培养社教人员;确定社教经费。其中"社教工作要项"内容颇丰富,包括:积极推行电化教育,编印民众读物及各级民众课本,施行文盲教育,推行职业补习教育,提高边地文化水平,设立县单位建设需要的展览室、科学实验站、巡回文库,辅导成立民众组织与团体行使民权,指导民众参加选举活动,宣传改良饮食的方法促进民众健康,倡导发展国民体育的各种组织,推行兵役教育,协助民众实行二五减租,协助政府推行民生主义的土地政策,切实办理农业推广工作,指导民众运用新式生产工具和技术,组织妇女会推行家庭教育,组织和辅导各种合作社。①

30日下午,举行第二次大会,由童润之主持,推定俞庆棠等三位教授为社章审查委员,并讨论选举理监事办法。在1931年《中国社会教育社社章》的基础上,根据形势变化,进行了必要的修改,主要在如下方面:第一,删除了第六章附则三条,如"本社社址在自建事务所以前由理事会决定";"本社章如有未妥善处,得由社员十五人以上之提议,提出大会修正之";"本社章由社员大会通过施行"。第二,变动较大者在组织方面,在原有的理事会基础上增加了监事会,并规定了其四个职责及其选举办法,经过选举,钮永建、顾毓琇、李蒸、刘平江、陈剑翛、英千里等人当选为监事。监事会四个职责包括审核社员资格,审核本社预算,督促大会决议案之执行及社务之推进,复审本社刊物。第三,在总则上增加了"增进社会教育人员之福利"的条款,反映了该社对全体社教人员待遇偏低问题的关注。其余社员因为货币单位的变化缴费增加,数额有了变化。②总体上,除了组织方面外,修改不算大。在临时动议方面,有西北大学校长刘季洪提出的"呈请教育部,研究中国文字,使其简化,以利教育"的动议,获得大会一致通过。下午四时,上海市教育局局长顾毓琇博士应邀出席年会,并做了题为"科学与文化"的学术演讲。31日,决定了下届年会地点后闭幕,并招待社员游览苏州名胜。③

中国社会教育社第五届年会通过建议案,并请教育部采择施行。根据教育

---

① 祥:《中国社会教育社举行第五届年会》,《教育通讯》(汉口)复刊第3卷第5期。
② 《中国社会教育社社章修正案》(1947年3月),第二历史档案馆编《中华民国史档案资料汇编》,第五辑第三编,教育(二),江苏古籍出版社,1997,第486—489页。
③ 《中国社教社五届年会通过简化文字案》,《申报》1947年3月31日,第2张第5版。

部档案记载,会议中心议题为"教育与建国关系"。其他重要的议案涉及社会教育经费与社教人才培养。关于经费来源,建议案指出:严格执行社教经费应为教育经费百分之二十,新增教育经费应以百分之三十办理社会教育之规定,并令各省市教育厅局,转饬各县市一致遵行。关于人才培养措施,包括四个:扩充国立社会教育学院以及江苏教育学院系科、名额,培养社会教育高级人才;于现有之各国立师范学院及大学师院,增设社会教育、图书馆、博物馆学各系;令饬各省市教育厅局设立省市立社会教育师范学校,开设训练班、讲习会以及函授部。规定各地社会教育工作人员必须参加函授训练。[①]

中国社会教育社是旨在加强国内社教界之间和国内与国际社教的联系以及发挥救亡图存功用在南京成立的,社址却设在无锡江苏省立教育学院之内。在全面抗战爆发之前,它依据社章规定,结合国内外形势变化和社会实际需要,以一年一度的年会为主要活动方式,先后在中国北、中、南部召开了四次以乡村建设为基本主题的年会,对推动社教在全国开展产生了比较大的影响。全面抗战爆发后,社教社先迁桂林、武汉,后落脚重庆,除本身独立活动外,还参加了中国教育学术团体联合会这一战时象征教育界团结抗战的教育社团,先后出席了四次联合年会,并在其中起到了比较重要的作用。抗战胜利后,该社返回无锡,制订年度工作实施计划,举行第五次年会,修改社章,继续活动,直到1949年。

[①]《中国社会教育社第五届年会通过建议,请钧部采择施行各决议案》,台北"国史馆"档案,统一编号196,案卷号190-2。

第二章 中国社会教育社的组织运作

中国社会教育社的日常运作主要依托于理事会的工作与协调,由理事会中的理事定期举行理事会议来讨论和议决社教社的日常工作和重要社务活动。理事会的运作情况与办事效率直接影响着社教社能否有序开展活动,因此理事会作为社教社处理社务的中心机构,对它的功能职责、理事组成、经费筹措以及所负责的社务运作、制度设施等情况,就必须有所了解。

第一节　理事会及其职责

理事会作为社教社的实际权力机关,主要负责中国社会教育社日常事务处理的部门机构,其常常主导着社务的进展与实践,对社教社的影响不言自明。第一届年会通过的《中国社会教育社社章》中第三章关于组织的相关条文规定,"本社设理事会为大会闭会期间本社之最高机关"[①]。其职权共有七条,具体如下:对外代表社教社对内综理社务;草拟社教社社务进行计划;编造社教社预算决算;筹划并保管社教社经费;审定社员资格;召集社员大会;执行大会决议案。这些表明理事会成为社教社运作的主要组织依托。

---

① 见本书附录《中国社会教育社社章》。

一、理事及其选举、换届、增选情况

中国社会教育社的发展离不开理事群体的参与和努力,理事群体的人事变动和权力划分影响着社教社主导势力的转变,进而影响相关事务的开展与实践。在理事会正式成立之前,曾经设立临时理事会作为过渡机关,推举俞庆棠、赵冕、甘豫源三人为临时理事,并担负如下职责:办理第一届理事会选举事宜;负责召集第一届理事会第一次会议;执行发行人及社教社成立大会会议交付事宜;决定社教社社员的加入申请。[①]

《中国社会教育社社章》第三章第七条对理事会的组成人员、产生以及职责做了这样的规定:理事会设理事十五人,其中十二人由全体社员公选;其余三人,由当选之理事,就未当选之重要省市或重要社会教育事业之社员中推选产生。第八条对理事的任免与任期有这样的规定:理事之任期均为三年,第一年社员公选理事之任期三年,二年一年者各四人,当选理事公推之理事,其任期三年二年一年者各一人,均以得票数多少为根据,以后每年如法改选五人,连举均得连任。第九条规定理事之选举,由全体社员于常年大会期前,用双记名法通信选举,密封送交理事会汇齐于常年大会举行时开票。选举票由理事会制定于大会期前三月至一月内,寄交各社员。第十条规定理事会设常务理事三人,处理日常社务,由理事互推选,任期一年,可以连选连任。第十一条规定理事会为执行职务之便利,应组织事务所。事务所组织大纲,由理事会订定施行。理事及候补理事多数为当时社会名流以及教育界,尤其是社会教育界的名家。

关于理事、候补理事换届、增选。关于候补理事地位确定,在第一届年会上,社教社理事会有《请确定候补理事地位案》提案。审查意见认为,在社章第三章第七条后,加"公选及公推得票次多数者为候补理事,额十五人",在第八条后,加"候补理事之任期同样办理"。[②]关于理事缺额及选举,在第二届年会上,傅葆琛、尚仲衣、陈剑脩、刘绍桢、董淮[③]五位理事任期期满。期满候补理事为张伯苓、涂开舆、冷御秋、刘湛恩、张一麐等。又因梁漱溟已被聘为理事,祁锡勇已

[①]《中国社会教育社在京举行成立大会》,《民众教育通讯》第1卷第9期,1931年。
[②]《中国社会教育社第一届年会报告》,第72页。
[③]即董渭川,后文依据原文献,或写作董淮,或写作董渭川。

经去世,共须补选八人。选举票发出总数为604张,收回345张。①

1932—1947年间,中国社会教育社主要存在过五届理事会,理事会由理事主导,候补理事为辅,表2-1主要梳理了五届理事会中理事与候补理事的人员情况。

表2-1 中国社会教育社第一至第五届理事会名单一览表(1932—1947)②

届数	任职时间	理事会构成	
		理事	候补理事
第一届	1932年6月—1933年8月	俞庆棠(常务理事兼总干事)、孟宪承(常务理事)、赵冕(常务理事)、高阳、李蒸、钮永建、甘豫源、雷沛鸿、傅葆琛、尚仲衣、陈剑翛、刘绍桢、梁漱溟、庄泽宣、董淮	祁锡勇、黄炎培、彭百川、刘云谷、马宗荣、孙枋、陈礼江、张伯苓、涂开舆、冷御秋、刘湛恩、舒新城、尹全智、张一麐
第二届	1933年8月—1934年8月	俞庆棠(常务理事兼总干事)、赵冕(常务理事)、梁漱溟(常务理事)、陈礼江、彭百川、董淮、尚仲衣、陈剑翛、高阳、李蒸、钮永建、甘豫源、孟宪承、雷沛鸿、庄泽宣	傅葆琛、孔令粲、朱坚白、舒新城、张一麐、黄炎培、刘云谷、马宗荣、孙枋、相菊潭、陈兆葵、杨展云、郑宗海、刘季洪、尹全智
第三届	1934年8月—1936年1月	俞庆棠(常务理事兼总干事)、赵冕(常务理事)、梁漱溟(常务理事)、钮永建、孟宪承、庄泽宣、雷沛鸿、甘豫源、陈礼江、彭百川、董淮、陈剑翛、尚仲衣、高阳、李蒸	张炯、傅葆琛、刘季洪、王公度、邰爽秋、孔令粲、朱坚白、舒新城、黄炎培、张一麐、刘云谷、马宗荣、孙枋、江问渔、相菊潭
第四届	1936年1月—	俞庆棠(常务理事)、梁漱溟(常务理事)、赵冕(常务理事兼总干事)、李蒸、钮永建、孟宪承、庄泽宣、雷沛鸿、甘豫源、陈礼江、彭百川、董淮、陈剑翛、尚仲衣、高阳	江问渔、刘季洪、王公度、崔载阳、马宗荣、张炯、傅葆琛、邰爽秋、孔令粲、朱坚白、舒新城、黄炎培、张一麐、相菊潭、徐锡龄

---

① 《中国社会教育社第二届年会报告》,第14页。
② 引自周慧梅:《中国社会教育社研究》,北京师范大学出版社,2019,第501—502页。

续表

届数	任职时间	理事会构成			
^	^	理事		候补理事	
^	^	理事会	监事会	候补理事	候补监事
第五届	1947年3月—	俞庆棠(常务理事)、陈礼江(常务理事)、童润之(常务理事)、董淮、赵冕、古楳、孟宪承、刘季洪、孙月平、梁漱溟、雷沛鸿、庄泽宣、舒新城、甘豫源、钟灵秀、江问渔、黄炎培、崔载阳、王公度、张彭年、蒋复璁、顾岳中(总干事)	钮永建、顾毓琇、李蒸、刘平江、英千里、陈剑翛	邰爽秋、钮长耀、陆盖、朱若溪、姜和、陈友瑞	彭百川、傅葆琛、郑宗海

表2-2 理事名录[①](1934年12月前统计)

姓名	职别	姓名	职别	姓名	职别
俞庆棠	常务理事兼总干事	赵 冕	常务理事	梁漱溟	常务理事
陈礼江	理 事	彭百川	理 事	董 淮	理 事
尚仲衣	理 事	陈剑翛	理 事	高 阳	理 事
李 蒸	理 事	钮永建	理 事	甘豫源	理 事
孟宪承	理 事	雷沛鸿	理 事	庄泽宣	理 事
傅葆琛	候补理事	孔静菴	候补理事	朱坚白	候补理事
舒新城	候补理事	张一麐	候补理事	黄炎培	候补理事
刘云谷	候补理事	马宗荣	候补理事	孙 枋	候补理事
相菊潭	候补理事	陈兆蘅	候补理事	杨展云	候补理事
郑宗海	候补理事	刘季洪	候补理事	尹全智	候补理事
储 志	干 事	缪 钟	助理干事		

---

① 《本社现任职员题名》,《中国社会教育社第二届年会报告》,扉页。

至1942年7月,在中国社会教育社填写呈报的"教育及学术文化团体调查表"中,可以看到当时的理事和候补理事名单。其中记载,20人为理事,具体是俞庆棠、童润之、陈礼江、董渭川、赵冕、古楳、孟宪承、刘季洪、孙月平、梁漱溟、雷沛鸿、庄泽宣、舒新城、甘导伯、钟灵秀、江问渔、黄炎培、王公度、张彭年、蒋复璁。候补理事为:崔载阳、邰爽秋、钮永建、陆盖、朱若溪、姜和、陈友瑞、李云亭、刘平江。[①]到1947年5月,候补理事增加了陈剑翛。[②]在填写前面表格时,有一项为"实际负责人",这一栏填写的是"俞庆棠、陈礼江、童润之",在全面抗战爆发后,确实主要由此三人积极维持社教社的相关事宜,他们在日后的社教社正常运转过程中起到了不可或缺的作用。

二、举行理事会议

理事会议是中国社会教育社处理日常事务的主要权力机关,其所产生的决议具有法规效应,直接影响着社务的开展与运作。据不完全统计,截至1938年11月,社教社先后召开过18次理事会议,下面对各次理事会议召开以及决议问题情况进行简要的叙述。

(一)第一次理事会议

1932年6月11—12日,在无锡省立教育学院举行第一届理事会,钮永建、俞庆棠等十余人到场,李蒸担任主席。两日的讨论议决诸多事项,主要有九个:

出版《社务通讯》月刊,交常务理事办理;

编印社会教育丛书,办法交常务理事酌定;

筹设社会教育书局,印行社教图书,制造社教仪器,推举陈礼江、赵冕、孙枋三人拟具具体办法,提交下次理事会讨论;

加推梁漱溟(邹平乡村建设研究院研究部主任)、董淮(山东省立民众教育馆馆长)、庄泽宣(广州中山大学教育研究所所长)三人为本社理事,舒新城、尹全智、张一麐三人为候补理事;

[①]《教育及学术文化团体调查表(1942年7月)》,中国第二历史档案馆编《中华民国史档案资料汇编》第五辑第二编,教育(二),江苏古籍出版社,1997,第737—738页。

[②]《中国社会教育社简史》,台北"国史馆"档案,统一编号196,案卷号190-2。

推举赵冕、俞庆棠、孟宪承三人为常务理事,高阳、李蒸、尚仲衣为候补理事;暂定无锡江苏省立教育学院为本社社址;

年会期约在八月二十日左右,由常务理事决定,地址在杭州;

本社应建议各省市举办县单位普及民众教育之实验,推高阳、俞庆棠、赵冕、陈礼江、甘豫源五人起草建议书,交常务理事呈请教育部,并分函各省市教育厅局,同时通知社友,设法促其实现;

拟具改进我国学制系统,确立社会教育地位,推举孟宪承(召集人)、赵冕、陈礼江、俞庆棠、尚仲衣五人拟具草案。

另外,设事务所,由俞庆棠任主任。①

(二)第二次理事会议

1932年8月22日、23日,社教社在浙江省立民众教育实验学校召开第二次理事会议,会议分为两次举行。8月22日下午,召开第一次会议,出席者有俞庆棠、甘豫源、刘绍桢、尚仲衣、李蒸(高阳代理出席)、董淮、雷沛鸿(俞庆棠代理出席)、赵冕、高阳。列席者有刘云谷、孙枋、陆殿扬、徐芳田;会议由高阳担任临时主席,刘绍桢负责记录。首先由常务理事俞庆棠报告社教社立案经过及社内经济收支、事务运作等事项。然后由年会筹备委员会成员徐芳田报告该届年会筹备详情。接下来进行相关事业的讨论,涉及四个方面的问题:

拟具年会经费概算草案请审核案(年会筹备委员会提)。决议:修正通过(附预算书);

拟定大会日程请审议案(年会筹备委员会提)。决议:修正通过(附议程);

本社收受捐款办法审查报告案(彭百川、钟灵秀、顾良杰提)。决议:照审查案通过(附办法);

本社社务进行要项草案(常务理事提)。决议:推董淮、甘豫源、刘绍桢审查。

8月23日上午在同一地点召开第二次会议,出席者为甘豫源、俞庆棠、董淮、高阳、赵冕、刘绍桢、李蒸(高阳代)、雷沛鸿(俞庆棠代)、尚仲衣;列席者为刘云谷、孙枋、许湘、陈训慈、赵光涛;董淮担任临时主席,刘绍桢负责记录工作。

---

① 《全国社会教育社理事开会》,《山东民众教育月刊》第3卷第6期,1932年。

这次会议主要讨论八个方面事项：

通讯表决新社员追认案（事务所提）。决议：追认；

请通过新社员案（事务所提）。决议：通过；

推定年会开幕式主席团案。决议：推钮永建、郑宗海、俞庆棠、董淮、高阳五人为主席团；

本社社务进行要项草案审查报告案（董淮、甘豫源、刘绍桢提）。决议：照审查案修正通过；

筹设社会教育书局审查报告案（陈礼江、赵冕、孙枋提）。决议：由社员私人自由进行，遇必要时，本社予以相当协助；

拟订本社社员通讯研究办法，俾可互相砥砺案（邵震楼提）。决议：交事务所于社友通讯刊物上酌留篇幅以便各地社友通讯研究；

修正理事会事务所组织大纲，并推定俞庆棠为事务所总干事请认追案（常务理事会提）。决议：追认；

改进我国学制系统，确定社会教育地位一案审查报告案（孟宪承、赵冕、陈礼江、俞庆棠、尚仲衣提）。决议：提交大会讨论并推孟宪承、高阳先生出席说明。[1]

（三）第三次理事会议

第三次理事会议是在第一届年会召开后举行的，8月26日下午在杭州虎跑泉进行，出席的理事有尚仲衣、董淮、刘绍桢、高阳、李燕（高阳代）、俞庆棠、雷宾南（俞庆棠代）、甘豫源、赵冕；列席者有刘云谷、冷御秋（高阳代）、陈礼江（赵冕代），赵冕担任临时主席，许湘负责记录工作。

此次理事会议主要议决了三十六个事项：

一、建议各省市分别筹设高中程度民教师资训练班以应急需案。决议：交常务理事办理。

二、呈请教育部通令各省市比照督学地位增设社会教育指导员以督资察而利社教案。决议：交常务理事办理。

三、呈请教育部通令各省市县教育行政机关社教服务人员应请富有社教学

---

[1] 编者：《年会前后的两次理事会议》，《社友通讯》第1卷第4、5期合刊，1932年。

识经验或曾受专门训练人才充任案。决议:交常务理事办理。

四、呈请教育部通令各地教育行政机关尽量利用各级学校之校舍设备及师资以推广民众教育案。决议:交常务理事办理。

五、征集关于学制系统上社会教育地位之方案整理研究以备政府采行案。决议:(1)组织整理委员会;(2)整理委员会由本会推定七人组织之,先推定陈礼江(召集人)、舒新城、俞庆棠三先生为整理委员,并负责拟订征稿启事,交由事务所征集。

六、限期普及全国民众学校教育案。决议:交常务理事办理。

七、本社于本年度内注重乡村建设运动案。决议:办法(1)交常务理事办理;办法(2)交常务理事通告全体社员;办法(3)移交下次理事会讨论;办法(4)交团体社员江苏省立教育学院负责联络。

八、厘订成人应受教育最低标准,举办民智测验,对尚未受相当教育者施以切实补救案。决议:公推三人研究之,当推定甘豫源(召集人)、尚仲衣、赵冕三人负责研究。

九、促进流动识字教育案。决议:交常务理事办理。

十、提倡妇女家事教育案。决议:交常务理事办理。

十一、由本社提倡流通图书馆案。决议:交常务理事办理。

十二、本社应设计并提倡模型标本之制造,以扩充社会教育之教具案。决议:交常务理事办理。

十三、社教同人应负责提倡社会体育之责任,随时随地于言论文字上多多宣传,于事业进行中,常常顾及,以增厚实施社会体育之力量,而谋社会教育整个之进展案。决议:交常务理事通告全体社员。

十四、提倡并改良戏剧、说书等民间固有艺术以宏社教效能案。决议:交常务理事办理。

十五、社会教育之各种设施应注重科学常识之传授案。决议:交常务理事办理。

十六、请教育部切实实行注音符号推行办法使民众教育易于进展案。决议:交常务理事办理。

十七、发展社会美育促进社教效能案。决议:交常务理事办理。

十八、拟订并实验民众学校课程标准案。决议:交常务理事办理。

十九、本社应确定征求社员具体方针案。决议:征求社员办法,规定每省由社员一人至四人负责征求。浙江:胡斗文、赵季俞、马祖武;河北:尹全智、李云亭、姚石菴、傅葆琛;福建:钟道赞、张永荣、程时烃;安徽:周德之、洪范五、王德玺;江西:彭百川、陈剑翛、王欲为;广东:雷宾南、黄裳,广西:徐锡龄;其他各省由常务理事酌定办理。

二〇、请筹设图书室置备社会教育书籍杂志以供研究之参考案。决议:推定高践四、徐锡龄、郑一华、徐寅初(召集人)、胡耐秋五人为筹备委员会委员。

二一、请本社设立函授学校以适应各地社教服务人员进修训练需求案。决议:交常务理事办理。

二二、各教育机关所印关于社会教育或乡村教育刊物应尽量设法交换以省经费而增效率案。决议:交常务理事办理。

二三、本社应组织民众读物编辑委员会积极编辑民众读物案。决议:保留。

二四、拟具本社二十一年度社务进行要项草案请审定后交本会订定具体计划案。决议:交常务理事办理。

二五、请确定候补理事地位案。决议:交常务理事办理。

二六、请确定本社下届年会地点案。决议:第二届年会地点确定于济南举行。筹备委员会之组织俟下次理事会议讨论。

二七、本社应请全国社会教育机关一致实施救国教育案。决议:交常务理事办理。

二八、由本社设法取缔不良出版物案。决议:交下次理事会讨论。

二九、请确定社会教育之方针案。决议:交常务理事征求社员意见,并作拟订二十一年度进行计划之参考。

二〇、请社教机关设法组织儿童幸福研究会案。决议:交常务理事办理。

三一、请社教机关仿照青年树艺团、青年畜养团等办法试验推行案。决议:交常务理事办理。

三二、呈请教育部设法灌制或鼓励教育留声机片案。决议:交常务理事办理。

三三、本社应酌选国内外对于改造社会运动富有同情之各种专家及各界领袖为名誉社员,借备谘询以便集中力量推进社教案。决议:交常务理事办理。

三四、请求中央及各省补助本社经费案。决议：由本社呈请教育部并斟酌情形分函各省市教育厅局请求补助。

三五、如何充裕本社基金案。决议：注意征求永久社员。

三六、请通过新社员案。决议：照入社愿书通过，计个人社员十九、团体社员二。①

(四)第四次理事会议

1933年3月18日，在江苏省立南京民教馆举行第四次理事会议，钮永建、陈礼江、甘豫源、董淮、赵冕、尚仲衣、彭百川、孙枋、李蒸、高阳出席会议，朱坚白、赵光涛等十余人列席会议。本次会议上午由钮永建担任主席，下午由陈礼江任主席，主要议决事项如下：

一、通过曹刍等新加入个人社员一百二十二人，团体社员福建省立图书馆等六社教机关。

二、常务理事兼总干事俞庆棠请假赴丹麦考察民众教育，其职务公推陈礼江代理。

三、确定本年八月二十日至二十四日，在山东济南举行第二届年会，并推定社员孔静菴、董渭川等负责筹备。

四、决议以乡村建设与民族复兴为第二届年会讨论中心，并推定梁漱溟、高践四、陈礼江、庄泽宣、孟宪承等分组拟订方案，提交下次理事会讨论。

五、补推梁漱溟、钮永建、高践四、孟宪承，连同前次会议推定之陈礼江、舒新城、俞庆棠等为社教系统整理委员会委员，并指定由陈礼江召集。

六、推定彭百川、赵光涛、朱坚白、董渭川、雷宾南、孙仲威、马宗荣等负责联络国内艺术机关团体及社教机关总动员实施抗日救国教育。

七、决议开发中原及西北社会教育，除增加由本社组织西北教育考察团一项办法外，余照原案通过。

八、决议通函各地社教机关励行民众自卫训练。

九、推定赵光涛、高践四、陈大白草拟筹办民教实验区之计划，地点定洛阳附近，以便与中原社会教育馆联络办理。

---

① 编者：《年会前后的两次理事会议》，《社友通讯》第1卷第4、5期合刊，1932年。

十、决议本年度以内编印社教丛书二种。

十一、通过《本社介绍社教服务人员办法》与《本社约聘社员登记办法》。[①]

此次理事会议,也确定了即将召开的第二届年会的中心议题。"本社因求大会提案略有系统,以及会议结果比较圆满起见,在举行第四次理事会议的时候,就规定本届年会的讨论中心——由乡村建设以复兴民族为要旨。除通知全体社员作为提案参考外,并由理事会推定专员,负责起草几个具体提案。所以这次年会的提案,虽有四五十件之多,可是其主旨很少出于这个范围。"[②]第二届年会讨论的中心为由乡村建设以复兴民族。

(五)第五次理事会议

第五次理事会议于1933年8月23日上午于山东省立民众教育馆举行,出席理事有孙枋、赵冕、刘湛恩(陈礼江代)、傅葆琛(赵冕代)、董淮、李蒸(俞庆棠代)、雷沛鸿(高阳代)、俞庆棠、高阳、甘豫源(孙枋代)、彭百川、陈礼江、尹全智,列席者有孔令㭎、杨展云,董淮担任主席,储志负责记录工作。本次理事会主要讨论了以下问题:

一、提请大会由到会社员捐款赈济山东水灾案。决议:通过。

二、请决定第二届年会经费案。决议:本届年会经费如超出山东省教育厅补助费五百元之外,其余由本社负担。

三、请规定本社分社组织办法案。决议:修正通过,提交大会讨论。

四、请讨论第二届年会讨论中心具体方案案。决议:修正通过,提交大会讨论。

五、请审核二十一年度决算案。决议:公推尹全智(召集人)、孙枋、董淮三人审核,经审核无误提交大会。

六、请审核二十二年度预算案。决议:公推孙枋(召集人)、尹全智、赵冕三人遵照大会决议,并参考事务所所拟草案,重行编定,提交下次会议讨论。

七、请审查本社西北教育考察团组织大纲案。决议:公推孔藉范(召集人)、杨鹏飞、尹全智、俞庆棠四人审查,于下次会议报告。

八、通讯表决之新社员请予追认案。决议:准予追认。

[①]《中国社会教育社举行第四次理事会议志详》,《民众教育通讯》第3卷第2期,1933年。
[②]《中国社会教育社第二届年会报告》,第7页。

九、请通过新社员案。决议：通过个人社员八十人，团体社员六处。

十、请提名"名誉社员"案。决议：提吴敬恒、蔡元培二先生交大会讨论。

十一、请推定第二届年会论文委员会委员案。决议：无庸另推。

十二、请推定第二届年会主席团案。决议：公推钮永建、梁漱溟、董淮、俞庆棠、彭百川担任。

十三、请审查社会教育系统之征稿案。决议：将梁漱溟、蒋锡恩二稿，一并提交大会讨论。

十四、请审议大会日程案。决议：二十四日下午除举行审查会外，同时请各省市代表报告各本省市社教概况及问题，余照原案通过。

十五、请草拟二十二年度社务进行要项案。决议：公推彭百川（召集人）、尹全智、陈礼江、俞庆棠、赵冕草拟，交下次会议讨论。

十六、请讨论下届年会日期及地点案。决议：提请大会讨论。

十七、规定下次理事会议举行日期案。决议：本月二十五日晚间暨二十七日上午八时起举行。①

（六）第六次理事会议

1933年8月26、27日，中国社会教育社理事在济南举行第六次理事会议，会议由三次讨论会组成。

第一次讨论会主要议决事宜有：照章加推陈剑翛为理事；加推张一麐为候补理事，任期三年；加推相菊潭为候补理事，任期二年。

第二次讨论会主要议决如下事宜：

通过新社员案。

请重行规定征求新社员办法案。

催缴社员社费案。

请拟定西北社会教育研究会大纲案。

请规定本社社徽形式案。

请草拟二十二年度社务进行要项案。

选举常务理事三人案。

---

① 《承上启下的两次理事会议》，《社友通讯》第2卷第4、5期合刊，1933年。

常务理事互推俞庆棠为事务所总干事提请公决案。

水灾捐款如何处置案。

大会交议钮永建所提各案如何处理案。

大会交议组织中国社会教育社研究实验事业协进委员会案。

大会交议组织乡村建设具体方案编制委员会案。

第三次讨论会主要议决事项三十五个,具体如下:

大会交议组织本社社址建筑委员会案。

孔静菴等提西北教育考察团组织大纲审查报告及大会交下组织西北教育考察团案,请一并审议案。

大会交下用大会名义呈请教育部转咨各省市政府通令各县政府,凡民教机关,所在地之公务人员,应尽力协助民教事业之进展,并定考核办法,以资责成案。

大会交下请讨论社会教育系统案。

大会交下提倡土货以救危亡案。

大会交下呈请教育部通令限期设立社会教育人才训练机关案。

大会交议组织设计委员会积极筹办洛阳民教实验区案。

大会交下本社应发行研究社会教育理论及实施之定期刊物案。

大会交下请确定本社二十二年度预算案。

大会通过公推吴敬恒、蔡元培二先生为本会名誉社员应如何通知案。

大会交下由本会建议内政教育两部通令各省民众教育应附属于各种与民众生活有关之组织中推行而以唤起民众完成国民革命为目标案。

大会交下呈请教育部通令各省组织国外社会教育及乡村教育考察团案。

大会交下呈请中央通令各省市分别规定社会教育服务人员养老恤金条例及进修办法案。

大会交下呈请教育部订颁社会教育人员待遇办法案。

大会交下由本社拟定各省市社会教育机关分区合作办法,呈请教育部通令施行案。

大会交下呈请中央从速公布社会教育机关法规,为设施之准绳以利事业之进行案。

大会交下呈请中央颁布强迫民众教育令并限期实施案。

大会交下请各省对于划区分期成立民众教育机关，确定实施计划案。

大会交下各地应举办社会童子军及民众军事训练以锻炼青年及成年民众之体格与德性案。

大会交下由本社呈请教育部通令各省市社会教育机关，注意实物教学及电影教学案。

大会交下组织民众戏剧编审委员会案。

大会交下请调查各地婚丧仪式，由本社重新厘订转送内政部抉择施行，以改良社会习俗案。

大会交下实施社会教育应侧重生产事业案。

大会交下尽量利用普通民众游息场所，设立民众巡回阅览处，以增加民众阅读书报之机会案。

大会交下由本社编拟民众学校课程标准，呈请教育部核准通令遵照施行案。

大会交下请教育部咨行各省市政府筹足专款，规定年限，以普及民众识字教育案。

大会交下所有民众读物，应该按照语言最后单位，语词分开排印，以增明确，而便教学案。

大会交下民众读物应完全加注音符号，以便民众自由阅读案。

大会交下由本社拟定民众图书馆分类编目法，以备全国社教机关采用案。

大会交下本社应与国内教育、农业、农村经济以及其他各机关团体学校密切联络合作，进行大规模农村经济调查案。

大会交下应以全力提倡并请教育部积极推进边疆区域社会教育，以抵抗帝国主义侵略案。

大会交下请通令全国各省市县教育主管机关，切实执行社教经费占全教经费成数之规定案。

大会交下请全国社会教育机关注重国际常识之灌输，俾一般民众周知国际情况案。

大会交下请讨论下届年会地点及日期案。

请确定下次理事会议日期地点案。①

(七)第七次理事会议

中国社会教育社于1934年3月15日上午在无锡江苏省立教育学院举行第七次理事会议,钮永建、陈剑翛、孟宪承、俞庆棠、彭百川、高阳、陈礼江、刘季洪、赵冕、孙枋、孔令粲、朱坚白、甘导伯等参加会议,未出席会议的理事均有函电由出席理事代表。上午会议由钮永建任主席,下午会议由陈剑翛任主席,储志承担会议记录工作。会议先由事务所总干事及各委员会负责人分别报告工作概况,继而开始讨论。其主要决议案有十一个,具体如下:

一、通过个人社员八十四人,团体社员五处。

二、在南京中山门外购地一百亩以充社址,并公推钮永建、刘季洪、朱坚白三人接洽南京城内社址。

三、通过二十二年度临时预算暨筹款方法。

四、第三届年会定于八月十七至十九三日在开封或南宁举行。

五、公推王海涵、陈大白为第三届年会筹备委员。

六、第三届年会讨论中心注重乡村建设以复兴民族之具体实施办法。

七、公推孟宪承、高阳协助梁漱溟主持乡村建设具体方案编制委员会会务。

八、准予追认与河南省教育厅洛阳县政府会聘洛阳教育实验区董事。

九、准予追认与河南省教育厅洛阳县政府会同拟定洛阳教育实验区计划大纲及合设办法。

十、公推刘季洪、甘导伯拟定具体计划进行大规模农村经济调查。

十一、函请中华图书馆协会编拟民众图书馆分类法以备全国社教机关采用。②

(八)第八次理事会议

本次会议于1934年8月16日在河南省立开封初级中学举行。出席理事有庄泽宣、孟宪承、俞庆棠、赵冕、刘季洪、高阳、孙枋、李蒸、梁漱溟(王怡柯代)、彭

---

① 《中国社会教育社第六次理事会议志》,《民众教育通讯》第3卷第7期,1933年。
② 《中国社会教育社第七次理事会议》,《民众教育通讯》第4卷第1期,1934年。

百川(赵冕代)、傅葆琛(赵冕代)、尚仲衣(俞庆棠代)、陈礼江(高阳代)、朱坚白、钮永建(钮长耀代),列席者有陈大白、郑若谷、蔡衡溪、王次甫、郭芳五、王维藩、祁晋卿、周祐光、樊郁、王公度、赵鸿谦、钮长耀,本次会议由庄泽宣担任主席,储志负责记录工作。

报告事项主要为事务所总干事报告,其主要内容为十一个方面:

洛阳实验区筹备经过;

购买社址经过;

接洽补助费情形;

草拟民众学校课程标准草案;

组织西北教育考察团;

事务所收支概况;

函请年会筹备委员及洛阳实验区各董事列席本日会议;

关于中心提案草拟的经过;

各省教育厅派代表情形;

各社教实验机关派代表到会报告实验心得;

广东中山大学欢迎本社赴粤开四届年会。

主要讨论和议决事项二十五个,具体如下:

一、请通过新社员案。决议:公推高践四、孟宪承、孙仲威三先生审查已交来之入社愿书,报告后再行通过,由高先生召集。

二、请审核二十二年度决算案。决议:公推王怡柯、孙仲威二先生审查。

三、请审核二十三年度经常费、临时费预算案。决议:公推赵步霞、刘季洪二先生审核,交第九次会议报告。

四、请通过第三届年会预算案。决议:通过。

五、建议大会请开办首都及安徽黄山二实验区案。决议:案名改为"建议大会请由本社协商安徽省教育厅及南京市政府举办安徽黄山及首都二实验区"。

六、第二届年会通过之"各地应举办社会童子军及民众军事训练以锻炼青年及成年民众之体格与德性"一案,业经函请王亦民社友拟就具体办法,请审查案。决议:公推王怡柯、郑若谷二先生审查后讨论。

七、第二届年会通过之"建议教育部请规定各省社教机关分区合作办法,通令施行"一案,业经本社函请原提议人拟定详细办法,请审查案。决议:公推刘季洪、朱坚白二先生审查后讨论。

八、请审核建筑社所募捐缘起及办法案。决议:公推孟宪承、钮长耀二先生审查后讨论。

九、请通过建筑委员会章程案。决议:修正通过。

十、请公推建筑委员会委员案。决议:公推钟灵秀、陈剑脩、朱坚白、高阳、刘季洪、傅焕光、钱天鹤七先生担任。第一次会议由高践四先生召集。

十一、请组织本社刊物编辑委员会案。决议:委员暂定五人,先推庄泽宣、孟宪承、陈礼江三先生,由庄先生召集;其余二人,于必要时再行补推。

十二、请推定第三届年会主席团案。决议:公推钮惕生、齐性一、李云亭、高践四、俞庆棠、庄泽宣、陈剑脩七先生担任。

十三、请审议第三届年会大会日程案。决议:修正通过。

十四、此次年会承各界盛意招待,甚感惟此次叨扰已多,又值乡村崩溃民族阽危之时,所有宴会拟请年会筹备委员会代为逊谢案。决议:通过。

十五、请草拟二十三年度社务进行要项案。决议:公推王柄程、俞庆棠、赵步霞三先生草拟,交第九次会议讨论。

十六、请讨论下届年会地点日期案。决议:交第九次会议讨论。

十七、请审查"对于编制'由乡村建设以复兴民族之具体实施方案'之意见"及"关于'乡村建设'问题提案之报告"案。决议:公推王柄程、李云亭、庄泽宣、俞庆棠、赵步霞五先生审查。

之后的讨论由李云亭担任主席,储志负责记录。

十八、高阳等提审查社员入社愿书报告,请讨论案。决议:照审查结果通过个人社员二百十人,团体社员六处。

十九、孙仲威等提审查二十二年度决算报告,请讨论案。决议:照审查报告通过。

二〇、王柄程等提审查"社会童子军及民众军事训练施行细则"报告,请讨论案。决议:军事训练中央已经积极提倡,各省对童子军亦努力推行,本办法留供参考。

二一、刘季洪等提审查"建议教育部请规定各省市社教机关分区合作办法,通令施行案"报告,请讨论案。决议:照审查报告通过如下:题名改为"拟定各省市社教机关分区合作办法,呈请教育部通令施行案"。

二二、钮长耀等提审查"建筑社址募捐缘起及办法"报告,请讨论案。决议:募捐缘起请原审查人重行起草,会后送交事务所,募捐办法照审查意见修正通过。

二三、请推定建筑社址募捐队分区主任及队长案。决议:公推高践四、刘季洪、李云亭、庄泽宣四先生提名。

二四、庄泽宣等提建筑社址募捐队分区主任及队长名单请通过案。决议:照提出名单通过。1.南京区 分区主任:钮永建,队长:张炯、刘季洪、朱坚白、钟灵秀、钱用和、陈剑翛、张钟藩、徐爽、任应培、秦运章;2.平冀区 分区主任:李蒸,队长:张伯苓、尹全智、傅葆琛、袁同礼、林宗礼、戚彬如;3.上海区 分区主任:潘公展,队长:徐佩璜、刘湛恩、舒新城、邰爽秋、许公鉴;4.广东区 分区主任:钟荣光,队长:金曾澄、徐锡龄、崔载阳、郑一华、黄裳;5.浙江区 分区主任:马巽,队长:庄泽宣、赵冕、项定荣、陆步青;6.江苏区 分区主任:刘平江,队长:陈礼江、高阳、相菊潭、彭百川、俞庆棠、孙枋、钮长耀、赵光涛、赵鸿谦、涂九衢、吴邦伟;7.山东区 分区主任:董淮,队长:孔令櫜、杨展云、杨效春、吴振宗;8.安徽区 分区主任:陈东原,队长:周德之、叶明辉;9.河南区 分区主任:齐真如,队长:王公度、郑若谷、王怡柯、陈大白、王次甫;10.陕甘区 分区主任:刘宰国,队长:杨兴荣、唐得源;11.晋绥区 分区主任:薄毓相,队长:王庚身、樊库;12.桂滇黔区 分区主任:雷沛鸿,队长:裴邦佐、李邦权、马宗荣、张国廉、云南省教育厅;13.鄂湘区 分区主任:罗廷光,队长:周宝善、徐秩民、狄昂人、张宗麟、王义周;14.赣闽区 分区主任:程时煃,队长:谢大祉、张永荣、李宗纲、杜佐周、孙贵定;15.四川区 分区主任:邵鹤亭,队长:黄道诚、蒋成堃。

二五、李云亭等提"对于编制'由乡村建设以复兴民族之具体实施方案'之意见"及"关于'乡村建设'问题提案之报告"之审查报告,请讨论案。决议:案名改为"由乡村建设以复兴民族之实施要点",内容由各会委员贡献意见,由原起草人再行整理后,提请大会讨论。①

---

① 《两次理事会议纪录》,《社友通讯》第3卷第4期,1934年。

(九)第九次理事会议

1934年8月18日、19日,中国社会教育社第九次理事会议,共分为两次会议。8月18日上午,在河南省立开封初级中学大礼堂举行第一次会议,出席者有孟宪承、陈剑翛、孙仲威、赵冕、高阳、刘季洪、俞庆棠、彭百川(赵冕代)、尚仲衣(俞庆棠代)、陈礼江(高阳代),主要讨论公推庄泽宣为理事会理事,任期三年;公推张炯为候补理事,任期三年。8月19日下午,在河南省立开封初级中学召开第二次会议,出席者有俞庆棠、赵冕、高阳、钮永建、刘季洪、孙枋、王公度、孟宪承、张炯、朱坚白、陈礼江(高阳代)、彭百川(赵冕代)、尚仲衣(俞庆棠代)、雷宾南(钮永建代)、甘豫源(孟宪承代),其中钮永建担任主席,储志负责记录工作。

此次理事会议主要讨论和议决事项七个,具体如下:

一、请通过新社员案。决议:通过新社员三十九人,其余手续不完备者由事务所退去,请补完手续提交下次会议通过。

二、选举本会常务理事三人案。决议:梁漱溟(八票)、俞庆棠(六票)、赵步霞(六票)当选为常务理事;孟宪承(五票)、钮永建(二票)、陈剑翛(二票)为候补常务理事。

三、本会总干事,由常务理事从速通函互推,推定后,不能推辞案。决议:通过。

四、大会交下"由乡村建设以复兴民族之实施要点",请重行整理案。决议:交原起草人参酌大会贡献意见整理后,交由理事所办理。

五、举行第十次理事会议日期地点案。决议:十月上旬在南京举行。

六、理事庄泽宣提请辞职案。决议:挽留。

七、定期招待第三届年会筹备委员会委员案。决议:定于二十日中午招待,由俞庆棠、赵步霞、孟宪承三人代表同人主持。[①]

(十)第十次理事会议

中国社会教育社于1934年10月28日在江苏省立南京民教馆举行第十次

---

① 《两次理事会议纪录》,《社友通讯》第3卷第4期,1934年。

理事会议,出席理事有钮永建、俞庆棠、舒新城、孟宪承等十余人,共议决四十余项提案,其重要事项有十六个,具体如下:

通过新社员补充办法;

推定钮永建、陈礼江、朱坚白担任建筑社所经费稽核委员;

通过二十三年度经临各费预算;

公推钮永建、陈礼江、孟宪承、赵冕、陈剑翛草拟提案,建议五中全会,请中央特别注重民众教育;

加推崔载阳、杨效春为刊物编辑委员会委员;

决定民国二十五年一月在广州举行第四届年会;

通过"由乡村建设以复兴民族之要点",呈请教育部通令各省市社教机关实行;

公推李云亭、梁漱溟、孙廉泉拟具华北各省救国教育计划;

公推相菊潭、彭百川、赵步霞组织委员会研究政教合一办法;

决议函请上海各银行投资乡村以谋乡村之复苏;

公推陈礼江、孟宪承、杨效春拟具社会教育人才训练机关课程标准;

公推张炯、吴剑真、马巽伯、朱坚白、董渭川草拟省立民教馆推行指导工作办法;

决议积极提倡电影教育和合作事业;

通过筹备安徽黄山实验区;

民众学校课程标准交由原起草人限期讨论通过,交常务理事办理;

下次理事会定于二十四年三月在无锡举行。[1]

(十一)第十一次理事会议

中国社会教育社于1935年3月17日在无锡江苏省立教育学院举行第十一次理事会议,梁漱溟、俞庆棠、高践四、张炯、甘豫源、孟宪承(高践四代)、赵步霞、彭百川、舒新城、相菊潭、陈礼江、刘季洪、董渭川、邰爽秋(俞庆棠代)、马宗荣(俞庆棠代)等十余名理事出席会议,由梁漱溟、彭百川担任主席,储志负责会议记录。会议先由总干事俞庆棠报告事务所工作近况,而后各委员会主席分别报告工作进展情况,继而开始讨论。

---

[1]《中国社会教育社第十次理事会》,《现代民众》第1卷第4期,1934年。

理事议决要案二十余件，其主要事宜如下：

通过高赞非等七十四人为社员；

世界成人教育协会来函调查我国文盲数，公推俞庆棠、刘季洪、张星舫三人负责答复；

公推陈礼江与中国教育学会及中华儿童教育社接洽，在北平与国立师范大学联合举办暑期讲习会；

第四届年会会期暂定三日至七日，并拟定讨论范围如下：政教合一问题、社会教育机关如何促兴生产问题、培养民族意识之教材教法问题；

请建筑委员会积极计划开始建筑新社所；

公推郑彦棻于本年八月出席牛津世界教育团体联合会议；

通告全体社员，注意民族复兴的目标，将实施概况于下届年会前用书面报告理事会，整理提交大会；

公推钮惕生、俞庆棠、赵步霞出席洛阳实验区董事会议；

下次理事会议于暑假中在北平或南京举行。①

（十二）第十二次理事会议

中国社会教育社于 1935 年 8 月 11 日，在江苏省立南京民众教育馆举行第十二次理事会议，出席会议的理事有赵冕、董淮、张炯、雷沛鸿、俞庆棠、刘云谷、邰爽秋、孙枋、马宗荣、彭百川、朱坚白、陈礼江、陈剑翛、江恒源、宪宪承、甘导伯、高阳等十七人。由陈剑翛、董渭川先后担任主席，储志负责记录工作。会议先由事务所听取总干事报告社务，随即开始讨论，至晚七时许散会。主要议决重要事宜如下：

通过 47 名新社员；

第四届年会定于 1936 年 1 月 20 日左右在广州中山大学举行；

第四届年会以"如何协助地方自治完成，并促兴生产问题"为讨论中心；

公推萧冠英、崔载阳、虞仰泉、邹卓然等为第四届年会筹备委员，并推定萧崔二君任筹委会正副主任，邹鲁、陈济棠、林云陔、林翼中、区芳浦、陈融、黄麟书、刘纪文、陆幼刚等任名誉委员；

---

① 《中国社会教育社理事会议》，《教育与民众》第 6 卷第 8 期，1935 年。

出席第四届年会各社员,均予以相当补助;

拟定广西考察团办法;

通过1935年度预算;

通过各省立民众教育馆实行辅导工作办法;

请常务理事与安徽省政府接洽筹办黄山实验区;

补助洛阳实验区临时经费以资扩充;

准予认可广州、洛阳二分社;

公推梁漱溟、孟宪承、高践四、陈剑翛、俞庆棠、江问渔、崔载阳组织第四届年会中心问题编制委员会,由陈剑翛召集;

下次会议定于第四届年会大会前一日在广州举行。①

(十三)第十三次理事会议

中国社会教育社第十三次理事会议与第四届年会筹备委员会会议同时进行,于1936年1月17日在广州中山大学举行,出席者有雷沛鸿、梁漱溟、范锜、王越、黄敬思、崔载阳、虞仰泉、俞庆棠、萧冠英、高阳(梁漱溟代)、钮永建(雷沛鸿代)、李云亭(俞庆棠代)、董淮(梁漱溟代)、赵冕(崔载阳代)、周鼎铭、曾纪蔚、郑彦棻、梅蕚、黄佩纶、金湘帆等二十人。本次会议由雷沛鸿任主席,储志负责记录工作。

主要议程为,首先由筹备委员会主任萧冠英做相关事宜的报告工作:

一、年会报道者,已有广州市六十二人,外埠五十八人;二、岭南大学拟招待本社社员参观,广东省政府等拟招待本社社员,国立中山大学定十八日中午招待本社社员赴新校午餐并参观,陈总司令拟定期招待本社全体社员,西南执行部函复派员到会指导。三、此次年会经费,除补助川资四千元外,尚余八千余元,总预算约一万二千元左右。

接下来由事务所俞庆棠总干事报告相关事宜,内容如下:

一、已报到之社员约有十省市,河北、河南、山东、广西等处均有代表来会参加。

二、上次会议所有决议案均已执行。

---

① 《中国社会教育社决定年会讨论中心》,《申报》1935年8月15日,第4张第16版。

三、申报农村生活栏现由本社主编。

四、本社在南京中山门外,拟建筑新社所,现在正请工程师计划图样,俟捐款收有成数,即可开始建筑。

五、洛阳分社早已成立,广州、安庆等处分社,亦将次第成立。

六、本社经常费收支概况,及分配年会补助费情形。

之后便进行会议讨论事宜,主要内容如下:

一、请通过新社员案。决议:公推梁漱溟、崔载阳、金湘帆三社友审查后,交主席核准通过。

二、请推定第四届年会主席团案。决议:公推钮惕生、邹海滨、黄麟书、萧冠英、雷宾南、金湘帆、梁漱溟、崔载阳、俞庆棠、钟荣光、董渭川等十一人担任。

三、请审查第四届年会日程案。决议:关于研究实验报告时间及次序规定如次,余照原案通过……

四、请审查"社会教育助成地方自治并促兴社会生产讨论纲要"案。决议:公推梁漱溟先生审查,报告大会讨论。

五、本届年会出席社员中有少数社员逾期通知,应否照发川资补助费案。决议:以准期报名而未出席之社员名额依次递补。

六、请设法筹足建筑社所捐款数额案。决议:交下次会议讨论。

七、定期召开广西考察团团员会议案。决议:定于一月十八日下午八时半举行。

八、请讨论下届年会日期地点案。决议:交下次会议讨论。

九、请规定下次会议举行日期案。决议:定于十九日举行。

十、本社拟与教育行政机关及学术机关在广州合设实验区案。决议:公推金湘帆、萧冠英、崔载阳、徐锡龄、梁漱溟、俞庆棠等六位社友组织委员会,研究具体办法,由金委员召集。①

(十四)第十四次理事会议

中国社会教育社第十四次理事会议于1936年1月19日在广州中山大学大钟楼举行,出席理事有甘豫源、俞庆棠、董淮、孟宪承(甘豫源代)、陈剑翛(俞庆

---

① 《两次理事会议记》,《社友通讯》第4卷第8期,1936年。

棠代)、雷沛鸿、梁漱溟、高阳(董淮代)、崔载阳、钮永建(梁漱溟代)、赵冕(崔载阳代),会议由俞庆棠担任主席,储志负责记录工作。会议讨论事项如下:

一、公推理事一人案。决议:公推李云亭社友担任。

二、决定候补理事名单案。决议:三年者五人 江问渔、刘季洪、王公度、崔载阳、马宗荣;二年者五人 张炯、傅葆琛、邰爽秋、孔令燊、朱坚白;一年者五人 舒新城、黄任之、张一麐、相菊潭、徐锡龄。

三、公推常务理事案。决议:公推梁漱溟、俞庆棠、赵冕三社友担任。

四、常务理事公推总干事一人提请通过案。决议:公推赵冕社友担任。

五、请通过新社员案。决议:通过个人社员四十九人,团体社员二处。[1]

(十五)第十五次理事会议

1936年3月14日,中国社会教育社在无锡江苏省立教育学院,举行第十五次理事会议,李云亭等十余名理事出席会议,由李云亭、孟宪承先后担任主席,储志担任记录工作。会议先由俞庆棠报告社务进展情况,然后进入讨论环节,共议决要案三十余件,其主要事项如下:

通过新社员二十五人;

议定二十五年度工作进行要项;

公推刘季洪、俞庆棠代表本社,参加洛阳实验区董事会议;

建议政府普遍实施公民训练;

建议各社教机关,积极实施国防教育;

建议教育部,确定民教视导制度;

决定与国立中山大学、广东省教育厅,合设广州实验区;

举办文盲调查;

建议国民政府,在修正宪法草案时,明白规定社会教育之地位;

建议教育部,从速制定社会教育机关人员任用及待遇规程。[2]

---

[1]《两次理事会议记》,《社友通讯》第4卷第8期,1936年。
[2]《中国社会教育社在锡举行理事会》,《新北辰》第2卷第4期,1936年。

(十六)第十六次理事会议

中国社会教育社于1936年10月25日,在南京举行第十六次理事会议,出席者有钮永建、梁漱溟、俞庆棠、高阳、陈剑翛、陈礼江、马宗荣、甘豫源、董渭川等十余名理事,陈剑翛担任主席,叶岛负责记录工作。会议首由事务所总干事俞庆棠报告社务概况,关于上届理事会决议案执行状况,合设广东花县乡村教育实验区筹备近讯,加入中国学术团体联合会所筹建会之经过等事宜,均有详细报告,之后开始讨论。本次会议议决主要问题如下:通过新社员三十六人;进行文盲百分比之研究;研究民众补充读物之编辑与改良;促进教育部颁失学民众补习教育六年计划之实现。同时也讨论关于第五届年会日期地点事项,议决由常务理事全权办理,并推定马宗荣、陈剑翛、梁漱溟、赵冕、江问渔、庄泽宣、孟宪承等组织中心问题委员会,负责草拟下届年会中心问题。[①]

(十七)第十七次理事会议

1937年3月28日,在无锡江苏省立教育学院举行第十七次理事会议,出席者有孟宪承、董渭川、雷宾南、高践四、赵步霞、俞庆棠、甘导伯、陈礼江(甘导伯代)、彭百川(赵步霞代)、马宗荣(高践四代)、崔载阳(俞庆棠代)、邰爽秋(俞庆棠代)、陈剑翛(甘导伯代)、李云亭(赵步霞代)、江问渔(俞庆棠代),本次会议由董渭川担任主席,叶岛负责记录工作。会议开始先由理事会事务所总干事俞庆棠报告社务近况,理事高践四报告经营社所基地之计划。

然后进入会议讨论环节,主要讨论事项如下:

一、请通过新社员案。决议:公推雷宾南、赵步霞两先生审查后再讨论。

二、本社第五届年会应否与其他教育学术团体联合举行案。决议:与第五案合并讨论。

三、本年七月间法国举行国际初等及民众教育会议,本社应否委托代表出席参加案。决议:请崔载阳先生乘便代表参加。

四、中国参加世界教育会议筹备会,本社已推员加入,关于论文之征集,应如何进行案。决议:交常务理事办理。

[①]《中国社会教育社举行理事会议》,《申报》1936年10月28日,第2张第8版。

五、请确定第五届年会日期地点案。决议:以青岛及北平二处决定之。

六、请推定第五届年会筹备委员案。决议:公推董渭川、高践四两位理事协同常务理事担任年会筹备会组织委员。

七、请筹划第五届年会筹备经费案。决议:并入第六案,请董、高两理事接洽。

八、第五届年会中心讨论问题,前经通函各理事征集;请推定人员克日编制简明纲要,并作最后整理案。决议:请赵步霞、孟宪承、雷宾南三位先生负责编制,并作最后整理。仍请赵步霞先生负责召集。关于中心问题之范围:根据陈礼江、马宗荣两先生之提案,综合为一"中国社会教育制度及政策问题";"民众生产教育具体办法";民众教育的范围;其他。关于中心问题讨论之方式:由中心问题委员在每个大题目下酌立分题;并请对此问题富有研究之社友莅会作短时演讲。

九、第五届年会论文,应如何征集案。决议:除向全体社友普遍征集外,并特约专人提出,限于六月十五日以前送交事务所,以便转交年会筹备委员会论文组审查后,提出大会宣读之。

十、请扩大本社事务所行政组织,以促进社务之发展案。决议:交常务理事斟酌办理。

十一、本会下次会议日期地点案。决议:定年会前一日在年会地点举行。

十二、雷、赵两先生提新社员入社愿书审查意见案。决议:照审查意见通过新社员四十七人。①

理事会议及其大批决议案的召开,保证了中国社会教育社处于良好的日常运作状态,有利于集中处理社员征集、出版发行、社内外人员交流派出、年会举办时间和地点等基本社务。而且,理事会决定了年会召开,而理事会又因为各地赶来参会理事方便,在年会间隙时间举行,一举两得,反映了两者之间存在的密切关系。另外,理事会决定并非纸面文章,而是得到了一定程度的执行。下面以第十次理事会议决案为例,用列表方式呈现其执行情况。

---

① 《本社第十七次理事会议记》,《社友通讯》第5卷第10期,1937年。

表2-3 第十次理事会议决案执行情况说明表[①]

序号	议案主文	决议事项	执行状况	备注
1	补充征求新社员办法，请核议案	通过办法两条	征求社员时，已遵照本办法办理	
2	请通过新社员案	将入社愿书交审查后，提出下次会议讨论	已将所有入社愿书送交各理事分别审查	
3	本社社员有自入社以来从未缴纳社费或与本社发生关系者，应如何办理案。	凡入社一年以上，从未缴纳社费，亦未与本社发生任何关系者（如参加会议及与本社通信投稿赠书等），应由事务所连其他欠缴社费社员，再催一次，如于本年内仍不缴纳，遵照社章第五条之规定，取消其社员资格，被取消社员资格者，只须停寄一切印刷品选举票等，无庸专函通知	已由事务所函催	
4	请推定建筑社所经济稽核委员会三人案	公推钮惕生、陈礼江、朱坚白三社友担任。每月稽核一次，由陈先生召集	已专函聘请担任	所有捐款数目，均经稽核
5	本社预定之社址区域内，大部分土地业已购就，但尚有少数田主故意阻挠，应如何办理案	由本社按照土地征收法呈请教育部转咨内政部及南京市政府准由本社备价征收，公文由常务理事办理，遇有当面接洽等事宜，公推张炯、陈剑脩二先生担任	现正调查该区域状况，候调查清楚后，即拟呈请征收	
6	由本社建议五中全会，请中央特别注重民众教育案	公推钮永建、陈礼江、孟宪承、陈剑脩、赵冕五先生根据本会贡献要点草拟提案，由钮先生召集	五中全会时由钮先生等拟定一"积极推行民众教育以复兴民族请愿书"向会请愿；并请由中央委员提案	请愿书全文见《社友通讯》第三卷第六期

[①]《第十次理事会议决案执行状况》，《社友通讯》第3卷第9期，1935年。

续表

序号	议案主文	决议事项	执行状况	备注
7	刊物编辑委员会提请加推杨效春、崔载阳为该会委员案	通过	已分别函请担任	
8	请讨论下届年会地点日期案	地点：广州 日期：二十五年一月	已与国立中山大学函商确定	
9	请规定第四届年会讨论中心案	由常务理事拟具意见，交下次会议讨论	常务理事正在拟具中	
10	大会交议由乡村建设以复兴民族之实施要点案	呈请教育部通令各省市社教机关实行	已呈教育部通令施行	奉教育部教字一五〇一六号批示准予照办
11	大会交议请由本社拟具华北各省救国教育办法，呈请中央采择施行案	公推李云亭、梁漱溟、孙廉泉三先生拟具计划，交常务理事办理；由梁先生召集	已经分别聘请担任	
12	由本社组织委员会研究政教合一之办法案	公推相菊潭、赵步霞、彭百川三先生为委员，由相先生召集	已经分别聘请担任	
13	大会交议由本社函请上海各银行投资乡村，借谋乡村之复苏案	交常务理事办理	已办，并呈请财政部规定奖励办法	
14	大会交议呈请教育部规定民众教育为师范学校必修科目案	交常务理事办理	已办	奉教育部教字一五三九四号批示准予核办
15	大会交议由本社拟定社会教育人才训练机关课程标准案	公推陈逸民、孟宪承、杨效春三社友拟定，由陈先生召集	已分别函请担任	
16	大会交议呈请教育部将已规定社会教育经费应占成分，再行通令各省市县切实执行，以利事业进行案	交常务理事办理	已办	

续表

序号	议案主文	决议事项	执行状况	备注
17	大会交议由本社建议各民教机关,交换工作人员,以便观摩案	交常务理事办理	已办,并拟印交换工作人员介绍书,分送应用	
18	大会交议各省立民众教育馆应切实推行辅导工作案	公推张炯、吴剑真、马巽伯、朱坚白、董淮五社友草拟办法,由张先生召集	已经分别函请担任	
19	大会交议各省市社会教育之视导,应由专人负责案	交常务理事办理	已呈请教育部通令施行	
20	大会交议由本社呈请教育部通令各省市社会教育机关与乡村教育机关切实联络,以推进乡村之社会教育案	交常务理事办理	除呈请教育部通令,并函各省市教育厅局转饬办理	同第十三案备注①
21	大会交议请建议教育部,明定社会教育机关服务人员之养老金及恤金办法案	交常务理事办理	已办	
22	大会交议呈请教育部令国立北平师范大学添设社会教育系,以推广社会教育案	交常务理事办理	已办	连奉教育部两次批示准令该大学照办,并准该大学来函已将民众教育改为必修科
23	大会交议积极提倡教育电影,以期增进社会教育效率案	原办法(一)(四)两项交常务理事办理,其余各项暂缓进行	已办	同第十三案备注
24	大会交议由本社通函全体社员,在实施民教时,尽力推行新生活运动案	交常务理事办理	已办	

---

①第十三案并无备注,原文如此,疑似为同第十四案备注,下同。

续表

序号	议案主文	决议事项	执行状况	备注
25	大会交议拟请筹设各省流通图书馆,以普及乡村教育,为乡村建设之基础案	交常务理事办理	呈请教育部饬办理,函全体社员照办	同第十三案备注
26	大会交议积极进行合作事业案	交常务理事办理	呈请教育部通令施行,并与第廿六案合并函各省市教育厅局转饬办理	同第十三案备注
27	大会交议积极提倡或改良乡村纺织副业,借增农民生产案	交常务理事办理	与前案合并函各省市教育厅局转饬办理	
28	大会交议用大会名义呈请行政院,通令各省政府筹设新式农具制造所,并力予推行,借宏农业案	交常务理事办理	已办	
29	大会交议呈请教育部改定民众学校课程标准,增订关于职业指导、生计训练等材料案	将大会交下之民众学校课程标准草案,交原起草委员会限期召集会议讨论通过后,交常务理事呈请教育部公布施行	已办	
30	大会交议民教之宣传与训练,应酌量采用戏剧表演形式案	交常务理事办理	大会决议办法(一)(二)(四)(五)四项已办,(三)在进行中	
31	大会交议由社编印乡村建设刊物,以供有志乡村建设者之参考案	交常务理事办理	在进行中	
32	大会交议请由本社联络南京市政府与安徽省政府,协商开办南京及黄山二实验区案	先与安徽省政府协商筹办黄山实验区	在进行中	本已与安徽教育厅商定于本年一月五日派员赴黄山会勘区址,以匪势猖獗,未能进行

续表

序号	议案主文	决议事项	执行状况	备注
33	大会交议呈请教育部,促进西京文化博物馆积极实现,以便搜集西北文化材料,复兴民族固有精神案	交常务理事办理	已办	同第十三案备注
34	俞庆棠、赵冕提本社二十三年度社务进行要项审查报告,请讨论案	照审查报告修正通过	已遵照进行	
35	理事庄泽宣提请辞职,应如何处理案	恳切慰留	已录案挽留	
36	按照本社社章之规定,本社理事每年应改选三分之一。下届年会展缓半年举行,拟于明年暑期举行理事会议时办理改选手续案	应遵照社章第九条之规定,于年会时改选。任满各理事延长任期至下届年会时为止		
37	请规定下次会议日期地点案	二十四年三月在无锡举行	现定于本月十七日在无锡教育学院举行	

从表2-3可知,第十次理事会所通过的37个议决案中,根据记录和反馈,除第36案因为由下次年会议决外,其余全部都得到执行和落实,管中窥豹,可说明理事会在相当程度上履行了本身的职能,发挥了应有的作用。

三、理事会事务所的设立与运作

根据《中国社会教育社社章》第三章第十一条规定,"理事会为执行职务之便利,应组织事务所。事务所组织大纲,由理事会订定施行"。社教社的理事会在成立不久后,便积极筹备事务所的设立。1932年6月,在第一届理事会第一次会议后,便成立理事会事务所,并在无锡江苏省立教育学院图书馆楼上开始办公。

出台《理事会事务所暂行组织大纲》，对其运作的具体组织形式做出规定。大纲共七条：

第一条，本大纲依据中国社会教育社社章第十一条订定之。第二条，事务所设总干事一人，商承常务理事综理所务，干事及助理干事若干人，商承干事分办各项事务。第三条，总干事由常务理事互推，提请理事会通过，干事及助理干事由总干事提请常务理事同意，均以理事会名义聘任之。第四条，总干事之任期为一年，干事及助理干事之任期由总干事酌定，连聘均得连任。第五条，总干事不支薪给，干事及助理干事得酌给薪津。第六条，事务所办事细则另订，经常务理事核定施行。第七条，本大纲经常务理事会通过施行。①

1933年11月，理事会事务所修正通过根据《理事会事务所暂行组织大纲》第六条制定的办事细则，为照章办事提供了规矩。理事会事务所办事细则主要有十五条，大致包含以下内容：

事务分为调查、研究、实验、宣传、出版、图书、集会、注册、文书、会计、庶务十一项。前列各项事宜，暂不分股，由总干事商承常务理事主持一切，并随时分配干事及助理干事负责办理。事务所遇总干事缺席时，其职务由常务理事代理。处理的事务，于必要时另约相当人员担任，或组织委员会办理。事务所关于出版之选材编稿等事项，应由经办者按照一定期间，编纂完毕，送请总干事常务理事核定，再行印校分发。关于图书之征集、选购、编目、典藏等事项，应由经管者依照普通图书馆办法办理。关于注册之审核、登记、整理等事项，应由经办者随时编制各项统计。关于收发文件手续，于每届月终及年度终了，须分别编造各该月及该年度收支对照表，连同账册单据，送请总干事及常务理事审核，提交理事会及年会报告。遇有重大问题，或困难事项发生时，提交理事会解决。事务所办公时间：上午八时起，十二时止；下午一时起，四时止。遇祁寒盛暑，得临时变更。事务所专任职员除周末及国定纪念假期外，无定期休假；因事因病，或为休息之必要，均得向总干事请假，全年假期以一月为度，依学年度计算。但在年会及理事会议前后并社务紧急时，除特别不得已之理由外，不得请假。②

其中，对文件的种类、程式与收发做了明确、细致的规定。关于对外所发文

---

① 《本社理事会事务所暂行组织大纲》，《社友通讯》第1卷第2、3期合刊，1932年。
② 《本社理事会事务所办事细则（二十二年十一月修正）》，《社友通讯》第2卷第10期，1934年。

件,其种类及程式具体如下:

用社教社名义的呈文:普通的,常务理事具名,文曰"中国社会教育社理事会常务理事某某某",加盖名章及图记。紧急的,总干事具名,文曰"中国社会教育社理事会事务所总干事某某某",加盖名章及图记。用社教社名义的公函,由常务理事具名,文曰"中国社会教育社理事会常务理事某某某",加盖图记。

用社教社名义的便函:普通的,盖社长戳;重要的,总干事具名,文曰"中国社会教育社理事会事务所总干事某某某",加盖名章。用理事会名义的便函:普通的,盖理事会方戳;召集理事会议,由常务理事具名,文曰"常务理事某某某",加盖理事会方戳。用事务所名义的便函,盖事务所圆戳。

关于文件的收发规定如下:收支——先由助理干事摘由登记,交干事拟办后,请总干事核办;如系重要事项,并须送由常务理事核签,再交干事处办理。发文——干事依照核定办法撰就稿件,请总干事核阅,除用社教社及事务所名义之便函外,其余并须经常务理事之核定。核定后均交助理干事缮写,由干事校对,加盖图记,再交助理干事登记封发。

理事会具体运作和所办事务。在《社友通讯》第1卷第2、3期合刊上,有1932年6月至8月的具体运作事宜,工作内容繁复、丰富,有条不紊,摘录如下:

六月十三日,拟撰理事会新闻,刊登上海、南京、天津、广州各大报纸,以广宣传。

六月十五日,布置办公室,购置办公应用物件,拟具本所目前应办事业计划,接收临时理事会文件。

六月十六日,布告招请助理员并通告开始办公,拟具文书用件之格式,与分档收发之手续。

六月十七日,函请钮惕生题字"社友通讯",并致函杨卫玉、杨允中索取社员履历表等件,甄别助理员,拟制本社办公处标语。

六月十八日,致函彭百川询问党部及教育部立案手续。

六月二十日,致函彭百川再询立案手续。

六月廿二日,函知尚仲衣、陆殿扬、郑宗海、孟宪承、胡承枢、张任天、陈训慈等七人被推为本社年会筹备委员,附具筹备年会注意事项七条。同日,分别函知梁漱溟、舒新城、俞庆棠、高阳等十二人被推为本社理事、候补理事、常务理事、候补常务理事。

六月廿三日，致函陈礼江请召集商拟筹设社会教育书局具体办法，函请高阳召集起草举办县单位普及民众教育实验之建议书，函请邵震楼拟具社员通讯研究详细办法。

六月廿四日，函请彭百川等三人审查本社收受捐款办法，致函陈礼江等九人，征求《社友通讯》文稿。

六月廿七日，致函各教育机关，索取刊物，以供本社研究参考，致函彭百川商议本社立案事宜。

六月三十日，通告各社员本社第一届年会日期，并请介绍新社员。

七月一日，函请社教机关介绍新社员。

七月二日，拟撰本社近讯，刊登各报，编印《社友通讯》第一期。

七月三日，拟撰并缮写呈请党部立案呈文。

七月五日，函催县单位普及民教之建议书，及社教书局具体办法草案。

七月八日，致函尚仲衣接洽年会筹备事宜。

七月十一日，致函彭百川商询教育部立案手续，并草拟社务进行计划，递寄《社友通讯》。

七月十二日，规定暑期轮值办法。

七月十三日，函请唐现之加入本社并请介绍新社员。函请甘导伯在开封征求新社员。

七月十四日，递寄《社友通讯》，致各教育机关请交换刊物，并修正本社事务所组织大纲。

七月十七日，收到彭百川寄来之党部立案批答，并即函复，汇集新社员入社愿书。

七月十八日，缮写新社员名单，并函请各理事通讯表决。

七月十九日，拟撰并缮写呈请教育部立案呈文。收到年会筹委会复函，当即函复并附社员通讯处全份。同时转陈赵冕年会筹备情形。

七月廿二日，再汇集新社员入社愿书，续请理事通讯表决。

七月廿四日，函请尚仲衣拟文稿请浙教厅补助年会经费，办理乘车证明书样张，缮印赴会人员清单。

七月廿五日，呈请教部转咨铁道部准予照章优待本社参加年会社员减收车费。

七月三十日，函知理事理事会第二次会议日期。

八月一日，致函彭百川催索本社收受捐款办法草案及审查意见书。函邵震楼催索社员通讯研究办法。函请孟宪承拟具改进学制系统草案并征求文稿。致函尚仲衣询问请浙教厅补助经费事及索筹委会会议录，并请办社员到会须知。

八月五日，汇集各理事通讯表决之新社员名单，通告新社员年会日期，并寄递《社友通讯》。

八月八日，电教部询铁道部乘车减价事宜。编印《社友通讯》第二、三期合刊。

八月十日，致函徐芳田请印发社员到会须知，请将会议日程，加入学术讲演及简短报告，并请浙社教机关加入为团体社员。函复彭百川催索计划，请教部派员指导年会并索文稿。呈请教部通令各省市教育厅局试行县单位乡村民众教育之普及。并致函建议各省市教育厅局施用。[1]

由上可知，理事会事务所在成立初期，主要事务和工作是处理社内日常工作与社外事务联络。如负责接洽中国社会教育社向教育部及国民党党部的立案情况，准备相关文件和计划报表，负责相关理事会议和工作的安排与协调、经费筹措、社员的联络与征集、《社友通讯》的编辑工作、年会的筹备、实验区的建设与实践等事项。事务所作为处理日常理事会运作事宜的具体办事机构，做了很多细碎、实在之事，而且记录在册，与一般松散的社团组织管理大不相同，具有准行政机关的色彩，这对社教社工作的正常开展起到重要的组织支撑作用。

---

[1]《本社事务所最近工作纪要》，《社友通讯》第1卷第2、3期合刊，1932年。

第二节　经费及社务运作

一、经费筹措和使用

经费是维持一个民间社团正常运行的物质基础，是社团活动的必要保障。《中国社会教育社社章》第五章是关于经费的，第十六条规定该社经费来源，包括五大渠道：社员常年社费；社员特别捐；政府补助费；社外机关团体个人之捐助；其他收入。第十七条规定社员缴费的数额：常年社费，普通个人社员每年二元，普通团体社员每年五元。凡个人社员能一次缴足二十五元，团体社员能一次缴足六十元者，永远免除其常年费。由此可见，缴费方式具有灵活性。

社教社经费主要包括一般社员缴交、特别社员捐助以及各有关教育官厅的补助。以1933年为例，共收入一千六百二十五元零一分，共支出一千零四十九元一角二分。自该社成立至此，教育官厅补助有四处，浙江一百元，山东三百元，云南六十元，广西四百元。其中广西最多，大约与当时理事、广西教育厅厅长雷沛鸿的支持有关。社员特别捐，有总干事俞庆棠二百七十三元，高阳一百元。[①]

在社教社第二届年会时，理事会在会上提议审议1932年度决算，将该社收支情况进行汇报说明。经审查员雷荣甲、张渲其审查后，结果如下：1932年度收入一千六百二十五元（一分），支出一〇四九元一角二分。原预算为一千六百八十三元四角，实际支出较预算减少六百三十四元二角八分，结存五百七十五元八角九分（基金在内）。[②]在会上也通过1933年度经费预算：研究费四千八百元；会所及社会教育图书馆费五万元；西北教育考察团经费三千元；洛阳民众教育实验区六千元；增加干事一千四百四十元；会所及图书馆设备费八千元；农村经济调查费一万元。在未筹得该款前，由理事会适宜支配。[③]

[①]《中国社会教育社第二届年会报告》，第12—14页。
[②]《中国社会教育社第二届年会报告》，第67—68页。
[③]《中国社会教育社第二届年会报告》，第77页。

表2-4 中国社会教育社收支对照表

\multicolumn{4}{	c	}{1932年度}
	科目	金额	小计
收入	上年度结存	80.51	1625.01
	社员常年社费	780.00	
	永久社员社费	250.00	
	社员特别捐	100.00	
	教育厅补助费	400.00	
	存款利银	14.30	
	第一届年会报告	0.20	
支出	俸给	349.80	1049.12
	文具	38.95	
	邮电	126.10	
	购置	5.70	
	印刷	398.48	
	用旅	102.85	
	什支	27.24	
结存	575.89		

\multicolumn{4}{	c	}{1933年3月至6月}
	科目	金额	小计
收入	上月结存数	406.72	913.92
	浙江省教育厅补助费	100.00	
	永久社员社费	200.00	
	社员常年社费	207.00	
	年会报告	0.20	
支出	俸给	154.00	564.36
	文具	12.82	
	邮电	67.50	
	购置	3.50	
	印刷	260.00	
	用旅	61.65	
	什支	4.89	
结存	349.56		

1933年7月			
	科目	金额	小计
收入	上月结存	349.56	736.96
	社员常年社费	30.00	
	永久社员社费	50.00	
	山东省教育厅补助费	300.00	
	存款利银	7.40	
支出	俸给	42.80	161.07
	文具	1.76	
	邮电	25.60	
	印刷	80.60	
	杂支	10.31	
结存	575.89		

1933年8月、9月			
	科目	金额	小计
收入	上年度结存	575.89	1540.89
	云南省教育厅补助费	60.00	
	广西省教育厅补助费	400.00	
	社员常年社费	335.00	
	永久社员社费	170.00	
支出	俸给	191.00	452.74
	文具	21.52	
	邮电	42.59	
	购置	8.25	
	印刷	65.70	
	用旅	54.40	
	什支	13.88	
	临时费	55.40	
结存	1088.15		

表2-4显示,1932年,尤其是1933年社教社社员缴费、浙桂滇等有关省份教育厅补助,各种经费来源大体上可以支撑该社日常事业运转,并有所剩余。到1938年,各省经费补助情况如下:江苏省每年800元,安徽省每年300元,山东省每年100元,河北省每年300元;其他各省临时补助费每年约400元。外加社员

社费每年约1800元，每年总计经费约为3700元。[1]1938年后，浙、鲁、苏等省成为沦陷区，官厅补助经费难以为继，社教社经费除了个人社员和团体社员所交外，主要依靠教育部的经费补助。这种补助除了维持社中每月日常运转外，其他大宗用于专项经费或一次性的开支。

关于向政府教育官厅申请经费补助，社教社一向比较重视。早在1937年2月，即向上海市社会局申请常年经费补助。该社函上海市社会局，"再请惠拨常年补助费"，公函对补助经费理由做了陈述。

本社以研究社会教育学术，促进社会教育事业为职志，成立以来业经五载，社员人数已达一千五百余人，分布全国各省市，其中服务与籍隶贵市者为数甚多。曾以经费支绌而事业待兴，函请贵局补助常年经费，已蒙赐察。兹因本社自第四届年会以来，各项事业均力事扩充：在旧有之实验区内，除积极推广民众基础教育外，并注意于国民经济建设，以全民造产为实验事业之中心。新创之乡村教育实验区，为倡导自力更生教育，正在举办乡村青年训练与普教试验。其他如赞助部颁失学民众补习教育六年计划之实施，赞助各省市举办公民训练，倡导设立中等程度之乡村民众学校，研究民众补充读物之编辑与改良，研究我国文盲之百分比，进行农民生产训练之实验，小学兼办民众学校之实验，及辅导各地社员之服务与进修等，均在次第进行。努力虽常局于一隅，而影响自广被于全国。查本社原有经费，多赖社员常年社费，第以社员多从事教育下层工作，待遇菲薄，社费之收入殊少，遂致社中事业日增而经费益感支绌。素仰贵局倡导补教，奖励学术，不遗余力，用特历陈经过，重申前请，恩祈优惠有加，准自二十六年度起，慨拨常年补助费，并将是项补助费，列入全市教育经费预算内，俾本社社务，得以进行顺利，至纫公谊。[2]

上文指出"兹因本社自第四届年会以来，各项事业均力事扩充"，在实验区内推广民众基础教育与国民经济建设，并且兼办乡村教育实验区，进行诸多实验事业。但同时指出，"本社原有经费，多赖社员常年社费，第以社员多从事教育下层工作，待遇菲薄，社费之收入殊少，遂致社中事业日增而经费益感支绌"。

---

[1]《中国社会教育社简史》，台北"国史馆"档案，统一编号196，案卷号190-2。
[2]《上海市社会局关于教育日报、上海新闻社、中国社会教育社呈报申请补助经费的文件》（1936年11月至1937年3月），上海档案馆馆藏档案，档案号：G6-18-176。

鉴于社内事业扩充与社员收入不高难以捐缴更多费用的矛盾,希望能够由处于中国经济中心的上海市社会局进行资助,拨发常年补助费,并且列入全市教育经费的预算范围中,希望成为相对稳定的经费来源。可惜,因为抗战全面爆发而未见下文。

1938年社教社向教育部申请自1月份开始到6月份止,按月补助经费600元。其中,每月200元用作维持该社日常运作,自该年度4月份开始拨给,并成为惯例,直到抗战结束。"该社经费原由苏浙皖粤各省教厅补助,因成战区,经费来源几绝,所办之洛阳、花县实验区以及其他各地分社,维持用款,确系艰难。请拟自四月份起至六月份止,按月补助该社用款二百元,用以社会教育战时社教运作整理的开支。"①社教社经费在抗战爆发后,由于各省市未能继续补助,社员社费亦不易征收,因此困难增多,虽经呈请教育部拨款补助,"蒙准允每月补助二百元,各种事业赖以维持"②,但经费仍有力不从心之感。

关于专项经费或一次性补助,根据档案记载,是全面抗战后期和抗战结束后返回无锡之后的申请。1944年1月23日社教社为编订《民众应用字典与辞汇》,"搜集民众日常应用之字典,分类归纳,编订战时民众应用字典",申请所需经费45800元,结果教育部拟拨给2000元。③1945年教育部一次性补助社教社经费50000元。④1946年,返回无锡的社教社,出于"学术思想之研讨、战后社会状况之调查、民众教育及补习教育之推进、教材编造,及社教方案之拟订,业经各社员分别进行"的需要和原因,请求教育部补助经费800万元。⑤社教工作牵涉面广,开支大,虽说教育部有所补助,但由于物价飞涨,经费仍然入不敷出。

社教社在积极筹措经费的同时,还利用自己的影响,呼吁政府增加、落实对整个社会教育的投入。国民政府行政院命令规定教育部预算中,社教经费应占总经费的15%—30%,但教育部以各种理由不加兑现,严重影响全国社会教育事业推进。社教社对此十分重视,多次提出议案,锲而不舍,要求如数拨给,落

---

① 《为恳请自本年一月份起按月拨给补助费六百元以及维持理由》(1938年5月9日),台北"国史馆"档案,统一编号196,案卷号190-2。
② 《中国社会教育社最近一年来的社务报告》,《建国教育》第1期,1938年。
③ 《中国社会教育社渝字第134号》,台北"国史馆"档案,统一编号196,案卷号190-2。
④ 《教部字10022号》,台北"国史馆"档案,统一编号196,案卷号190-2。
⑤ 《中国社会教育社请补助》,台北"国史馆"档案,统一编号196,案卷号190-2。

实法规。在第三届年会上,即有《呈请教育部规定社教经费应占成份并令各省市县切实执行以利事业进行案》。提案理由如下:

社教事业年来日趋重要,经费亦早经中央规定百分(之)十五至三十,工作是宜(疑为"事宜"之误)蒸蒸日上,乃反视苏省各机关经费,大半异常竭蹶,仅能保持百分之十五,欲超过此数者,实属寥寥。即以太仓一邑论,二十二年度原占百分之十五,二十三年度预算,突遭削减,仅占百分之十三,事业从何进展?去年陕西省立第一民教馆,曾有提案,则如各省市县情形,固有相同者,为再提出讨论,实行社教应占经费成份办法,以免敷衍因循之弊。是否有当,敬请公决。

办法:由大会呈请教部依照中央规定社教经费至低须在百分之十五以上,并令各省市主管机关,对于各县预算,非此概不通过,否则、各机关亦应受相当之处分,终期严厉执行,以收实效。①

会议决议:交理事会修正后,改为《呈请教育部将已规定社教经费应占成份,再行通令各省市县切实执行,以利事业进行案》,再呈教育部办理。

在第四届年会上,有提案《限期划定拨足百分二十社教经费,按年递增,并著为考成》。其所列的理由为:"上年教育部曾通令,自二十四年度起,社教经费务达百分二十标准,以后增筹经费,应逐增至百分五十;实际各地方本年度能足标准者,仍属最少,又无督察明白规定,社教事业,碍难推进。"办法为:"由本社呈请教育部,严厉申令各省市县地方,自二十年度下期起,实行划拨百分二十社教经费;并以后逐年增加百分之十,不得减缓;一面著为各级教育行政人员考成功令,每年由各上级机关,派员考核,实施奖惩。"②

另有《拟请建议中央对于民众教育经费设法扩充并采用有效办法以应付非常时局案》,理由为:"应付非常之时局,必有非常之办法,实施非常之办法,必有非常之经费,民众教育,是提高民智,发扬民德,增厚民力最简易而有效之教育,实可应付非常之时局,想为留心国事者所承认。无如各省市现时用于民教之经费,达到教育部所规定——百分之十至二十者,实觉不多,虽提倡民众教育的话,年高一年,而效果不大显著者,其根本原因,未必不在此。刻下华北风云日紧,可说是中华民国的生死关头,挽救之法,除普遍的教育民众之外,又有何良

---

① 《中国社会教育社第三届年会报告》,第34—35页。
② 《中心问题以外提案议决录》,《中国社会教育社第四届年会纪念册》,第79页。

策？但此种办法,实为救焚救溺,若照过去情势办理,似不足以拯危济难,拟请本会建议中央,在此非常时局,应急谋扩张民众教育,使民众均彻底了解自身之责任,与应尽之义务,并须于三年或五年内普及。"具体办法为:"一、由中央采有效办法,严令各省市对于所规定民教经费之比例数,限定最近期内,如数筹足支用。二、在目前不易筹得巨款时,拟请暂将下列各经费尽量挪作民教经费之用:1.不即需要之教育费,如留学经费、大学文科经费等;2.不切实用形同赘瘤之一切机关用费;3.不即时需用之各种建筑费;4.减低荐任以上人员及大学教授所得之经费。三、切实整理地方学款学田,以及地方公有族有不动产,一律划拨为办理民教之用。"[①]

以上两案,及其他提案一起修正合并为《请教育部严令各省市限制划定拨足百分之二十社教经费,按年递增,并作为考成案》,呈交教育部。

要求政府对社教经费使用向乡村倾斜和拨发所得税,作为强迫民众教育费用。在第三届年会上即有人提出,以后社会教育经费应该设法继续增加,"新增的经费,应尽量分配于乡村。乡村社会教育机关,自身无取庞大,其经费之分配,不应以机关之大小为比例,而应估量工作影响的范围和人数,定适当的比例"。以此作为通过乡村社会教育,进行乡村建设以复兴民族的实施要点之一。[②]在第四届年会上通过凌以安提出的《呈请中央举办所得税,以实施强迫民众教育案》。其理由为:"1.欲普及民众教育,非实施强迫方法,不足以收宏效。2.实施强迫教育,事前应有相当准备,尤须筹划大宗的款,以利进行。3.所得税为举世公认之最正当税法,以此税普及民众教育,增加民生乐利,尤合民生主义之理想。"办法:"由大会名义呈请中央院部召集教育财政专家从速计划办理。"[③]

二、年度社务工作重点

年度社务要项为中国社会教育社每年工作计划的重点,一般先由理事会议草拟,交年会讨论和修订,由理事会执行修订后的方案,并在下届年会上通报执行情况。通常而言包括社教基本方针、教育工作与社务工作等内容,主要涉及

[①]《中心问题以外提案议决录》,《中国社会教育社第四届年会纪念册》,第79—80页。
[②]《中国社会教育社第三届年会报告》,第29页。
[③]《中心问题以外提案议决录》,《中国社会教育社第四届年会纪念册》,第76页。

开展社会教育的具体情况和社务运作与发展的年度计划,而且不同年度的年度社务之间具有一定的承接性与阶段性。

1932年度社务进行要项,包括工作方针、教育工作以及事务工作三大部分:

方针方面有五项:充实力量以谋社会教育事业之发展;尽最大努力解决社会教育学术上及事业上最重要的问题;推进乡村建设运动,为中国大多数农民谋福利;提高社会教育效率,为社会做更大贡献;增进社友互相切磋共同努力。

教育工作方面一共九项:继续研究改进中国学制系统;研究并宣传县单位普及民众教育之实验;约定社员研究中国社会教育之各项问题;汇集全国各项社会调查作为实施并推行社教之参考;鼓励各地社员研究实验工作分工合作办法;协助各省市县教育行政机关及各社会教育机关;促进各地社员筹备各地方社会教育成绩展览会;第二届年会时请社友宣读论文;编印丛书及其他刊物。

事务方面之工作共有七项:继续征求社员;继续刊行《社友通讯》,广征材料,充实内容;介绍社员职业;除所出刊物分别减价或赠送社员外,向其他出版机关接洽优待社员办法;编印刊物;加入世界成人教育协会;与国内外有关之学术团体及教育机关联络。①

1933年中国社会教育社年度社务进行要项为甲、乙两大部分。甲属于教育方面,包括十一项:征求"由乡村建设以复兴民族"方案;努力提倡生产教育;继续研究社会教育系统问题;鼓励各社员开放中原及西北之社会教育;力谋国内研究实验事业之分工合作;协助各省市县教育行政机关及各社会教育机关设计民众教育之实施与推行;调查社会各项情形,以为厘订社会教育方针及实施方案之根据;促进各地社员提倡土货并办理储蓄;编拟民众学校课程标准;编印季刊、社教丛书及其他刊物;编印民众读物必要部分之目录。

乙属于社务方面工作,同样有十一项:确定社址并筹划建筑;开办洛阳民众教育实验区;充实经费;考察西北及各地社会教育;成立图书室并力谋充实;指导各地社员组织分社;编印年会报告、刊物;继续刊行《社友通讯》,力谋充实内容;继续征求社员;联络国内有关民教事业;联络世界成人教育协会及丹麦等国民教事业。②

---

① 《中国社会教育社第一届年会报告》,第71—72页。
② 《本社二十二年度社务进行要项》,《社友通讯》第2卷第10期,1934年。

在第二届年会时,社教社理事汇报1933年社务工作要项及其完成情况,根据常务理事赵冕报告,事务所工作概况,主要分一年来工作概况、征求社员的情形、理事缺额及筹备选举的情形、经费概况四个方面,这些表明该年度社务工作并非纸面文章,而是得到了落实,并突出了工作的重点。①

其中重要工作有五大方面,具体如下:

其一,征集关于学制系统上社会教育地位之方案。由理事会先后推定陈礼江(召集人)、舒新城、俞庆棠、钮永建、高阳、梁漱溟、孟宪承七人,组织学制系统整理委员会,前后共开会三次,拟订下列三项原则,公开征求意见:于现行学制系统之内,加入社会教育系统,彼此联络;于现行学制系统之外,另订社会教育系统,彼此并列;另创中国教育系统,包括社会教育与学校教育。其二,实施救国教育。先呈请教育部,通令全国;同时派员赴沪联络国内艺术机关团体及社教机关,总动员实施抗日救国教育。其三,开发西北社会教育。先是筹备组织考察团研究会,最近筹划创办洛阳民众教育实验区。其四,注重乡村建设运动。各个社员,非常努力参加乡村工作,乡村建设运动因之蒸蒸日上。其五,其他方面,出版了《社友通讯》《年会报告》《社员一览》等。1933年俞庆棠赴丹麦考察成人教育时,顺道去了英国,办妥了正式入会手续,完成了社教社的一大任务。在征求社员方面,则尽力介绍,使得人尽其才,事得其人。②

到1933年3月,在社务具体活动与运作方面因为卓有成效,引起了外界的注意。《申报》对此有这样的报道:"社务发展蒸蒸日上,教界巨子先后入社者,已达六百余人,最近请求加入者,尤见踊跃。"同时,该社转变工作方式,"在过去大半是静的工作,如筹划设计之类,今后将转入动的方面"。预计于3月18日,在江苏省立南京民众教育馆举行理事会第四次会议,集中讨论"试办扩大民众教育实验区,加入世界成人教育协会,以及通过新社员,征求新社员,与第三次理事会交下"等重要事宜。③

1934年度社务进行要项,仍然可以通过社会教育和社务两大方面体现出来。关于教育方面之工作仍然为十一项:努力实行由乡村建设以复兴民族之实

---

① 《中国社会教育社第二届年会报告》,第12—14页。
② 《中国社会教育社第二届年会报告》,第12—14页。
③ 《中国社会教育社要讯》,《申报》1933年3月4日,第4张第15版。

施要点;提倡新生活运动;促进华北各省实施救国教育;提倡电影教育及合作事业;调查农村经济并促进社会教育机关对于复兴农村之工作;促进各地社会教育及乡村建设工作之联络;拟定民众学校课程标准;继续研究社会教育系统问题;继续协助各省市县教育行政机关及社会教育机关设计民众教育之实施与推行;编印社会教育专刊及其他刊;其他关于教育方面应进行之工作。

关于社务方面之工作十一项:筹建社所并充实设备;会同安徽省政府教育厅筹办黄山实验区;充实经费;成立社会教育图书馆;指导各地社员组织分社;继续征求社员;编印年会报告、本社概况、社员一览等刊物;继续刊行《社友通讯》;联络国内外同性质之学术团体;筹备社会教育讲习会;其他关于社务方面应进行之工作。①

1936年度社务要项略有减少。教育方面之工作九项:倡导实施"助成地方自治,促兴社会生产"方面之工作;促进各省市积极实施国防教育;促进部颁失学民众补习教育六年计划之实现;进行文盲百分比之研究;倡导设立中等教育程度之乡村民众学校;研究民众补充读物之编辑与改良;提倡电化教育;特约社员研究民众教育之政治与经济的背景;特约社员研究民众教育实施方面之新途径。

社务方面之工作十项:筹建社所;会同广东省教育厅、国立中山大学,创办乡村教育实验区;充实经费;促进各市县社员设立分社;充实图书室;继续征求社员;继续刊行《社友通讯》,增进内容;编印年会报告、本社概况、社员一览等刊物;联络国内外同性质之学术团体;其他关于社务方面应进行之工作。②

1942年7月,中国社会教育社在填写"教育及学术文化团体调查表"时,曾经概括性地对"过去及现在工作情形"进行梳理,大致可以反映全面抗战爆发后社教社的相关事宜及主要工作中心。其"过去工作情形"主要有如下十二项:与河南教育厅洛阳县政府合办洛阳社会教育实验区;与广东教育厅、国立中山大学合办花县乡村教育实验区;与江苏省立教育学院合办北夏民众教育实验区;协助重庆市民众识字推行委员会从事扫盲工作;与江苏省立教育学院在桂林合办岩洞教育实验区;举办战时青年学校;编辑社教教材;研究成人学习心理;举

---

① 《中国社教社本年度社务进行要项》,《申报》1934年10月31日,第4张第14版。
② 《本社二十五年度社务进行要项》,《社友通讯》第5卷第5期,1936年。

办全国文盲调查;研究社会教育上之重要问题;编辑《社友通讯》;其他各种社教学术之研究与推行。

其"现在工作"也分为如下十二项:与江苏省立教育学院合办社会教育研究所;编辑社会教育全书;编译战后各国成人教育概况;编撰实验课本;恢复原有事业;举行年会改选理事;举行社员总登记;举办工人教育实验区;举办乡村教育实验区;举办示范扫妇文盲实验区,并举行文盲与非文盲之标准测验等;举办基本教育实验区;其他。[①]

由上所述,可以看出中国社会教育社成立后的主要工作及战时中心事宜的情况。

三、招收社员

社员招募是社团发展的重要工作,也是理事会日常的主要工作之一。招集社员的流程包括社员递交入社志愿书;经理事会讨论通过后,将入会社员的名字刊登在《社友通讯》的固定专栏上进行公示;社员须缴纳会费和参与活动,参加日常社员的工作。征求社员作为社教社基本社务之一,在社团形成之初便受到重视。在第一届年会之时,便制定征求社员具体方针,主要内容为:范围上,面向全国各省市区。在资格方面:在社会教育学术上之贡献者、推行社会教育有成绩者、曾受社会教育专门训练有特殊造诣或服务有成绩者以及热心提倡社会教育者。[②]由于社会教育的重要性逐渐得到教育界认同以及经过社员们的努力,加入该社的个人和团体比较踊跃。1933年为189人,1934年增加至604人,到第二届年会时,有个人社员共690人,团体社员25个。[③]1935年,团体社员达到36个,如表2-7所示。

[①]《教育及学术文化团体调查表(1942年7月)》,中国第二历史档案馆编《中华民国史档案资料汇编》第五辑第二编,教育(二),江苏古籍出版社,1997,第738页。

[②]《中国社会教育社第一届年会报告》,第59页。

[③]《中国社会教育社第二届年会报告》,第14页。

表2-5 中国社会教育社团体社员①(1935年9月)

名　称	负责者	通讯处
力民社		无锡江苏省立教育学院
上海县教育局	局长朱昌麟	上海沪闵汽车路北桥镇
山东省立民众教育馆	馆长董准	山东济南
山东乡村建设研究院	院长梁漱溟	邹平山东乡村建设研究院
北平市第一社会教育区民众教育馆	馆长戚彬如	北平市鼓楼
江西省教育厅	厅长程时煃	江西南昌
江苏省立教育学院	院长高阳	江苏无锡
江苏省立苏州图书馆	馆长王德林	江苏苏州沧浪亭
江苏省立徐州民众教育馆	馆长赵光涛	江苏徐州坝子街
江苏省立南京民众教育馆	馆长朱坚白	南京大中桥
江苏省立南通民众教育馆	馆长孙枋	南通东公园
江苏省立镇江民众教育馆	馆长赵鸿谦	镇江范公桥
河北省立教育厅	厅长何鸿基	河北保定
河北省立实验城市民众教育馆	馆长张鹤浦	河北通县中仓
河北省立实验乡村民众教育馆	馆长胡勤业	北宁路杨村
江苏省立无锡师范	校长周毓莘	无锡学前
河南图书馆	馆长井俊起	开封刷绒街
河南省立实验民众学校		河南开封
河南省立中山图书馆		开封鼓楼街
河南省立民众教育馆	馆长沈世祺	开封中山市场
沛县第三民众教育区青墩寺农民教育馆		徐州敬安镇北小吴集转
首都实验民众教育馆	馆长徐爽	南京鼓楼
南京市立图书馆		南京夫子庙
浙江吴兴县立民众教育馆	馆长裘克谦	浙江吴兴
浙江省立图书馆	馆长陈训慈	杭州大学路
浙江省立民众教育实验学校	校长胡霁南	浙江杭县留下荆山
湖北省立图书馆	馆长谈锡恩	武昌兰陵街
湖北省立实验民众教育馆	馆长王义周	武昌兰陵街
福建省教育厅	厅长郑贞文	福州
福建省立图书馆	馆长张翼云	福州市东街
福建省立民众教育馆	馆长谢大祉	福州西湖公园

---

① 中国社会教育社编印:《中国社会教育社社员一览》,无锡民生印书馆代印,1935,第76—78页。

续表

名　称	负责者	通讯处
铜山县立民众教育馆	馆长葛孝庆	铜山城内公安街
云南省教育厅	厅长龚自知	云南昆明武庙街
万县县立民众教育馆	馆长黄道诚	四川万县一马路
宝山县教育局	局长杨浩明	江苏宝山县
津浦铁路浦镇职工学校		津浦线浦镇

由表2-5可知,中国社会教育社的团体社员多来自地方民众教育馆、地方图书馆、地方教育行政机关、地方学校及社团,具有一定的学术性,使得中国社会教育社的发展更加稳定;从分布地域来看,江苏省、湖北省、山东省、福建省、河北省、浙江省、福建省等社会教育比较发达的地区团体社员较多,个人社员数量也占优。到1938年5月社员总数达到了1400人。[①]

此外,理事会还承担确定下届年会举办地点的任务。理事会为了保证年会举办连续性,在前一届会议时即确定下届年会举办地点。第一届杭州会议上即有《请确定本社下届年会地点案》。大会决议暂定济南、福州或南昌为下届年会地点,由理事会斟酌情形办理。[②]在济南第二届年会上,理事会有《请讨论下届年会地点及日期案》。大会决议就广东、广西、河南、陕西四处,交理事会斟酌办理,时间亦由理事会确定。[③]在第三届年会上,有《本会下届年会地址应如何规定案》。决议就广东、河北、广西、陕西四处交理事会酌定。[④]

第三节　推动社会教育合法化、规范化、制度化

中国社会教育社作为社会教育团体的联合机关,其自成立之日起,便积极投身于为社会教育争取在国家学制中的合法地位的活动,在相关理论建设和实践探索中,为这一目标的达成而不断努力。与此同时,努力确立社教社的方针宗旨,重视社教学术研究,大力推动社会教育事业的制度化和体系化建设。

---

① 《为恳请自本年一月份起按月拨给补助费六百元以及维持理由》(1938年5月9日),台北"国史馆"档案,统一编号196,案卷号190-2。
② 《中国社会教育社第一届年会报告》,第73页。
③ 《中国社会教育社第二届年会报告》,第76页。
④ 《中国社会教育社第三届年会报告》,第57页。

一、妥处社教与学校教育关系

社会教育最初引入中国时,便游离于以学校教育为代表的国家教育体制之外,不为官方认同,没有合法性,成为社教进一步发展的制度障碍。近代中国所谓新式学制,实际上源自域外,主要借鉴西方学校教育体系,学校教育以外广泛的社会教育,被摒弃在国家教育体制之外,没有地位和合法性。因而,所谓争取社会教育在全国学制中的合法地位,主要是如何在学制法理上处理好它与学校教育制度的纠葛关系。随着社教的进一步扩展,这一问题的严重性日渐凸显。国民党元老、社教事业的热心支持者钮永建在社教社正式成立之前的1931年4月,在国民会议以及国民党"四大"上,根据江苏教育学院的提案,"迭请大会建立民众教育成为一种正式之教育系统,俾与大中小普通专门等学校的教育系统并立"。但大会时间仓促,不及详加讨论。这似是排斥社教进入教育体系的托词。现实使钮氏与同道深感"欲期伟大之发展,端在有法定之权义,同时须建立其教育系统,推行方有实力,是殆吾社会教育社开始应办之一大事"。[①]社教在学制上无合法性,有名无实,各方诋毁之声盈耳,"社会教育事业为浪费之事业,社会教育机关为人生养老之机关者,即此更可见社会教育之无办法,实足为其本身之致命伤"[②]。这样,争取社教在学制中的地位,就成为社教社本身及其历届年会的重要议题。

在第一届年会上,社员钟灵秀、彭百川、顾良杰有《促成社会教育列入现行学制系统之进行程序案》的提议案。其理由:"查社会教育,应列入现行学制系统,已为我社会教育界同人及教育学者一致之主张,切望其早日实现。顾兹事体大,究应如何排列?及与系统内原定各阶段,如何联络?抑应于现行学校教育系统外,另订一独立的社会教育系统?均为重要的先决问题。主张纷歧,各方意思,以少接近之机会,致无集中之可能,亟应征求全国社会教育界及一般教育家之意见,集思广益,制成全国一致之有力方案,以期适用而利施行。"大会认为该案重要,修改上升为特别议案《征集关于学制系统上社会教育地位之方案,整理研究,以备政府采行案》,并通过。此特别议案提出了以下施行办法:第一,

---

① 钮永建:《建立民众教育系统之刍见》,《教育与民众》第3卷第6期,1932年。
② 《中国社会教育社第一届年会报告》,第94页。

由理事会通函全国,征求具体方案。其征求范围如下:国内各重要社会教育机关或团体;全国有名之教育学者;现在或曾在国内社会教育机关服务人员之著有成绩或经验者;热心研究并努力赞助社会教育事业者。第二,方案之形式,大概分下列数种,由被征集人自由拟定之。将社会教育,加入现行学制系统;于学校教育系统外,另订一独立之社会教育系统(将学校教育系统与社会教育系统并列,参照苏俄现行学制系统图);其他。第三,征求日期,以三个月为限。第四,由理事会成立社会教育系统草案整理委员会,将征得各案,整理汇编,拟成具体草案数种,限两个月完成。第五,上项草案拟成后,由理事会会同整理委员会合开联席大会,审查决定最后采用之草案,限一个月完成。第六,上项最后采用草案决定后,呈请教育部采择施行。①

关于推动社会教育学制系统,至少做了以下工作:由理事会推定陈礼江(召集人)、舒新城、俞庆棠、钮永建、高阳、梁漱溟、孟宪承七人,组成学制系统整理委员会,前后共开会三次,拟订下列三项原则,公开征求全国教育界意见:"(甲)于现行学制系统之内,加入社会教育系统,彼此联络。(乙)于现行学制系统之外,另订社会教育系统,彼此并列。(丙)另创中国教育系统,包括社会教育与学校教育。"②

这个问题在第二届年会上,继续受到关注。会前理事会有《请讨论社会教育系统案》的提案。决议认为:"原草案一并交社教系统整理委员会整理,并征集各方意见,呈请政府指定区域实验。"原草案是指社员梁漱溟《社会本位的教育系统草案》、蒋锡恩《修正中华民国学制系统草案》两个提案。其中,梁氏还就己案在会上做长篇专门演讲。该案基于"学校教育社会教育不可分""教育宜放长及于成年乃至终身""教育应尽其推进文化改造社会之功用"三个见地考虑,内容包括社会本位的教育设施和原则及该案之说明等部分,受到会内外的广泛关注。③

到第三届年会时,为将梁漱溟所议方案上呈教育部,继有《再呈请教育部明令公布社会教育之系统案》的提案。大会最后决议"俟邹平等处试办有成效时,

---

① 《中国社会教育社第一届年会报告》,第17—19页。
② 《中国社会教育社第二届年会报告》,第13页。
③ 《中国社会教育社第二届年会报告》,第56、99—117页。

再行呈请教育部办理"[1],持谨慎态度。在第四届年会上,仍有《建议国民政府在修正宪法草案时明白规定社会教育之地位案》的提案。[2]直至1939年3月,第三次全国教育会议召开之前,社教在学制系统中仍没有合法地位,以致社会教育司司长陈礼江仍在呼吁。[3]

社会教育在学制系统中的地位问题,归根到底是如何处理社会教育与学校教育的关系。因此,总干事俞庆棠在第三届年会闭幕词上论及两者关系时说:"这固然是社员的热心赞助,同时也可以看到中国整个教育,实在显出一种方向的转变。学校教育是重要的,但大家感觉过去的学校教育,并没有走上他应走的途径,所以又想从社会教育来尝试一个新途径。我们不敢说这是中国以后教育的唯一途径,但这种方向的转变,并不是本社千余个社员所能引起,而实在是整个教育界的一个共同趋势。我们希望尽我们一点微薄的力量,来为中国教育开辟一个新的途径。"[4]

社会教育与学校教育的关系,是近代中国教育史上的一大争议。社教社创始人之一雷沛鸿认为,社会教育自有人类以来即存在,学校教育只是教育发展到一定阶段制度化、系统化的产物。前者较后者出现早,范围广,后者仅是前者的一部分。但后者独大之后,喧宾夺主;特别是近代以来,国人引进外国教育,片面以为"学校即教育",竟将两者对立、割裂,并在价值判断上强分尊卑:将学校教育称为"正式教育(formal education)",学校以外的一切教育视为社会教育,称之为"非正式教育(informal education)"。[5]这可能是导致社教在整个学制中没有法理地位的重要原因。

社会教育界虽承认学校教育与社会教育之间有区别,但反对割裂两者的关系。郑晓沧曾经指出:"中国教育为一整个的,社会教育为中国全教育之一部分。学校教育与社会教育实无分畛域,应打成一片;学校教育赖社会教育以收

---

[1] 《中国社会教育社第三届年会报告》,第40页。
[2] 《中国社会教育社第四届年会纪念册》,第87页。
[3] 陈礼江:《祝第三次全国教育会议》,《教育通讯》第2卷第9期,1939年。
[4] 《总干事俞庆棠致闭幕词》,《中国社会教育社第三届年会报告》,第24页。
[5] 按雷沛鸿1931年的观点,正确的译法,前者应是"定式教育",后者为"非定式教育",并无高下之分。详参曹天忠:《教育与社会改造——雷沛鸿与近代广西教育及社会》,天津古籍出版社,2004,第144—145页。

全功,社会教育依学校相互利用。"①傅葆琛也认为,社会教育是学校教育以前、以后、同时的教育。即学校教育以外的教育。前者是有限的、有时间性,有年龄规定;后者是无限的、无时间性的,不拘年龄,富有伸缩性和适应性。社会教育可补正式学校教育之不逮,二者不但不相冲突,而且有相得益彰之效。②梁漱溟更主张民众教育是中国教育界的一个新潮流。社会教育运动一天一天扩大。而旧有的学校教育同时亦呼喊着要接近社会以改进社会,"像是响应这潮流一致同趋的样子"。"通常都将民众教育归属于社会教育范围,而认后一倾向为学校教育与社会教育之融合。中国社会教育社就是应着这个潮流产生的,不过两三年便有近千数的社员,差不多各省市社教工作人员都参加。他算得国内几个较大学术团体之一,虽不如其他学术团体年历之深,但或更有声势,因他一面又近似一个社会运动的团体。"③

第一届年会后,社教社便面向全国公开征集社会教育进入学制系统的方案,并广泛征求专家的意见和方法,引起舆论界关注。《时事新报》对此进行了总结性报道:"我国社会教育,近数年来,赖着提倡者的努力与时势的需要,其发展非常迅速,可是在教育系统中之地位,至今却未能确定。中国社会教育社全体社员,均觉此项问题,关系中国社教前途至巨,爰于去夏第一届年会时,聚十七省市之同志、详加讨论。复经理事会再三考虑,兼认为兹事体大,决非少数人于短时间内所能解决,故决定先推陈礼江、俞庆棠、舒新城三人为整理委员,并负责起草征稿启事,刊登国内外各处教育刊物,以期广征全国教育家意见。"④

陈礼江等先后集议数次,确定原则三项,以作应征者之参考:其一,于现行学制系统之内,加入社会教育系统,彼此联络;其二,于现行学制系统之外,另订社会教育系统,彼此并列;其三,新创中国教育系统,包括社会教育与学校教育。该社第四次理事会议时,"复加推钮永建、高阳、梁漱溟、孟宪承四人为整理委员,合并以前三人,组织整理委员会,拟于五月底征求截止后,即召集全体整理委员会议,汇集各家意见,详加整理,拟成全国一致而有力量的具体方案,呈请

---

① 《中国社会教育社第一届年会报告》,第83页。
② 傅葆琛:《我国社会教育的演变及其动向》,载陈侠、傅启群编《傅葆琛教育论著选》,人民教育出版社,1994,第377—380页。
③ 《节录梁漱溟先生语》,《中国社会教育社第三届年会报告》,第102页。
④ 《中国社会教育社征求社教系统》,《时事新报》1933年3月30日,第2张第4版。

政府采择施行。"①

至于如何具体处理、调和社会教育与学校教育之间的关系,则有分歧,教育界大体有四种观点。第一,骈枝法——承认学校教育的主要地位,社会教育为辅助工具。早期平民教育属此类。第二,另立系统,与当时全国学制实即学校教育学制并行。即前述梁漱溟所提方案。该法富创造性,但因国家财力限制,难以另外专办社教。第三,学校教育兼办社会教育。这是抗战初期教育部的行政立场。第四,学校教育与社会教育合流。这是雷沛鸿在广西一直推行的做法。②从终局上看,国民教育与新县制的实施,教育与"管、教、养、卫"合一,民众教育与小学教育、学校教育与社会教育合一,国民政府实际是采纳了最后一种办法。

二、确定社教方针和宗旨

社会教育此前发展不甚理想,除了在学制上没有合法地位外,其方针和宗旨不明确也是重要原因。因此,社教社在第一、二届年会上均重视此问题。在第一届年会上,社员朱坚白提出《请确定社会教育方针案》。此案指出:"社教方针之确立,应兼顾个人及民族人类一切活动。其根本目的,在先解决生存问题。生存之意义有二:一为个人生存;一为民族生存。必各个人之生存力充厚,而后民族之生存,始可发展。又必民族之生存能发展,而无障碍,而后个人之生存,始可顺利。如何充实个人之生存力,以及民族生存之基础?如何训练人民为民族生存而奋斗之精神,以为解决个人生存问题之捷径?应为确立社教方针之重要根据。"根据上述理由,此案提出社会教育之四大方针:陶铸民族意识;锻炼民众体魄;严密民众组织;普及民众科学。年会对此案的决议为:本案成立。送交理事会参考,并征集各社教机关对于社教方针的意见,共同拟具,以资规定。③

在第二届年会上,虽然会前社员在具体问题上有分歧,但在议决时一致认为社会教育应以"由乡村建设以复兴民族"为要旨。其主要理由包括两大方面:

---

①《中国社会教育社征求社教系统》,《时事新报》1933年3月30日,第2张第4版。

② 雷沛鸿:《社会教育与学校教育合流问题》,载韦善美主编《雷沛鸿文集》(下),广西教育出版社,1990,第168—169页。

③《中国社会教育社第一届年会报告》,第30—31页。

其一,"过去一切革新运动,所以未见成功者,盖以过去一切,始无外一种上层运动,而于下层民众无与。今后必须使大多数民众觉醒,献其心力,而后建设可期,民族复兴可致。而中国大多数的民众,固在乡村"。其二,"中国旧日社会之组织结构,迄于今日,既已崩溃,而新者未立,一切政治、经济、社会等问题,俱悬而未决,所谓革新运动之中心工作,实应为解决各种问题创建吾民族社会新组织结构之工作。而此问题之解决,新组织结构之建设,必肇端于乡村"。根据这两大理由,"民族复兴端赖社会教育,而社会教育端在以乡村建设为内容,夫然后可以完成其复兴民族之功"。[①]社会教育以由乡村建设以复兴中华民族为宗旨,一方面是乡村建设代表人物梁漱溟的极力主张,另一方面也是当时农村社会经济凋敝现实在社会教育上的反映。

三、关注社教学术研究

除了致力于社会教育在学制体系制度化的推进工作,社教社也关注社会教育的相关学术研究的进展,主要体现在编辑社会教育读物、出版相关学术刊物、举办暑期讲习会、促进社会教育机关国立化等方面。

编辑社会教育读物。社会教育所涵盖的范围过大,相关出版读物良莠不齐,需要专门组织专家团队研究、筛选、编辑出版以供需要。这个问题在第一届年会上已得到关注,先后有两个提案《本社应组织民众读物编辑委员会,积极编辑民众读物案》和《设立民众读物编辑委员会,搜罗民众读物之教材案》,年会决议:照审查意见通过。[②]在第三届年会上,陕西省立第一民众教育馆的刘宰国提交了《请由本社选聘社教专家,编译社会教育实施丛书,并组织社会教育学术研究部,以备各地工作人员之质疑问难,而利社教之进行案》。该案指出,社教发展迅速,虽为一般人士所注意,但各地社教机关多自树一帜,各自为政,以致实际教育效果甚微,急需编译社会教育实施丛书并设立社会教育研究部,以便各地工作人员有所遵循。[③]此后,在中国社会教育社的具体工作过程中,可以看到相关书籍的出版与发行。

[①]《中国社会教育社第二届年会报告》,第27—28页。
[②]《中国社会教育社第一届年会报告》,第68—69页。
[③]《中国社会教育社第三届年会报告》,第57—58页。

创办乡村建设专门刊物。作为以乡村建设为宗旨的社会教育,需要有专业的刊物作为学术支撑,因此,在第三届年会上即有福建省立民众教育馆馆长谢大祉提出《由社编印乡村建设之定期刊物,以供有志乡村建设者之参考案》。该案指出:晚近全国上下,群知复兴乡村为当务之急,于是努力乡建工作者,日见增多。惟步骤参差,方法互异,难收宏效。社教社为全国从事乡建者之唯一机关,"应本集思广益之旨,发行乡建定期刊物,以供国内有志乡建者之参考"。[①] 此外,总干事俞庆棠还在《申报》开设并主持"农村生活丛谈"专栏,研究社会教育与乡村建设关系,普及农村生活改进所需要的知识,刊发与该社有关的言行和消息等。[②]

与其他相关团体合作办理暑期讲习会,促进相关学术交流讨论。在第三届年会时,庄泽宣提议,赵冕、陈礼江、傅葆琛、高阳连署,提出《明夏变通年会办法,征性质相同学术机关,合办暑期讲习会案》,以促进相关人员的学术交流,提高效率。其理由有三:庄氏自己前年出席世界新教育会议时,见该会除讨论会务外,有演讲、讨论、研究班、讲习班等。因此赴会人员异常踊跃,内容也极充实。然此事重大,由社教社单独进行,力恐不足,故拟由社教社连同国内同性质学术团体共同主办;每年会议案虽多,常无系统,且不易执行,其效甚小;年会仅三天,各人远道而来者,往往费于舟车时间多于开会时间,殊不值得;许多问题有从长讨论与研究必要,交换意见亦需从容时间,匆忙中所得必少。建议具体办法也有三个:与国内同性质学术团体开联合年会,并同时举办讲习会;讲习会时间至少两星期,每星期可有演讲一二次,讨论一二次,社教社社员均可参加。题目预先规定通告,参加者事前可充分准备;每日上午分组讲习。事前请各省市派人听讲,酌收费用充讲师旅费,社员收费酌减。非社员亦可报名听讲。内容以实际问题为主。这也成为全面抗战爆发后,社教社与全国其他教育学术团体联合举行会议的前奏。

促进社会教育机关国立化。社教社在推动社教机关国立化过程中起了重要作用。在第四届年会时,周宝书提出关于呈请教育部将国内三大社教机关改为国立的提案,其主要内容为呈请教育部,将国内当时最著名三大社教机关,改

[①]《中国社会教育社第三届年会报告》,第55—56页。
[②] 俞庆棠:《农村生活丛谈发刊的旨趣》,《申报》1935年11月2日,第2张第8版。

为国立,并饬令各省教厅,举办社教机关一二所,以训练各县乡从事社教人才。其理由为:"民众教育,乃全民教育,系根据中国社会背景所产生,而为亟待研究实验及实施之教育也,照普通学制系统待遇而言,有国立大学、省立中心、县立小学等是。而民众教育之使命,既如是重大,故其待遇亦该享受平等,今虽有少数教育先觉者,作个人之探讨,在一隅研究实验,其力量自微,难期引起全国民族之注意耳,故须由国家下一总动员令,其效率自当事半功倍,并收教育统制之效也。"

周宝书建议其主要办法为:"由本社郑重呈请教育部,将无锡教育学院改为国立华南民众高等教育学院,定县平民教育促进会,改为华北民众高等教育学院,邹平乡村建设研究院,改为华中民众高等教育学院,并饬令各省,举办省立民众教育学院(以省名定学校名,如江西省立民众教育学院,湖南民众教育学院),以国立民众高等教育学院所训练之人才,训练各属区域,省立民众教育学院人才;由省立民众学院所训练之人才,供给各县各乡实地办理民众教育之人才,如此提纲挈领作一套有系统之研究实验,然后普及全国,自能收效也。"[①]虽然此提案最终在年会上未得通过,未便呈请,但是这一提议反映了中国社会教育社社员对推动社会教育学术化、教育机关国家化以及政教合一紧密联系的关注,成为全面抗战爆发后在重庆设立国立社会教育学院之先导,具有前瞻性。

四、确定社教课程标准和必修科目

社教课程内容因涉及范围宽泛,边界模糊,标准难以统一,严重制约了社教的发展,亟待确定有关课程标准。在第一届年会上即有关于民众教育学校课程标准的提案,可见该问题的重要性和紧迫性。年会将这些提案修正并通过:"由本社将第四十案原草案,委托重要社教机关,实施试验。于一年内,缮具实验报告,由本社审查研究后,再行酌夺。"[②]社会教育或民众教育课程应该成为社教师资的必修课,这个问题在第三、四届年会上得到重视。在第三届年会上,河北省立实验城市民众教育馆馆长陈国贵提交了呈请教育部规定民众教育为师范学

---

① 《中心问题以外提案议决录》,《中国社会教育社第四届年会纪念册》,第77—78页。
② 《中国社会教育社第一届年会报告》,第53—55页。

校必修科目的提案,指出由师范学校增加民众教育课程并认真教授。该案建议主要办法:呈教育部通令各省市教育厅局转饬各师范学校,其一,饬未增加民教课程者,于1934年度务必增加;其二,已增加民教课程者,务认真教授,尤宜与当地民教机关切实联络。年会决议通过该提案,并呈教育部。[1]

在第四届年会上则继续有呈请中央明定民众教育课程为各级师范必修科目的提案,目的是提高社教师资水平,获得了通过。其理由为,各级师范之目的乃是"造就民众的师资",如果接受师范教育的人,"不明白民众教育的理论与实际,则教育功效不能深入于社会",同时教育工作也难获得社会上的赞助。因此,早前曾由中国社会教育社呈请中央通令各级师范添设民众教育课程,但实际情况并不乐观。为此实有再请中央通令施行必要,"并令饬各校多注意民众教育实习之指导,使每一学生对于民教均有认识,均能实际从事一切"。[2]

培养社教师资人才。社教师资是社教进行的主导者,但十分缺乏,必须受到充分重视,通过省属师范学校、国立北平师范大学设立有关专业,进行师资人才的培养。在第一届年会上社员许其仁提交了各省市分别筹设高中程度之民教师资训练班的提案,建议仿照江苏省立教育学院专修科办法,以应急需;并谋专修科课程与大学课程之联络,以便专修科毕业生有志深造者之继续研究。[3]

在第三届年会上,高阳、刘季洪、俞庆棠、王公度、庄泽宣提议呈请教育部令国立北平师范大学添设社会教育系,以推广社会教育。其理由为:依国际之情势,及中国整个社会之现状,乡村和城市(当以乡村为尤要)处处需要教育;全体民众,无人不需要教育。学校教育和社会教育不能截然划分,整个社会及社会内之各分子均应普遍受到教育,应从速培养教育人才。故此,负训练学校师资使命之国立北平师范大学,有添设社会教育系之必要,在培植教育全国中学生师资外,有一更重大之责任,即培植全国民众之师资,分赴各省,从事民教事业,以期全国一致努力,急速促成新社会组织之建立,以拯救中华民族。[4]

对于人才训练课程标准和要求,关于人才训练课程标准拟定,在第二届年

---

[1]《中国社会教育社第三届年会报告》,第32—33页。
[2]《中心问题以外提案议决录》,《中国社会教育社第四届年会纪念册》,第74页。
[3]《中国社会教育社第一届年会报告》,第32页。
[4]《中国社会教育社第三届年会报告》,第42页。

会上，社员沈世祺、丁明德提议由社教社拟定社会教育人才训练机关课程标准。其理由为：社教社负有推进社会教育之使命，应集合专家，从事编拟，以期有统一之课程标准，以便实施。[①]

关于社教人才训练要求，中国社会教育社在第三届年会上提出三项要求：其一，"了解乡村在整个民族上的地位，与所受世界经济势力的影响，加深其为民族努力的意识，与'由乡村建设以复兴民族'的信愿"。其二，"实习乡村生产技术与社会组织活动的内容，与指挥推进的方法"。其三，"体验乡村的疾苦，坚忍耐劳，深思苦干，以创造自己的新生活"。[②]

在第四届年会时，有提案更进一步提议培养社会教育与乡村建设的专门人才和领导人才。《请各省设立教育学院或乡村建设研究院及各大学设乡村建设专科案》指出：现在社会教育与乡村建设合流后，各地无论民教或乡建之团体日益加多，中国社会日益需要此种工作，而现在全国各地此种人才缺乏，倘若只由中央设一个训练所，其所培养之人才数量肯定不足，因此，宜请各省设立此种训练机关，或各省市之大学加设此科。[③]

夏德琴在其《省设民众教育实验学校以专责成培养社教领袖人才案》中提出：一方面，我国社教收效甚微，除历史短促原因外，经费短少和人才缺乏，是另一要因。另一方面，目前从事服务社教者，多为普通师范毕业，用非所学，如各县社会教育主任，实施方面，困难颇多。该案提出的主要办法为三个：其一，各省已设立者要充实内容，未设立者从速筹办，或由省立实验民众学校改办；其二，私立之大学在可能范围内，增加民众教育系，以资培养社教之专门人才；其三，请大会公决后转呈政府采择施行。该案最终经年会大会讨论修正通过，具体办法为：由本社呈请教育部通令各省教育学院、乡村建设研究院、学校乡村建设科及民众学院施行，或由各省市民众教育实验学校或民众学校举办。[④]

---

① 《中国社会教育社第三届年会报告》，第34页。
② 《中国社会教育社第三届年会报告》，第29页。
③ 《中心问题以外提案议决录》，《中国社会教育社第四届年会纪念册》，第78页。
④ 《中心问题以外提案议决录》，《中国社会教育社第四届年会纪念册》，第78页。

五、推进社教制度与设施

社会教育制度与设施是进行社会教育事业的基础性建设工作。对此,社教人员负有宣传责任,政府机关更是责无旁贷。在第一届年会上,有人提出相关提案,建议社教同人应负提出社会教育之责任,随时随地于言论文字上,多多宣传;于事业进行中常常顾及;以增厚实施社会教育之力量,而谋社会教育整个之进展。[①]

社会教育,不仅社会上要关心,关键是教育行政部门要重视。因此,在第三届年会上,福建省立民众教育馆馆长谢大祉提出《建议全国各教育行政机关,一致注重乡村社会教育案》。该案指出,国家基础民族命脉之乡村,因天灾人祸之纷至沓来,已陷于崩溃之境,若不速谋救济,则不独乡村将永陷于万劫不复之地,民族亦难期昭苏之日。救济办法,端赖社会教育之推行。当时各地社教机关,为数寥寥,难期普及,非全国一致协力推行,难收宏效。因此,应由本社建议全国各教育机关,共同注重乡村社会教育之推行,群策群力,共谋早达由乡村建设以复兴民族之鹄的。他所给出的办法分为两大方面:一方面,由社教社建议教育部核办者,通令全国各教育学院及师范学校添设乡村社会教育为必修课程,通令各省教育厅令饬各县教育局制定促进乡村社会教育方案,切实施行并严加考试。另一方面,由社教社建议各省教育厅核办者,令饬各县教育当局举办乡村建设工作人员训练班,积极训练乡村建设人才,积极扩充乡村社会教育机关。[②]

积极利用学校校舍、庙宇设施推广民众教育。在第一届年会上,先后有《呈请教育部通令各地教育行政机关,尽量利用各级学校之校舍、设备及师资,以推广民众教育案》《请政府准将各地庙宇,悉数拨充设立社会教育机关之用案》两案提出。后案理由为:我国庙宇众多,假使以之设立民众学校、阅书报所、讲演所等社会教育机关,既可解社教无适当场所之困难,又能破除迷信。且一般民众,素认庙宇为其自己园地。以庙宇设立各项社会教育机关,易与民众亲近。提案者也意识到此案可能会遇到阻力,"但各地庙宇,多为当地一二居民所把

---

① 《中国社会教育社第一届年会报告》,第45页。
② 《中国社会教育社第三届年会报告》,第33—34页。

持,非以行政的力量,殊难办到"。从审议结果来看,前案照审查意见通过,后案因涉及宗教方面问题一时未便通过,建议保留。①

添加有形、有声的社教设施。此方面的提案包括《提倡流通图书馆案》《本社应设计并提倡模型标本之制造,以扩充社会教育之教具案》《提倡并改良戏剧说书等民间固有艺术,以宏社教效能案》《呈请教育部设法灌制或鼓励教育留声机片案》等。在年会集中审议和讨论时,《提倡流通图书馆案》改为《由本社提倡流通图书馆案》,具体办法为:由本社征集各种流通图书馆之办法,分发各社教机关;由本社通函各公私立图书馆,及民众教育馆图书部,注意图书之流动,如巡回文库,通信借阅,专差送阅等。②

重视电影教育。电影教育是社会教育最直观、最有效的手段之一,在第三届年会上受到普遍重视。先后有多个议案提出,如《积极提倡教育电影,以期增进社会教育效率案》《拟由本社与中国教育电影协会通力合作实施电影教育案》《积极利用电影教育以增进社教效益案》。年会合并三案,通过办法如下:第一,建议教育部通令各省市教育厅局凡省市都会及各县城市与乡村民众教育馆,或他种民教机关,一律附设电影教育组股,专办实施电影教育事宜。第二,由中国教育电影协会及该会所属全国教育电影推广处,常川免费,供给教育电影。第三,由社教社与中国教育电影协会,筹集巨款经费,设制片公司,以资奖进。第四,函请各省市教育厅局,指定本省市各地方规模较大之民众教育馆,或他种民教机关,组织电影巡回队,专到偏僻乡村放映,以启迪民智,而广流传。第五,拟请社教社理事会派负责人与中国教育电影协会、中央党部、内政部、教育部、电影检查委员会一致联合,向政府建议,从速实施教育电影统制。第六,凡编制电影剧本及摄制电影,须特别注重发扬中国民族精神,及固有优良道德、古今伟人、模范事迹、生产教育、儿童幸福以及开发边荒等。第七,举凡涉及迷信肉感,足以萎靡人心之剧本、影片,应绝对禁止发行及摄制。③

建议加强社会教育的视导和督学工作。在第四届年会上,位于南京的首都实验民众教育馆提出议案,主要内容为:请呈请教育部确定民众教育视导制度,

---

① 《中国社会教育社第一届年会报告》,第35—36页。
② 《中国社会教育社第一届年会报告》,第40—41页。
③ 《中国社会教育社第三届年会报告》,第43—46页。

增设民教督学,并通令各省市县教育厅局,增设民教视导员,以健全教育行政组织,增加行政效能,通过设置民教督学,使得相关教育行政组织得以完善,从而提高社会教育的效能。[1]该举措也使社会教育视导制度得以建立和完善,实为社教推进的重要制度保障,有利于促进社会教育事业的有序发展。

社教社的组织运作主要依托理事会及其事务所进行。理事会通过民主选举,由俞庆棠等人担任常务理事、理事。设有事务所的理事会是该社年会后的日常组织机关,以举办理事会会议的形式讨论决定各个时期的主要工作和任务。社教社的日常工作包括筹措经费、招收会员以及讨论决定每一年度社教社的工作重点。在制度建设方面,社教社将争取社教在国家学制中的合法地位付诸行动,确定以乡村为社教重心,发挥智力集中优势以促进社会教育规范化、学术化,重视加强社教督导工作等制度设施的建设,为推动社会教育健康发展打下良好的基础。

---

[1]《中心问题以外提案议决录》,《中国社会教育社第四届年会纪念册》,第72—73页。

中国社会教育社与全国社教界的关系

第三章

中国社会教育社作为社会教育系统内部沟通的机构和"平台",通过出版物的发行、人员的流通、分社的创建、考察交流等方式,体现出较强的协调和组织能力;对外积极与其他相关的团体合作与联合,在社教事业发展过程中发挥了枢纽的作用。

第一节 全国社会教育枢纽

根据社章要加强社教界联络的规定,社教社采取交换出版物、工作人员,设立分社,组织社教考察团等方式,加强社教内部之间的交往。

一、社教内部的沟通和联系

社教社的主要工作,依照《中国社会教育社社章》第三条之规定,除社教调查、研究、宣传、出版、介绍人才外,其余多为联络组织工作。其中第3款为"谋各处各项社会教育研究及实验工作之互相联络";第4款为"协助各机关团体或个人从事社会教育之研究及推行";第6款为"于推行事业之必要时,联络各地同志为一致之努力";第10款为"联络外国社会教育机关团体及学者"。可见,联络工作占社教社工作近三分之一。究其原因,正如教育部代表彭百川所说,中国过去的教育没有良好的成绩,是因为"三不合作":政界与教育界不合作,政界往往无学识为根据,以致难有贡献,教育界无实行其意见的机会,图尚空言;

学术界往往意见不一,各成派别,缺少合作;中国政府,往往不与人民合作,二者常互相非难。①鉴于此种情况,有人也提出社会教育需要进行"跨界联合"。如许公鉴在第二届年会上,宣读《普及民众教育之联合线》的论文,主张普及社会教育时,宜做到三个"联合":民众教育与学校教育联合,才能普及民众识字教育;教育工作与政治党务联合,才能完成乡村建设;民众教育机关与农业金融机关联合,才能增进农民生计。②上述两方面的意见都说明,社教社内外联合的重要性。

社教社所做的团结工作,可分为内部沟通、上下联络和横向联系三大部分。

社教界内部之间的沟通,是社教社的工作重点,因而成为历次年会均涉及的议题。第一届年会举行之前,社员李邦权就对该社在这方面作用发挥,寄予厚望:"社会教育界本身应有整个之团结全体之动员,此实为主要之枢纽。""组织之始,即常以此义郑重昭示于国人今后其能集全国之力量,为推进之中心也"。③

以1932年的社务要项为例,其方针的第五条为"增进社友互相切磋共同努力之机会";教育方面工作的第五条是"鼓励各地社员对于研究实验工作实行分工合作办法";事务方面工作的第七条是"与国内外有关之学术团体及教育机关作相当之联络"。④

第三届年会通过了社员乔志恂所提的《由本社呈请教育部,通令各省市社会教育机关与乡村教育机关,切实联络,以推进乡村之社会教育案》。其中具体办法包括四条:其一,函请各地社会教育机关自动与当地之乡村教育机关切实合作以推进乡村社会教育;其二,呈请教育部通令各省市县社教机关与乡村机关,努力推行乡村社会教育;其三,由本社同人主持之社教机关自动与当地之乡教机关合作,共同实验两机关合作之方法,以备全国之采择;其四,函请各教厅通令各省县乡村师范学校与各该处民众教育馆,共同合设大规模之乡村社会教育实验区,以试验推进乡村社会教育之方法。⑤

---

① 《中国社会教育社第一届年会报告》,第84页。
② 《中国社会教育社第二届年会报告》,第142—150页。
③ 《中国社会教育社第一届年会报告》,第91—92页。
④ 《中国社会教育社第一届年会报告》,第71—72页。
⑤ 《中国社会教育社第三届年会报告》,第37—38页。

第三章　中国社会教育社与全国社教界的关系

在第四届年会上,社员陈一提出《本社于闭会期间,应谋社友共同进修并研究社会教育案》,强调在日常过程中社教社的社友应该注重交流,进行相关方面的学术研究。其主要理由为:社员除举办年会能有一部分社员集中研究外,平日不过阅读一册《社友通讯》,无其他之举动,缺乏共同研究社会教育学术之机会。因此他建议,在年会大会闭会后,由事务所酌量收集社会教育图书,流通于社员之中。也可按日举行中心问题之讨论研究,请专家主持通讯讨论,结果发表以供身处异地的社员参考。[①]

二、出版物发行与人员交换

交换出版物,互通讯息。在第一届年会上,有《各社教机关,所印关于社会教育及乡村教育刊物,应尽量设法交换,以省经费而增效率案》,且获得通过。具体办法:由本社通函全国各社教及乡村教育机关,调查有何刊物,能换出之数量,汇印一览,分寄赞成交换之机关,直接交换。[②]第二届年会则通过了《本社应发行研究社会教育理论及实施之定期刊物案》。

出版《社教通讯》。《社教通讯》的宗旨在于研究社会教育学术,促进社教事业发展,沟通社员意见,切磋学术见解等。期刊主要栏目为"短论""社务要讯""社友珍闻"及"社友活动"四大板块,向读者介绍社教社与社会教育的发展情况。[③]

《社友通讯》在社教社成立之日起即开始出刊,共出了20多期,作为联络社教人员之间的重要刊物,深受社员的好评。云南教育厅每年主动补贴经费60元来订阅该刊,并且与诸多较远地方的社员一起关注《社友通讯》的出版情况,"偶尔迟了一点,远道的社员就有人来函催询"。有时,出版事务所为了满足社员的需要,将一、二卷共24期多余的上百份合订成精装本,出售给社员,结果全部售光。直至1937年12月,事务所停止办公,《社友通讯》从此也就暂时停刊了。《社友通讯》的刊名是国民党考试院副院长钮永建亲笔书写的,有的人为了

[①]《中心问题以外提案议决录》,《中国社会教育社第四届年会纪念册》,第82—83页。
[②]《中国社会教育社第一届年会报告》,第67—68页。
[③]《卷头语》,《社友通讯》第1卷第1期,1932年7月。

保存他的字因此购买这份刊物。①无论如何,《社友通讯》受到欢迎是肯定的。

编译社会教育实施丛书。在第三届年会上,陕西省立第一民众教育馆刘宰国提出《请由本社选聘社教专家,编译社会教育实施丛书,并组织社会教育学术研究部,以备各地工作人员之质疑问难,而利社教之进行案》,指出:近年以来社教设施进展迅速,虽为一般人士所注意,但各地社教机关多是"自树一帜,各自为政",缺乏统一指导与科学方法,以致实际教育效力"结果甚微",因此急需编译社会教育实施丛书,并设立社会教育研究部,以便各地工作人员有所遵循,他认为此点关乎社会教育事业发展的前途,"社教前途实利赖之"。具体办法为:由本社选聘社教专家多人,编译社会教育实施丛书并组织社会教育研究部,以便各社教人员之质疑问难,以利于社教之进行。②

社教人员交换方面的工作主要是从第三届年会之后开始的。在第三届年会上,通过了《由本社建议各民教机关,交换工作人员,以便观摩案》。该案的理由是:民教事业在研究实验中,因观点之不同,各地主张做法亦存在较多分歧,"优点缺陷,往往并见",因此观摩研讨,是训练人员推进事业的重要途径。各个社会教育机关之间的观摩学习,经验研究,对于民教事业的推进至关重要。但是,在具体实践操作层面,也存在一些困难。举办短期参观,仅能"窥豹一斑",知其然而不知其所以然,较难达到切实研讨之目的;派员实习,则派出之机关事业既受影响,接受之机关常苦不能使其有充分的工作机会,且实习者多为各民教机关中下级工作人员,于研讨路径、交换意见上,亦常不无隔膜。基于上述考量,此议案认为,只有长时期交换工作人员,才可以"收切实观摩之效"。大会通过的办法为:交换工作限于工作性质相同之人员;交换之人员、时期,须得两机关完全同意;交换人员之待遇旅费仍由原工作机关负责;交换人员须完全视同本机关工作人员,得参加一切在原职务上应出席之会议;交换工作终了后各工作人员须提出书面报告于本社,以供参考;由本社拟定交换工作申请书,由各机关自由填写以便介绍接洽。③

---

① 储心斋:《忆中国社会教育社》,载中国人民政治协商会议江苏省无锡市委员会文史资料委员会编《无锡文史资料》(第25辑·江苏省立教育学院专辑),1991,第118页。
②《中国社会教育社第三届年会报告》,第57—58页。
③《中国社会教育社第三届年会报告》,第35—36页。

长期稳定的人员交换确实可以增进对于当地社会教育事业的认知。如定县的罗清华、田锡三两人交换到广西国民基础教育研究院后,深入调查研究,对两地教育区别和特点的认识,较一般人更加全面。如认为广西国民基础教育系"政府规定的、全省的","强迫的、普及的","以政治力量为主,收效速"。定县的平民教育乃为"学术团体实验的,乡村的,小部分的","劝导的,在方法上探求普及的可能","以教化为主,收效较慢"。①

三、设立分社

社教社分社的建立意味着中国社会教育社在某一地域拥有稳定的社员基础,并且可以持续地开展社会教育工作,是社会教育社触角延伸和影响扩大到全国各地组织上的重要表现。因此,社会教育社在组织上和实践上积极推动各地分社的设立。

在组织方面,通过议案,在各县市组织社教社分社,以"互通声气,以收联络之效"。②组织中国社会教育分会(社)是中国社会教育社社章第三章第十三条的规定。在1932年第一届年会上,社员陈柏青便已提出《各县市组织中国社会教育分会,以资推行社会教育案》。其理由有三个:学校教育有限制,社会教育无限制;各省县市有此组织,互通声气,以收联络之效;中国社会教育社之基本组织,即各省县市社会教育分会。其办法也有三个:由年会指定人员,负责组织;各省县市社会教育分会,由省县市参加人员组织之;分会之任务,在于"详察社会情形,斟酌损益,为目前推行之参考"。经年会决议,照审查意见通过。③

第一届年会后,根据社章的规定,江苏和浙江等地积极开展分社设立的准备。据报纸报道,"照本社社章第十三条之规定,各地社员因研究及推行事业之便利,得自由组织分社。兹闻江浙两省之本社同志,均拟组织本社分社,以求获得种种便利。江苏分社,筹备已大致就绪,不久即将正式成立"。1932年11月,在徐州举行的第五届民众教育馆年会上,讨论了徐州民众教育馆与中国社教

---

① 罗清华、田锡三:《广西国民基础教育与定县农村教育》,《广西普及国民基础教育研究院日刊》第221—222号合刊,1935年9月12、13日。
② 《中国社会教育社第一届年会报告》,第70页。
③ 《中国社会教育社第一届年会报告》,第70页。

育社的合作问题,决议将徐州民众教育馆改组为中国社会教育社江苏分社。1933年5月浙江省学区举行辅导会议时,全省社会教育机关代表发起组织浙江分社,推定张任天、马祖武、徐芳田三人负责筹备。①

与此同时,分社组织办法的制定和修改也有序进行。"分社之组织办法,已由理事会拟定提交本届大会核议通过。会议后复由事务所备文分呈教育部及中央党部备案,俟批准后,即将公布施行。"②

第二届年会修正通过了《中国社会教育社分社组织办法》,该文件1934年4月经中央民众运动指导委员会第六四二九号指令暨教育部第五〇二一号指令修正备案。其主要内容如下：1.分社之单位区域以市县为限。2.凡分社不论其单位区域之大小均直属社教社总社。3.各分社之名称,名曰中国社会教育社某地分社。4.分社之社员,依据总社社章第四条规定手续,志愿加入。5.分社之组织,以全体社员大会为最高机关。大会闭会期间,以分社理事会为最高机关。理事会设理事三人至五人,公推常务理事一人,处理日常事务,并为该分社之代表。6.分社社员,除照社教社社章十六、十七两条征纳社费外,并须缴纳分社社费,个人每年五角,团体每年一元。遇有特别捐助,视捐助人之意旨,送缴总社,或留归分社。7.有社员二十人以上者,方可发起组织分社。8.各分社之重要工作及社员大会决议案,均须送总社备案。9.分社各项章则及决议事项,均不得与总社规定抵触。10.分社如违背总社社章及本办法,或有足以阻碍总社进行之行动者,得由总社理事会决议取消认可。③

其中,对分社的组织及其程序做了明确而又具体的规定,其程序如下,包括两个方面。一方面,发起人拟具旨趣书及社章草案,连同总社规定格式之赞同书,向该区域内全体社员征求意见,得有过半数之赞同,即由发起人将赞同书汇寄总社审核后,定期举行社员大会,并由总社派员指导。另一方面,分社大会将社章通过,理事会组织就绪后,将社章请总社理事会审定认可,并将理事名单函送总社,以便中央政府备案。④

---

① 《江浙两省筹组分社》,《社友通讯》第1卷第12期,1933年6月,第8页。
② 《分社组织办法备案》,《社友通讯》第2卷第6期,1933年12月,第4—5页。
③ 《中国社会教育社分社组织办法》,《社友通讯》第3卷第1期,1934年。
④ 《中国社会教育社分社组织办法》,《社友通讯》第3卷第1期,1934年。

1935年4月,社教社洛阳分社在陈大白等人的倡议下得以成立。洛阳自中原社会教育实验馆、洛阳实验区先后举办,倡导实验及社会教育,不遗余力,社教人员日见增多。该地社员陈大白等"鉴于洛地社友日众,实需一种组织,借以联络感情及研讨社教上实际问题,造成中原及西北社会教育之浓厚风气"。于是即根据社教社分社组织办法之规定,向总社呈请组织中国社会教育社洛阳分社。①

1935年4月1日,社教社洛阳分社成立大会在洛阳中原社会教育馆举行,到场社员有李呈符、邢广益等二十余人,列席者有总社常务理事赵冕、江苏省立徐州民教馆馆长赵光涛等。会议经过讨论,通过社章等事宜,讨论了社址、组织教育工作讨论会、聘请专家讲演等事项。最后选举分社理事,陈大白、李呈符、王维藩、刘一鹏等六人当选。②

继广州、洛阳成立中国社会教育社分社后,湖南省也积极开展设立分社事宜。湖南省社员欧阳刚中、栗祖武、谭庚南等致函总社:"查本社在湘社员为数颇多,亟应组织分社,以资协助团结,共策工作进行,关于此项组织法规章则,想总社自有统筹方案,以免分歧,用特函恳惠赐章则一份,并予知道为感。"总社自接函后,将有关组织分社之各项办法,"汇齐寄往,俾能早日实现"。③

各地分社组织工作虽有所开展,但仍须在政策方面有所助力,因此在1936年广州第四届年会上通过《本社应鼓励各地分社之成立,并将年会轮流各省举行案》。该案指出:"分社及团体社员,应依政治区域及担负能力,为决定根据;并须依次会集,以期宣传平均,影响宽广;否则,仅就交通便利或社员众多之地点开会,转失整个国土与民族普遍食惠之本旨。"办法为"照全国各省区单位,组织分社,以各省区教育厅,为固定团体社员;并依其需要,轮次举行年会,普及各省区对民教之认识,及社教之信念"。④

在第四届年会上,李文白提议"各地社员分别组织分社以便常常集会讨论与推进"。他指出,"凡社员宜常相集会,但因事实往往有不能者。然有相距咫

---

① 《洛阳分社组织成立》,《社友通讯》第3卷第10期,1935年4月。
② 《中国社教社洛阳分社成立》,《申报》1935年4月10日,第4张第15版。
③ 《湘省社员组织分社》,《社友通讯》第5卷第4期,1936年10月。
④ 《中心问题以外提案议决录》,《中国社会教育社第四届年会纪念册》,第84—85页。

尺,对面不相识,殊觉可惜,遑论互相讨论耶,故各地社员有分别组织之必要",应"由总社指定某地一社员招集某地社员,以省为单位,讨论组织办法,呈总社理事会核定施行"。①

关于各地分社的活动,记载并不多。全面抗战开始后,1938年4月广州分社积极开展相关社会教育人员的联络活动,并且举办与抗日有关的演讲及讨论集会。广州分社为联络社友开展社教工作,定有抗战社教工作纲领,要求经常举行学术演讲及集体讨论等。同月10日,在中华北路省立民教馆请中山大学教育研究所所长崔载阳演讲"各国民众教育新趋势",并作集体讨论。②

四、组织教育考察和促成全国乡村会议召开

进行教育参观考察,是各地社教社员互相学习、加强联系的重要途径,也是深入了解教育实际情况的有效方法,因此中国社会教育社大力推进考察活动的开展。考察活动大致可分个人自发和集体组织两类。社员个人自发参观考察,并有报告发表者,计有甘豫源、周耀章、秦柳方《参观中华平民教育促进会华北试验区报告》,赵冕、王倘《定县平民教育实验区印象记》,徐锡龄《邹平乡村建设研究院印象记》,刘平江《邹平参观述要》《定县平民学校观感》等。更为重要的形式是理事会和年会统一组织的团体考察,第二届年会有《请组织西北教育考察团案》的特别决议案通过,第四届年会后则有中国社会教育社广西教育考察团的组织。后者规模较大,影响显著。

在第二届年会时,李建民便提出议案组织西北教育考察团,其理由为:中国过去之教育,只注意于内部少数之都市,而忽视乡村与边疆,造成文化上、经济上的"特殊现象",以致对国计民生产生较大影响。欲矫此弊,"决非力图教育之普遍发展不为功"。东北已失,西北情形亦日益紧张,加之天灾人祸频繁,导致西北陷于危迫之险状,一方面陷入荒凉愚昧之域;至农村之崩溃,组织之缺乏,文化上之落伍,自更有不堪言者。政府虽知注意,而苦力有不及,一般人民则茫昧无知,求自拔于饥寒之境而不可得,长此以往,不堪设想。中国社会教育社,

---

① 《中心问题以外提案议决录》,《中国社会教育社第四届年会纪念册》,第84页。
② 《战时的社会教育:中国社会教育学术演讲》,《救亡日报》1938年4月10日,第2版。

应"为国家民族计,为实施社教计",急应集中一部分之力量,以转向目标于此。然一切进行,非事先考察不为功,应该集中组织相关的考察工作,以了解实情、开展事业。李建民给出的具体办法分为组织、经费、地域、期间等四个方面。一、组织:先由社派定西北各省之社员,再由自愿参加之社员组织之。在一大组织之下,可分为若干小组,或以考察之性质划分,或以考察之地带划分。二、经费:由社拨一部分;函请各省之教育厅补助;呈请中央或教育部补助;社员自筹。三、地域:指定陕、甘、晋、察、绥、宁、青、新、藏各省,但亦可临时更改。四、期间:视各人所担任考察地之远近斟酌之。①

第三届年会后,中国社会教育社拟利用此机会赴洛阳、潼关、西安等地考察教育状况,定名为西北教育考察团。拟定相关具体办法:社员有志考察西北教育者得参加;凡愿参加考察团者,至年会筹委会注册处签名,并交预定费大洋五元,将来抵作旅费;考察地点,暂定开封、洛阳、潼关、华阴、西安各处;考察范围,以各地教育现状及其背景为主;考察团之组织计划日期等,由各团员自行会商决定;考察团经行地点,车票减价及住宿招待等事宜,由社教社设法代为接洽;考察团经费由社教社补助车费三分之一,余由团员分担。②

1936年1月23日,在第四届年会结束后,以俞庆棠为首的中国社会教育社广西考察团一行66人,溯西江而上,以考察广西一切建设,而"特重于教育之事业",为期三周,规模和影响均超过该社之前的考察活动。

参加该团的人员共六十六人,共分为七队,由正副团长俞庆棠、刘平江两人率领。具体行程为,此团1月23日由广州出发,26日午抵达梧州,下午便参观苍梧县政府、自来水厂、省立医院、县立图书馆。27日晨继续参观位于梧州的广西大学、省立制药厂。28日下午五时抵南宁,29日上午该团全体先后会见广西省政府主席黄旭初和白崇禧,由两位报告广西施政方针及建设情况。下午即分组参观省政府、化学工业试验所、军医院、印刷所、气象台等。30日晨乘汽车赴南宁区民团指挥部、民团干部学校、工读学校及各机关参观。

1月31日及2月1日两日上午,均参加位于南宁的国民基础教育研究院学

---

① 《中国社会教育社第二届年会报告》,第29—30页。
② 《中国社会教育社西北教育考察团预定赴洛阳西安等地》,天津《大公报》1934年8月21日,第3张第9版。

术讨论会。下午各组继续对各专题进行考察,并推俞庆棠、董渭川、童润之、俞颂华、崔载阳等向公务员公开讲演。31日晚,黄旭初和白崇禧在省党部大礼堂宴请全体团员。2月2日,该团参加国民基础研究院两周年纪念及庆祝广西普及教育令典礼,并捐洋一千元为该院推行普及教育奖学金基金。3日赴柳州、桂林考察。①

此次考察结果形成长篇考察报告《广西的教育及其经济》一书行世。②其中的"结论与建议",经参加考察的崔载阳、俞庆棠、董渭川、童润之、刘平江、俞颂华、杨冀心、甘导伯、陈洪有等人,集体讨论而成。结论共八条,涉及属于社会教育范畴的广西国民基础教育者有五条,占大多数:教育与政治、军事、经济建设融成一片,收效速;教育朴素节约;义务教育与民众教育合冶一炉,成效大;"一人三长"制——学校校长同时兼任乡(镇)村长、民团团长,办事效率高;毕业生有出路。这些内容都是对广西教育,尤其是当地所推行的国民基础教育工作的认可与肯定。

此外,还提出18项建议,希望广西地方当局切实加以注意和改进。其中与国民基础教育有关的内容,包括教育经费、师资培养、儿童受教的时间和程度、天才儿童教育等。③

值得注意的是,俞庆棠、崔载阳等人返回广州后,应邀在中山大学2月15日的学术政治讨论会上做报告,并交流广西考察所得。在讨论中,校长邹鲁对俞庆棠所说的广西通过民团干部学校,培养负责基层社会建设的"一员三长"的做法,使"新势力能打倒旧势力"的观点,十分赞同,并比较了广东与广西在这一问题上失败和成功的不同结果及其原因。④邹鲁的观点,可以说是广东拟采借广西国民基础教育经验与做法的前奏。

此次考察活动,以江苏教育学院师生为主,集全国各地社会教育界工作人员实地考察广西,本质上是一种社会教育的学术交流,使得广西国民基础教育

---

① 《中国社会教育社广西考察团到邕考察》,《申报》1936年2月11日,第4张第14版。
② 中国社会教育社广西考察团编《广西的教育及其经济》,无锡民生书局,1937。
③ 详参曹天忠:《中西文化交流背景下的近代广东与广西教育——以20世纪30年代中山大学教育研究所与广西国民基础教育为中心》,载赵春晨等主编《中西文化交流与岭南社会变迁》,中国社会科学出版社,2004,第189—190页。
④ 俞庆棠:《广西考察的报告与讨论》,《石牌生活周刊》第7期,1936年。

的情况为更多人所了解。

此外,该项活动不仅沟通南北社教界,而且也客观上促进了岭南地区粤桂两省之间的教育交流。后来一些考察团成员,如石玉昆(广东)、龚家玮(江苏)等,流动到广西普及国民基础教育研究院工作。据他们后来回忆,因为这段因缘,全面抗战爆发后,社教社总部及其大本营江苏教育学院迁到桂林。①

促成全国乡村建设讨论会召开。在第一届年会上,俞庆棠鉴于乡村建设运动的重要,提议"联络全国乡村建设机关,促进全国乡村建设运动讨论会之召集"。②此举呼应了1932年1月,中华职业教育社福州年会关于召开全国乡村工作会议的倡议。

经过各方筹备,1933年7月,第一次全国乡村工作讨论会得以在邹平召开。出席者有梁漱溟、晏阳初、黄炎培、许仕廉、章元善、江问渔等。本次会议特点,有人概括为"无组织,无会章,无决议",号称重实际,不尚虚谈,"不谈理论与计划"。③实则反映了各派有意回避理论上的分歧。

1934年10月10—12日,第二次全国乡村工作讨论会在定县举行。尽管开了两次会,乡建运动仍存在诸多问题,其中一个便是如何使从事本运动之各团体,互相合作,不生嫉妒龃龉。从后来的回忆可知,主要是"洋派"定县平教派与"土派"邹平乡建派之间的竞争和矛盾。会议在两地轮流召开,则是燕京教会派许仕廉、杨开道等人居间调解的结果。④

1935年,10月11—12日,第三次全国乡村工作讨论会拟在无锡召开。会前,舆论希望"乡工同志今后在精神与事业上谋彻底的联络,以闳大乡村工作的力量"。一直重视该会的俞庆棠,对这一以"同气相求,同声相应"为职志之一的会议,在社教社的总部举行,十分高兴:"最竭诚欢迎的,莫过于在无锡的中国社会教育社和江苏省立教育学院的同人。"⑤

---

① 参见董洞之:《江苏省立教育学院始末记》,载中国人民政治协商会议江苏省暨南京市委员会文史资料研究委员会编《江苏文史资料选辑》第13辑,第43—44页。该院为社教社社址所在地,其历年的教职员和历届毕业生都被吸收为该社社员。

② 《中国社会教育社第一届年会报告》,第26页。

③ 《乡村建设实验》第1集,中华书局,(出版日期不详)第10—11页。

④ 杨开道:《我所知道的乡村建设运动》,载《文史资料存稿选编·教育》,中国文史出版社,2002,第1086—1087页。

⑤ 俞庆棠:《欢迎三届乡村工作讨论会》,《教育与民众》第7卷第1期,1935年。

第二节 与国内有关团体机构联系

中国社会教育社作为一个非官方的教育团体，因其自身影响范围有限，在开展内部交流活动的同时，依照一定原则，经常会与社外其他社教团体机关联系。储志是社会教育社的核心社员，他在《中国社会教育社的过去与将来》一文中指出，"本社因历史较短，本身的力量尚未十分充足，对于繁难的工作，往往要联合其他性质较近的机关或团体共同合作"，即联络其他机关共同开展活动。[①]

一、联系缘由和原则方法

社教社之所以积极与国内外其他有关教育学术机构联系，缘于社教社对此前各自为战的认识。"现在社会教育的机关和团体，往往因为各自的零散、分离，而不能发生伟大的力量。要使零散者渐能完整，分离者渐能集中，我们惟有在共同的蕲向与共同的工作上，使机关与团体间彼此能够密切相联络。只有联络，只有组织，才有力量。"[②]因此，在第三届年会上，关于社教社与有关教育、学术团体进行联络的原因和途径方面，大会提出以下建议：

（一）准对着整个民族。我们于各自努力一项乡村工作或一个乡村的改进时，要照着这共同的蕲向，时时注意于这乡村与整个民族的联系，以至与世界经济政治势力的联系——在这联系中，乡村不是一个孤立的、隔离的单位。我们对于一切设施，不以解决局部的问题为满足，而应当顾及其与整个民族问题的影响。

（二）认定工作中心。我们在一个时间，要估量我们自己的能力，就乡村的需要，认定培养民众生产与组织的力量为工作中心，集中了精力去解决。一切无目的铺张，不必要的宣传，都是力量的浪费，应当竭力避免。

（三）分工合作。我们必须与经济、党政机关，尽量取得有效的联络；就是我们的较大规模的研究实验机关，也必须与其他文化学术机关，谋可能的联络；务集合相关的努力于乡村建设问题之上，各尽所能，分工合作。

[①] 储志：《中国社会教育社的过去与将来》，《教育与民众》第5卷第8期，1934年。
[②] 《中国社会教育社第三届年会报告》，第29页。

(四)扩大组织。社会教育机关自身,无论以区域言,如村与村,区与区,或以工作单位言,如各合作社,各自卫团体;也应当逐渐联络,逐渐扩大其组织。省立社会教育机关,社会教育辅导机关,以及较大的县立社会教育机关,都应该负起这联络组织的责任。①

社教社与乡村教育机关之间的联络。在第三届年会上,社员乔志恂提议《由本社呈请教育部,通令各省市社会教育机关与乡村教育机关,切实联络,以推进乡村之社会教育案》。其理由有三:其一,中国过去的教育都是都市化的教育,这种教育是教乡下人向城里跑的教育;这种教育不但不能使人民乐于乡下的生活,增加农人的生产,甚至"破坏了乡村,加速了国家的灭亡",因此为了纠正以往的教育的错误,要积极提倡乡村化的教育。其二,中国的教育,之所以不能普及,就在于过去的学校式的教育,太偏于贵族化,"穷苦的乡民没有福气走进他的门去",可见只希望学校教育来完成使命,提高民族文化,永没有实现的日子。为了扫除文盲,提高农民文化,要提倡乡村化的社会教育。其三,教育要想提高效率,非教育的各部门携起手来,一致努力不可。中国的教育,几十年间效果不显著,"各人自扫门前雪,不管他人瓦上霜"的政策,怕是原因之一。乡村教育机关的责任是教育百分之八十以上的农民;乡民文化的提高,也是社会教育的事业之一,所以乡村教育机关与社会教育机关应携手。乔志恂提出四个方面的办法,以推进乡村社会教育。②

联络其他社教机关实施抗日救国教育。储志在文章中回顾社会教育社联络其他机关的活动时认为,比较重要的是开展抗日救国教育。"因暴日肆意侵略,国难十分严重,想要实施抗日救国教育,惟欲实施抗日救国教育,非借艺术之力量,以激发全国民众之情感与意识不为功。"应由理事会决定,派员赴国内各地联络艺术机关团体及社会教育机关,总动员实施该项教育,如影片公司、著名剧社、唱片公司、说书人团体、广播无线电台、著名社会教育机关等,"都曾派人联络过,并且做过大规模的宣传运动"。③由此可以看出,社教社联络的机关团体较为多样,为救国教育的宣传和开展提供了较好的支援和保障。

---

① 《由乡村建设以复兴民族之实施要点》,载《中国社会教育社第三届年会报告》,插页。
② 《中国社会教育社第三届年会报告》,第37—38页。
③ 储志:《中国社会教育社的过去与将来》,《教育与民众》第5卷第8期,1934年。

1935年7月,中国社会教育社便曾与中国教育学会、中华儿童教育社在北平,联合举行三大学术团体年会。在年会前一个月,儿童教育社由北平方负责人刘廷芳赴沪向该社沪方同人征得同意,教育学会由北平方负责人常道直向京总会征得同意,社会教育社北平方负责者为师大校长李蒸,后者南下赴无锡教育学院向该社诸理事征求同意。据刘廷芳对记者谈,关于三学术团体联合年会"因时届暑假,定当踊跃"。[1]

在7月5日的《华北日报》上进一步刊载关于三大学术团体的联合年会情况,时任北平师范大学校长对记者说明,中国教育学会、儿童教育社、社会教育社三大学术团体联合在该校举行年会及演讲会,日期定在7月11日至13日,但"会议日程现尚未排定",须具体依据"三会各地会员来平参加人数而定"。[2]

二、进行经济、社会调查合作

中国社会教育社第二届年会上,江苏省立徐州民教馆和福建省立民众教育馆提出关于进行农村经济调查的提案。其中,江苏省立徐州民教馆提案的理由是,教育之设施,应以社会背景为根据,我国社会大部分为农村社会,而农村社会之中心问题即为农村经济问题,故"调查农村经济实况",成为民众教育之实施依据。该提案提出组织农村经济委员会,进行农村经济调查。会议把相关提案合并审查,通过《本社应与国内教育、农业、农村经济以及其他各机关团体学校密切联络合作,进行大规模农村经济调查案》。[3]

第四届年会上,福建省立民众教育馆馆长谢大祉提出《由社倡导举办全国社会调查案》,该提案指出,教育之设施,应以社会背景为根据,因此倡导全国社会调查,以期明了中国社会之背景,而为教育设施之根据。其办法为:由大会决议交理事会组织全国社会调查委员会,倡导办理之。[4]

林建行也在该届年会上提出《本会应组织各调查队进行工作以期明了社会实况案》,提案指出,实施社会教育,应当先明了当地情形。鉴于我国各地举行

---

[1]《在平举行之三学术团体联合年会》,《华北日报》1935年6月15日,第9版。
[2]《三学术团体联合年会》,《华北日报》1935年7月5日,第9版。
[3]《中国社会教育社第二届年会报告》,第76页。
[4]《中心问题以外提案议决录》,《中国社会教育社第四届年会纪念册》,第82页。

社会调查者尚少,故社会情况,多根据外人调查估计,以为参证,对于社会情形有诸多隔膜,以致教育不能进展。提案提出的具体办法为:本社各分社或通讯处,联合该地社员分组社会调查队,在本社指导之下,举行调查工作。本社社员,散布国内,对于当地情形,自为熟悉,若由本社组织调查队,而本社社员,以服务社会教育之精神,举办社会调查之事业,不特易于举办,而服务当地教育者,能明了社会真相,尤利于事业之实施;本社各分社或通讯处,联合该地社员分组社会调查队,在本社指导之下,举行调查工作。[①]

三、携手中国教育电影协会

电影不仅是社会教育的表现形式,而且直观形象,效果良好,深受广大民众喜欢,成为推行社教的有力手段。中国社会教育社鉴于艺术教育感人最深,并深感国难日亟,对于抗日救国工作,理应加倍努力。在社会教育社第三次理事会上有多项议案建议重视利用电影推广社会教育,并议决推彭百川、朱坚白、赵光涛、马宗荣四人到上海,同电影艺术界商洽以便进行合作。

1933年3月30日,中国社会教育社招待上海艺术界,上海电影教育协会及各电影公司代表,艺术界刘海粟、孙雪泥、钱瘦铁,以及上海市教育局长潘公展、胡叔异等50余人参加。

会议由彭百川主持,并做报告,其主要内容如下:中国社会教育社今天在沪招待艺术界同人,诸位先生莅临,非常荣幸。现在我国国难严重,应如何唤起民众,共同一致向着抵抗侵略的路上走去,本社觉得艺术教育更有力量。上海为新文化发源地,同样是艺术人才荟萃之区,举凡电影、戏剧、唱片、说书等方式,其足以感动于人者,效力很大。曾记去年有以小册子赴热河宣传淞沪抗日战事者,民众对之,甚觉漠然,后改以抗日战争影片,携往开映,民众才发生很大的兴奋。可见民众并非不知抵抗,实在宣传未得其法。我们如果使用艺术来唤起民众,力量定很大,但是我们自己须得要有统一的意志,然后可言救国,可产生伟大的力量。

继由上海市教育局潘公展演说,大意略谓,社会教育之重要,或超出于学校

---

① 《中心问题以外提案议决录》,《中国社会教育社第四届年会纪念册》,第82页。

教育,更见重要,希望大家努力于社教事业之提倡,为大多数农工着想,希望要集多数人之力量,有新的计划、新的组织,实施农工教育,救国前途实利赖之。次由郑正秋、钱瘦铁、李君磐、钱化佛诸人演说,大意均赞同中国社会教育社以艺术唤起民众之旨,并发挥具体意见。

社教社经过商讨,与与会电影界人士达成两点合作共识:各电影、唱片公司厂家,如有新制抗日救国材料出品,即函知社会教育社;希望艺术界努力于抗日救国作品之创制。①

以此为基础,在第三届年会上,社员张炯、高维昌、顾良杰、陈剑翛、钟灵秀、郭莲峰、彭百川等人联合提出《拟由本社与中国教育电影协会通力合作实施电影教育案》。理由如下:近年来我国电影事业,日趋进展,不仅供给人们以娱乐消遣之工具,且为辅助教育宣传宣扬文化之利器。诚以其"绘形绘声,表现真切",可使观众不受空间上与时间上之限制,"目明耳聪,一切了然"。故其教育力量,在各种艺术中,至为伟大。欧美先进国家,较早将电影应用于民众教育领域。我国二三年前始有热心提倡教育事业人士,组织中国教育电影协会。该会于上海、杭州、济南、青岛、重庆等地,并设有分会,推行教育电影事业,极为努力。中国教育电影协会上海分会,在9个月内,观影学校968所,总人数542852人,可谓十分踊跃,可见一般青年对于教育电影之兴趣。"迩来各地社会教育机关,亦加注意,相率采用教育电影,以为其中心工作之一,成效尚有可观。惟多各自为政,缺乏整个的与联合的计划。复以经济人才关系,自制教育影片为数无几,不敷应用。虽有外国制造之教育影片可资观摩,然多嫌不合我国国情,介绍推行,欲益反损,究非治本之方。据说我国不识字人数,最近统计犹有百分之八十,转瞬训政期满,此大多数不识字之民众,欲其参与国事,其何能可?在此短促时间内,以社会教育训练民众,实验推广,同时并进,殆为目前最切要之企图。而电影教育,似为社会教育中收效最速之一种,自应集合群策群力,共谋推进。"故拟建议由社教社与中国教育电影协会通力合作,实施电影教育。

该提案与其他提案合并为《积极提倡教育电影,以期增进社会教育效率案》通过,并附办法如下七条。大会通过该案,其理由有三点:推行社会教育,以艺

---

① 《中国社会教育社昨招待上海艺术界》,《时事新报》1933年3月31日,第2张第4版。

术能感人最深而最普遍;教育为推行社会教育之优良工具;近今意德俄日等国,政府与教育界权威人士,多主张教育电影统制,以改良风化,颇显成效。①

以联络全国社教界为主要职志的社教社成立以后,依据社章,积极在社内外开展联络事宜。对内凭借出版《社友通讯》、彼此交换工作人员、设立受总社节制的分社、组织社会教育参观考察团以及积极促成全国乡村工作讨论会的召开等方式加强联络。对外,主动与乡村教育机关以及其他社团开展经济、社会合作调查,特别是与中国教育电影协会上海分会接洽、携手,借用电影直观、有效的先进手段,推进社教工作的进行,无愧于"全国社教联络枢纽"之美誉。

---

① 《中国社会教育社第三届年会报告》,第43—46页。

第四章 中国社会教育社的实验事业

社会教育的开展,需要理论研究和实验工作的结合和推动。教育实验可以总结经验教训,节约成本,增加效率,起到表证和榜样的作用。这是世界社会教育的成功经验,也是经费匮乏的近代中国办理教育的不二法门。中国社会教育社在其社务开展的地区,积极设法与当地教育机构和地方政府积极开展合作,办理社会教育实验事业,呈现出计划性强和有全国布局意识等特点。由该社参与的实验事业主要有北夏民众教育实验区、洛阳社会教育实验区、花县乡村教育实验区以及桂林岩洞教育实验区。其中,尤以洛阳社会教育实验区影响为大。

第一节　社会教育实验区设置

　　社会教育推行是否有效和节约成本,在大规模推广之前,必须进行小范围的实验,取得经验后再扩大实施和推广的范围,这是中国乃至世界社会教育的经验。因此,社教社历来重视有章可循和有计划地推行社教实验,注意将年会讨论所得的学术成果运用到实验区中加以实践验证,并组织中国社会教育社研究实验事业协进会,谋研究实验事业之分工协作。[1]

　　中国社会教育社于1933年制订《中国社会教育社附设民众教育实验区计画纲要草案》,此计划书系由陈大白起草,并经钮永建修正后公布实行。其内容

---

[1]《中国社会教育社第二届年会报告》,第68页。

如下。

（一）目的。以民众教育培起国民力量,树立自治基础,唤起民族意识,复兴中华民族,增加农业生产,改进经济组织,促进乡村建设,充实人民生活。

（二）原则。民众教育之推行根据下列13个原则:(1)政教养合一:以教育为促进政治经济方法,举凡政治方面之地方自治事业及民团等等,均与民众教育联合进行,使教育不空洞,而政治经济之设施,也容易见成效。(2)自治区、民众教育区、农事指导区合一:即以自治区为民族教育区及农事指导区,三者合并办理,使政教养合一之原则,确能实现。(3)以一区为单位,由下而上,由小而大:以分区施教为入手,联合改进为归宿,由乡镇而及区,由区而及县。(4)做学教合一:就实际生活或实际事业由做而学,由做而教,使学用贯通,因需要而学,因学而得实用。(5)改进生产能力,实行经济合作:以造成民治民有民享之社会。(6)训练民团寓兵于农:实施体育国术兵式操练,保卫组织使地方治安绝对不依外力,并积极养成全国皆兵之基础,内御盗匪,外御强寇。(7)讲究国容,增进国家体面:个人之服装敬礼仪容动作,群众之秩序,地方之村容市容,合之而成国容。(8)普及卫生常识,提倡艺术的娱乐,由智识进于设备,使民众得有安生乐业之实际。(9)普及文算应用之技能。(10)试行自治组织,养成政治能力。(11)力筹物质设备,使民众应备之技能得以尽量发挥。(12)以训练辅导为始,自动自治为终。(13)以全区为学校,全体人民为学生,乡村建设为课程。

（三）具体计划。共制订三年的计划。

第一年计划:(1)训练。训练分为就地与集中两部分。就地部分以流动教育法施行简易教育,于简易教育班中选拔优秀者进行集中训练。集中部分分为速成班及正班,速成班选成人优秀者充之,正班选儿童优秀者充之。(2)民众领袖训练。宗旨:训练民众领袖,造就健全模范民众与服务地方人员。办法:本区人民成年者,年在十八岁以上,三十五岁以下,儿童十岁以上,十七岁以下,经简易教育之选拔,由区长及乡长具保,经检查合格者,方得入学训练。时期:暂定一年。(3)村单位之实验.就地及集中训练成立后,于相当时期,选择一区中之标准村,作村单位之精密实验,待实验得有成效后,即普遍推广。(4)设立研究及设计部。聘请民众教育专家,致力训练民众及村单位之研究实验内容:做学教方法之实验、乡村中学动力之实验、乡村组织之实验、村容野容之研究实验、民众职业训练之实验、民众自卫训练之实验等。

第二年计划:(1)每一乡均有教育中心机关,将村单位实验所得之结果,普及推广于各乡。(2)总办事处应负指导、组织、监督之责,在一自治区内,划分数区,每区设一指导员。(3)每乡之一村作为乡村建设之中心,对于其他各村宜联络辅助,鼓励自动兴趣,作为第三年实施之准备。(4)村单位之研究实验,当继续进行,并进一步做精深之研究与实验。(5)总部设医药、卫生、农事、自卫等指导员,巡回各乡指导。

第三年计划:(1)一区内各乡各村均有教育中心机关之设立,作为乡村建设之动力。(2)实行联村自治办法,团结民众力量。(3)小学区公所与其他教育机关均下总动员令,完成三年计划。①

其后,中国社会教育社在第三届年会上除决定与洛阳县政府、洛阳民众教育馆联合开办洛阳实验区外,理事会尚有其他三处实验区开办提案。

《请由本社联络南京市政府与安徽省政府协商开办南京及黄山二实验区案》,该议案理由为:南京为国民政府首都所在,安徽黄山为极有希望之风景区域,创办实验区,易收推行社会教育之实效。其具体办法:由理事会聘请首都与安徽之社友,初步与南京市政府社会局、安徽省政府教育厅接洽,如两处当局感觉需要,再由理事会正式洽商。②

陕西省立第一民众教育馆刘宰国则提出《积极筹设西安民教实验区,以普及西北民教,推进西北文化,巩固西北国防案》。其办法为:由社教社与陕西省教育厅、经济委员会合办民教实验区,进行村单位之实验。由社教社负责设计策划,陕西教育厅负责实地推进,经济委员会负责经济筹划。③

在第四届年会时,孙有良、杨翼心、杨宝恒提出《本社应增设实验区于各地以便分别研究实验各种民教问题案》,其理由为:社教社为我国仅有之民教学术团体,其研究实验之工作,应注意及于全国各地,各地因环境不同,均有其特殊问题急待解决,为适应此项特殊需要起见,社教社应增设实验区于各地,以便分别研究实验各种民教问题。会上议决通过的实施办法为:商请教育部划全国为

---

① 《中国社会教育社附设民众教育实验区计划纲要草案》,《教育新路》第27、28期合刊,1933年。
② 《中国社会教育社第三届年会报告》,第56页。
③ 《中国社会教育社第三届年会报告》,第58页。

若干区,每区由社教社主持设立实验区一处,其经费由教育部补贴,或完全拨给,其实验中心,分别就各区特殊环境规定之;由社教社划全国为若干区,分别商同各该地方教育行政当局或民教机关合作设立,其经费由各该地方自理,或由社教社酌量补贴,其事业应受社教社指导。[①]

社教实验区制订有实验计划草案,规定其目的、原则以及实验程序、进度,由重点到面,全国布局社教社学术指导,并要求教育部拨给经费,反映了该社在教育实验方面的规划和雄心壮志。

第二节 北夏民众教育实验区

江苏省立教育学院惠北实验区和北夏普及民众教育实验区分别创立于1931年和1932年。两个实验区设立目的不同,惠北实验区是以供院内农事、民教两系科学生实习的场所为设立主要目的[②],而北夏实验区是以政教合一普及民众教育为实验目的,并注意缩短年限以增加教育普及率的实验。

北夏为无锡县十七个自治区之一,原名"北延下乡",在无锡县城之东。1932年6月,中国社会教育社决定划无锡县第十自治区为实验区址,定名为"北夏普及民众教育实验区",其宗旨为"以民众教育培起国民力量,树立自治基础;增进农业生产,改善经济组织,促进乡村建设,充实人民生活",任定赵冕为总干事,甘豫源为副总干事。8月初,成立临时办事处,全体工作人员下乡进行初步调查,该区整体人口5982户,27164人,耕地43589亩,由于地域较广,设施不全,决定暂以西部六乡一镇为集中试办区域,并设亭庄、新塘、苏巷、下场、南钱五支部,其余区域为推广区。[③]

该处初步计划大纲中规定"实验要项"主要有:普及民众教育之方法;以民众教育实现地方自治之方法;以民众教育发展乡村经济及乡村建设之方法;民众教育之教材及教法;民众教育之组织及行政。其"教育目标"分为政治、经济、

---

① 《中心问题以外提案决议录》,《中国社会教育社第四届年会纪念册》,第81页。
② 王倘:《关于惠北民众教育实验区的回忆》,载苏州大学原江苏省立教育学院校友会编印《艰苦的探寻:江苏省立教育学院校友回忆录》,1989,第110页。
③ 《本院普及民众教育之两个实验(北夏实验区之部)》,《教育与民众》第4卷第3期,1932年。

文化三大方面。政治方面：各乡镇自治机关组织完备并确能代表农民利益；各乡镇公所将应办事项办理妥善；各乡镇至少有一个以上之民众团体，并至少有过半数之成年乡民参与团体活动；大多数人民有民族观念；区内道路平坦而有适当之宽度；区内有合法而有力之自卫团体；各乡镇有增进乡民健康之设施。经济方面：大多数农家能采用改良的种植方法；各乡镇至少有一个合作社；大多数农户有一定副业；山地完全造林并有适当之管理；池沼多数养鱼，并有合法之经营；河流通畅；过剩人口于外乡有适当之职业；佃农与地主能互谋利益。文化方面：年龄在15岁以上25岁以下之青年至少有75%具有初级民众学校毕业程度；年龄在25岁以上45岁以下之成人全少有50%具备初级民众学校毕业程度；各种乡村事业均有适当的领袖；大多数人民信仰科学；大多数人民有公共道德；各乡镇均有正当的娱乐组织。此外，注重团体组织、自治指导、民众学校、培养领袖、健康指导、建设指导、农业推广、合作组织、副业改进、造林养鱼、职业指导及各种演讲演说等事业的发展。[1]

值得注意的是，北夏实验区不仅注重实验实践，在进行活动的同时还开展相关实验研究，诸如"成人与青年学习能力之差异""利用注音符号教授识字""珠算教材及教学方法""民众学校学生习字之进步""民众学校书法教学之步骤""民众学校之教育测验""民众学校之学期问题""小学与民众学校合办的实验""民众教育馆人员问题之研究""农民组织之型式""农村中帝国主义经济侵略之事实的分析""世界大势与民众教育""社会心理调查"等问题。[2]

1933年6月，江苏省立教育学院北夏实验区编印《北夏第一年》专题册子，集中介绍实验区一年来的发展情况，总结经验，规划下一阶段工作，决定以推广实验经验为工作重点。在第二年的工作要点中，特别指出要促进自治自卫教育各种势力之合一，将自治系统、自卫系统、学校教育系统、民众教育系统合而为一，紧密联系。同时也希望在下一年中，"减少设施项目，扩大推行范围"，因为"读书人顶人的毛病，是理想高远，事头隔膜。北夏同人中几乎全体都是'读书人'出身，自知缺点所在，所以第一年内虽然也定计划，却是偏重在各项设施的试探，不求整个普遍的推行"。故而"下年度起将日渐扩大推行的范围，同时减

---

[1]《本院普及民众教育之两个实验：北夏实验区之部》，《教育与民众》第4卷第3期，1932年。
[2]《本院普及民众教育之两个实验：北夏实验区之部》，《教育与民众》第4卷第3期，1932年。

少设施的项目,以求精力之集中,成效之速睹"。①

主要负责北夏实验区的赵冕,总结该区施教之宗旨为"由民众教育,组织民众,培养民力,以促成自治,复兴民族",事业主要分为政治、经济、文化三方面,涵盖了乡村建设的基本内容,政治注重自治与自卫,经济注重农业生产、技术改良、合作事业之推广,文化注重读写技能之训练与精神生活之向上。②这可以通过1933年度第一学期乡村建设讲题内容直观地反映出来。

表4.1 北夏实验区乡村建设讲谈会日程(1933年度第一学期)③

序号	日期	主讲	讲题	备注
1	10月5日上午	吴福桢	无锡农作物病虫害之防治	全年共讲二次
2	10月5日下午	甘豫源	民众学校实施法	全年共讲四次
3	10月19日上午	古楳	中国农村经济问题	全年共讲四次
4	10月19日下午	陈寿同	合作社之理论与经营	全年共讲四次
5	11月2日上午	陈明世	无锡蚕桑之改良	全年共讲三次
6	11月2日下午	吴福桢	无锡农作物病虫害之防治	
7	11月16日上午	陈寿同	合作社之理论与经营	
8	11月16日下午	陈谋琅	鱼殖须知	全年共讲一次
9	11月30日上午	陈明世	无锡蚕桑之改良	
10	11月30日下午	李静涵	无锡畜猪之改良	全年共讲二次
11	12月14日上午	邵继坤	造林问题	全年共讲二次
12	12月14日下午	孙逢吉	无锡麦作之改良	全年共讲三次
13	12月18日上午	甘豫源	民众学校实施法	
14	12月18日下午	高炳泰	地方自治问题	全年共讲四次
15	1月11日上午	古楳	中国农村经济问题	
16	1月11日下午	顾复	无锡稻作之改良	全年共讲三次
17	1月19日上午	高炳泰	地方自治问题	
18	1月19日下午	赵冕	民众教育问题	全年共讲四次

在进入第三年度后,北夏实验区总结普及民众教育实际过程中的经验教训时,强调要走"教育合一"和"政教合一"的道路。所谓"教育合一"要求社会教育与学校教育打成一片,"政教合一"即行政力量与教育力量合成一体。其实行

---

① 江苏省立教育学院北夏实验区编印《北夏第一年》,无锡中华印刷局,1933年,第9—10页。
② 赵冕:《区单位普及民众教育的一个设计:北夏实验区企求试办的普及教育计划大纲草案》,《江苏教育》第3卷第9期"民众教育专号",1934年9月。
③ 周葆茹:《江苏省立教育学院北夏实验区参观记》,《苏声月刊》第1卷第5期"地方自治专号",1934年。

"政教合一"的主要动机是："我们能够劝人为善,却不能禁人作恶;我们可以教民众戒赌,但无法禁止警吏纵赌。教育的功能,自然有他的限度;如果能够将政治力量善为运用,则豪绅地主固不敢肆然作恶,下级警吏也无法作弊了。现在行政上最大的弊病便是上级政府五官不全,不明民间疾苦;而民众所犯的病症也复相同,有苦无从申诉。于是狡黠者得利用机会,从中作怪。我们要教农民把痛苦喊出来,而有人挤住了他们的喉咙,使在上者绝无所闻。'政教合一'是要打破这一重隔膜,政令下行,民情上达,则教育的力量,也得以充分的发挥了。"①

北夏实验区的事务原为社教社理事赵冕主管。赵冕卸任后由高炳泰继任,后聘马祖武为总干事,韩天眷为副干事。马、韩就职以后,区内事宜有序推进,较为注重壮丁队的训练、六年小学四年完成制之试验、四年小学半日制之试验、筹备大众学园以实现村中学的计划等。该实验区在1936年的实验要点为:建立一个有力量的教育中心、实验教育民众化的制度、举办几种细致而有永久性的实验、与江苏省立教育学院联系。

其主要实施事业依旧包括文化、政治、经济三大方面。文化方面:开办高级民众学校(即大众学园);筹设民众图书馆,办理巡回文库;试验六年小学四年完成制;与惠北合编试验小学课本;组织民众唱歌团;实施电化教育;调查区内各项事业近况等。政治方面:普及壮丁训练;组织少年团、妇女队,实施社会军事训练;进行通俗演讲;指导民众修筑区内道路;整顿区内旧有各乡村改进会,并健全改进会、联合会,务使其充分发挥改进地方之功能;充实各分区药库,使其成为民众医药卫生设施之中心机关,并普遍设立简易药箱,按期举行清洁运动;辅导区内各乡镇保甲长办理保甲工作等。经济方面:提倡养猪养鸡;举办农事讲习会;进行农村经济调查;进行农场种植试验;提倡储金积谷;指导农民防治病虫害;试验适宜本区之稻麦品种;特约农田;流通农村金融;改进合作事业,组织合作社、联合会;办理草帽、地毯、桑蚕、毛兔等副业;提倡造林;举办农产品展览会等。②

值得注意的是,"四年半日制"课程在无锡北夏实验区的试行,功课只上半天,四年内学完普通初小应修之课程。这种方法的目的是减少教育成本及实行

---

① 翁祖善:《北夏实验中的普及民众教育途程》,《教育与民众》第6卷第10期,1935年。
② 定东:《无锡北夏实验区的工作》,《乡村建设半月刊》第6卷第6期,1936年。

综合教学以节省学生之时间,适合中国社会经济比较落后的实际。六年功课四年完成制,是社教社总干事俞庆棠的发明,其要点在于用四年的时间,完成一个完整小学的功课任务,如此可以减少乡村儿童在学年数,增加初级教育的效率。[①]其经验为文化、政治、经济三大建设同时进行,主张社会教育与学校教育合一以及政治与教育合一,即教育内部社会教育与学校教育合一,教育外部教育与政治合一。

第三节　洛阳社会教育实验区

1934年,为响应"开发西北"的号召,中国社会教育社与河南省教育厅、洛阳县政府联合在河南洛阳设置洛阳社会教育实验区。在这一实验区的建设与运行过程中,计划周密、配套,工作重点明确,坚持时间长,在"政教合一"、战时社会教育如何实施等方面取得较好的实验结果,成为社教社实验事业的主要代表。洛阳实验区可以分为全面抗战前、后两个阶段。

一、全面抗战前的实验区及其工作

制定实验区办法十四条,设立董事会专司其职。在一开始由三大机构联合制定的《河南省教育厅、中国社会教育社、洛阳县政府合设洛阳实验区办法》中,便明确带有"政教合一"的色彩,使民众教育、社会教育与地方基础政权的建设紧密结合。

一、中国社会教育社、河南省教育厅、洛阳县政府为倡导中原及西北之社会教育并研究实验中原及西北社会教育之问题起见,合设洛阳实验区。

二、本区设董事会,由中国社会教育社、河南省教育厅、洛阳县政府各派代表一人,并由合设机关会聘专家四人至六人,当地人士二人至四人组织之;以合设机关之代表为常务董事。董事之任期为一年,连派连聘均得连任。

三、本区设指导处为总办事机关,处内设总指导员一人,由董事会聘请之;

[①] 齐植璐:《乡建考察团通信之五:北夏实验区的观光》,《浙江合作》第4卷第19、20期合刊,1937年。

指导员、事务员各若干人,由总指导员任用,函报合设机关及董事会备案。

四、总指导员兼任董事会秘书。

五、董事会之职权如下:(一)聘任总指导员;(二)审核年度计划报告;(三)审核年度预算决算;(四)指导并协助解决总指导员提出之困难问题。

六、董事会会议以每半年举行二次为原则,由常务董事召集之。

七、董事会决议事项,应分函合设机关备案。

八、董事为无给职,惟聘任之专家董事,得酌支川旅费。

九、关于实验区之设计事项,由中国社会教育社负责指导。

十、本区选洛阳县中适当之自治区为区域,先就一村实验,逐年扩充至全区;凡划入本区范围之村庄,其教育机关统由指导处管理。

十一、本区区域内人民自治能力增高至相当程度时,经合设机关之同意,应赋予实行自治之机会,并实行政教养之合一,仍由指导处指导之。

十二、本区经费由合设机关商酌分任之。

十三、本区计划大纲另订之。

十四、本办法经合设机关会商决定日起至民国二十九年七月三十一日止为有效期,中途如有应行修正之处并期满时应否继续办理,由合设机关随时会商决定之。[1]

1934年4月3日,洛阳实验区召开第一次董事会议,开会之时,各董事多远道而来参加。到会人员主要有钮永建、俞庆棠及河南教育厅厅长、洛阳县县长等人。会议推定钮永建为主席,陈人白任记录员。

会议首先由常务理事俞庆棠报告实验区筹备经过及该区办法与计划大纲。经过会议讨论,通过十一个议案,主要涉及以下内容:实验区名称定名为河南省教育厅、中国社会教育社、洛阳县政府合设洛阳实验区;洛阳实验区以洛阳第三区为范围,选择最适当之村庄为基本施教区;聘定陈大白为总指导员,并设立筹备处总指导员兼任筹备处主任;筹备期计划大纲与经费预算;筹备期间经费筹措,开办费推由钮永建、河南教育厅厅长、洛阳县县长等分别筹募,经常费推由河南省教育厅、洛阳县政府、中国社教社三机关分担;实验区第一年度计划大

---

[1]《河南省教育厅、中国社会教育社、洛阳县政府合设洛阳实验区办法》,《社友通讯》第2卷第11、12期合刊,1934年。

纲;推定值年董事轮流次第,第一、四年中国社教社,第二、五年河南省教厅,第三、六年洛阳县政府;合设机关如何分配职责;专家董事人数;筹备工作;同时确定第二次董事会于八月十六日在开封举行。①

洛阳实验区的设计和运作,均有较为详细的计划,在其设立后不久即出台实验区具体计划大纲。《河南省教育厅、中国社会教育社、洛阳县政府合设洛阳实验区计划大纲》是根据《河南省教育厅、中国社会教育社、洛阳县政府合设洛阳实验区办法》第十三条规定制定,并经董事会通过。其中,较为具体地规划出如何在基层逐步实现"政教合一"的方法,先由实验区逐步推广至更为广阔的区域,由教育培养民力,复兴民族。

在大纲中,规定其实验要点包含六个方面。其一,实验目标:运用教育方法组织民众,培养民力,以促成自治,复兴民族;其二,实验范围:使教育与政治经济各方面合一;其三,实验对象:以全区人民为学生,儿童教育与成年教育合一,尤其重视成年人之教育;其四,实验方法:采取"做学教"合一之原则,由做而教而学;其五,实验内容:根据具体实际需要而定,但特别致力于"人民精神生活之向上"以及相关合作、农事、自卫、自治、识字、读书等事宜;其六,实验区域:依照"自小至大"的原则,先致全力于一村,有成效之后,逐渐推广至全区。

在这份大纲中,同样依照时间顺序,详细制订出六年的实验计划,具体内容为:

第一年计划:举行简易社会调查,以明晰全区概况;并选定具有代表性的一个村,以全力从事村单位之实验。第二年计划:根据代表村实验之经验,拟定村单位设施之办法,推广至邻近村庄七八处(约占全区村数十分之一);在必要时,也可从事超出规定村数之工作,如自卫等事宜。以后各年均如此进行。第三年计划:推广至约二十村(约占全区村数四分之一);开始实验各项联村工作。第四年计划:推广至约四十村(约占全区村数二分之一);准备区单位实验之办法。第五年计划:推广至全区各村落,为区单位之实验;准备试行区自治。第六年计划:试行区自治;实验告一段落。②

---

① 《发展西北文化:洛阳实验区董事会议》,《申报》1934年4月10日,第4张第15版。
② 《河南省教育厅、中国社会教育社、洛阳县政府合设洛阳实验区计划大纲》,《社友通讯》第2卷第11、12期合刊,1934年。

实验区在《河南省教育厅、中国社会教育社、洛阳县政府合设洛阳实验区计划大纲》的基础上，又进一步制订了实验区第一年度的计划大纲，将实验区开始的工作进行细致部署与规划。

在第一年度的计划大纲中提出，本年度的实验原则为：第一，设立实验村单位教养卫合一之新组织；第二，探索实验村单位做学教合一之新方法；第三，创建实验村单位民众教育之新系统；第四，开展实验村单位乡村建设之新事业。

实验内容要项包括政治、教育、经济三个方面。政治方面包括：其一，建立教养卫合一之健全组织；其二，成年民众大半加入乡村改进会，并能运用四权，参加团体活动；其三，村民多有建设地方事业之兴趣与能力；其四，村民自卫方面有相当的训练与实力，并与附近村落之自卫组织有相当联络；其五，村内街道与附近交通大道修筑平坦；其六，村容与民众仪容有相当之改进；其七，民众有正当娱乐习惯，禁绝烟赌及不良风尚；其八，民众思想与意识有相当之改进。

教育方面：其一，学龄儿童至少40%有受教育之机会；其二，年在16岁以上25岁以下之青年，至少有50%具有初级民众学校文化程度；其三，年在25岁以上45岁以下之成人，至少有30%具有初级民众学校文化程度；其四，妇女至少有15%具有初级民众学校文化程度。

经济方面：倡导农家采用改良种植方法；倡导农家副业使有相当之改进；鼓励农家改良水利灌溉设施；劝导乡民加入合作社，并能厉行节约储蓄；倡导村民种树造林；增进村民之生产技能。

在开展具体的实践事业层面，主要分为政治训练、语文教学、生计指导三个方面。政治训练方面，主要依托村治协进会，使其成为民众政治训练与乡村建设之中心组织，根据原有保甲制度，加之以严密组织，而实施各种活动事业。语文教学方面，以民众学校为中心，寓小学教育于民校系统之中，完成民众本位之基础教育，同时组织民校校友会，参加民教活动。民众生计指导方面，以农事指导与合作指导为主要事业，宣传生计指导之重要与办法，指导合作事业与农业推广，协助组织合作社，试办农业推广活动。[①]

全面抗战爆发前，洛阳实验区取得较为可观的成绩。1935年，主要参与负

---

① 《河南省教育厅、中国社会教育社、洛阳县政府合设洛阳实验区第一年度计划大纲》，《社友通讯》第3卷第1期，1934年。

责工作的总指导陈大年在总结洛阳实验区第一年的经验时指出,"政教合一即为我们事业建设之路线"。同时他也表明其所主张的政教合一,"并不是以政治力量来统制执行乡村建设事业,因为政治力是强制的、形式的与下行的",容易造成"被动、硬性与空虚之流弊"。他进而提出,"我们的政教合一要使政治学术化,教育社会化,以教育为目的,政治为手段,教育力量渗透到乡村底层中;以政治力量为掩护,以补其力之不逮"。

关于相关事业的开展步骤,他提出教育说服—精神感化—政治力量三大步骤。具体论之,"先以教育方法喻之以理,不成,以精神感化动之以情,又不成,最后方运用政治力量绳之以法,以促成事业之建设"。在回顾其主要从事的事业时,陈大白概括为政治、经济、文化三方面,以民众基础学校为中心,并以此为基础,逐层建立起民众基础教育制度。具体而言,政治方面为村政建设、公民训练与卫生设施等;经济方面为农业推广、合作组织等;文化方面为基础教育制度、强迫征学与传习导生等实验。

在总结其活动特征时,陈大白指出,在洛阳实验区对内实行单元制,对外采用联合制。单元制即以每种事业为一单元,每单元推定专员主持,同时各个单元之间协作进行,此方式的采用是由于"事多人少,实在无大批人员专司一事,不得不出此经济办法"。联合制即强调与各机关联络进行,因为"乡村社会是整个的,乡村建设是多方面的,决非人财两缺之民教机关所能负此重责,因之与其他事业机关联络战线,确属经济而两便"。

具体而言,洛阳实验区与农林局、水利局等联络,以期推广农业,建设水利,实行建教合一;与区公所、保安团等联合,以期建设村政,保卫乡村,实行政教合一;与教育局师范学校等联合,以期普及教育,促进文化,共谋教育之改造。此外,诸如卫生、金融、军事等机关,均谋联合协作,共促乡村建设事业之发展。此种做法的好处,在于节约制度成本,"在彼为推广事业,在本区无异创立各种技术机关,诚属一举而两得"。文章在最末交代了这一年分属各项工作的主要负责人及其工作贡献,在村政建设方面,黄理斋、许润山负责较多;教育建设方面,沙居易、高灿如负责较多;经济建设方面,金奋扬、高灿如负责较多。[1]

---

[1] 陈大白:《洛阳实验区第一年》,《社友通讯》第4卷第1、2、3期合刊,1935年。

第四章　中国社会教育社的实验事业

第一年实验区所进行的主要训练,即军事中心训练、合作中心训练、教育中心训练、政治中心训练;所建成的四种普及网,即合作组织网、教育普及网、社会教化网、军事训练网。在实验区第二年度结束后,进入第三年度之时,实验的内容要扩大,程度要深化,在已有的成果之上,进一步追求"保教合一教育之倡行","希以健全保教组织,普及保教训练与推行保教事业"。保教合一教育之主旨是政治、军事、教育三位一体之新事业,由文武并重演进为政教合一,最后完成军、政、教三位一体。基于此种追求,洛阳实验区在第二年度,谋求健全保教组织,普及保教训练,推行保教事业等三大方面的发展。洛阳实验区打算以联保为单位,根据第二年度之实验结果,扩大至三联保,在每一联保内,建立联保办公处、民众基础学校、合作社与保安队等事业组织,其均由一人负责主持,由此便能更好地推进相关事宜的进展。该项设计借鉴参考广西国民基础学校与乡村建设过程中"三位一体""一人三长"的经验,并结合自身情况加以创造。

在洛阳实验区设立半年之后,其相关事业已推广至二十余村,呈现初具规模的态势。此时实验区事业的开展,着重领袖训练,已经开办训练班三次:第一种为"师资训练班",主要召集推广区各村教师进行严格训练,周期为五个月,每周六个小时,科目为教育概要、社会常识、自然常识与算术等,受训练者五十余人;第二种为"保甲长训练班",主要召集推广区各村保甲长,强迫公民训练,每周4小时,科目为党义、保甲规约、新生活运动、民众教育等,受训练者八十余人;第三种为"青年训练班",主要招收各村初小毕业之青年,全体受训,上学期致力于基本智识训练,下学期着重职业训练,同时从事社会服务,推广民众教育。[1]

洛阳实验区的一大先进经验为强迫征学制的探索与实施。强迫征学制主要内容包括三个方面:其一,在儿童教育方面有初级儿童班和初级女子班。初级儿童班,年在6岁以上,13岁以下之儿童,均应征入学;初级女子班,年在8岁以上,12岁以下之闺女,亦应征入学。其二,在青年教育方面有高级儿童班和女子家事班。高级儿童班,年在10岁以上16岁以下,列入高级儿童班,设有农事、工艺、医药、卫生、乡村服务等科目;女子家事班,年在13岁以上,16岁以下,均

---

[1]《洛阳实验区训练各村领袖》,天津《大公报》1934年12月31日,第3张第10版。

人家事班,科目为识字、织布、织机与农产品加工制造。其三,在成人教育方面即为民校成人班,凡年在16岁以上,40岁以下,除职业原因不能参加者外,均按章应征。当时的媒体认为,强迫征学制是以最经济之人力与物力,运用政治力量以普及民众教育,此制度在洛阳实验区试行以来对社会教育发展成效卓著。①

二、全面抗战爆发后的实验区工作

在全面抗战期间,洛阳社会教育实验区积极承担起战时教育的责任,促进这一区域的战时教育开展与推行。洛阳自全面抗战以来,即为中原国防重地,因此洛阳教育实验区负有组织民众、训练民众之责,战事初起时即拟订《抗战教育计划纲要》,并积极推行,其主要实施情况包括干部训练、普及训练、社会活动和战地服务等四个方面,具体内容为:

第一,干部训练:干部训练以全区为单位,由实验区指导员主办,召集全区教师与乡村工作人员,进行为期半个月的短期训练,训练时间为每日下午2时至5时,训练科目为防护常识、战时教育、战时经济、自卫新知、精神讲话与唱歌等。训练结束后分派赴各村办理战时民众普及训练班,进而从事普遍的训练。

第二,普及训练:普及训练以各村为单位,但小村可联合二村以上共同办理,由战时民众干部训练班受训学员分别担任教导及组织的职责。凡区内11岁至25岁的民众,体格健全,且无不良嗜好者,一律采用强迫征学制的办法,强迫受训。训练周期为四周,训练时间为晚间7时至9时,训练科目为时事讲述、防护常识、自卫新知、精神讲话、唱歌等。至各班学员毕业后,则组织战时工作团,从事宣传防卫救护与办理造产事业。

第三,社会活动:在实验区内采取社会活动的方式,开展各项训练,如纪念日集会活动、庙会活动等。

第四,战地服务:在实验区内,利用麦假时期,组织战地服务团,从事战地社会工作,以抚慰战地民众,激发抗敌情绪,发动民众力量,并与前方将士相联合,共同保卫乡土。其具体组织为:团设正、副团长各一人,下分总务、训练、宣传、

---

① 《洛阳实验区实行强迫征学制》,《中央日报》1935年2月21日,第2张第4版。

调查四组,主要工作为创办战地民众学校,组织联庄会,进行调查访问与抗敌宣传等,地点为收复不久之济源、温县及孟县等处。①

1938年9月,俞庆棠作为中国社会教育社的负责人向中央社会部汇报近期社教社的活动时,重点汇报了洛阳实验区在实施抗战教育领域所取得的进展。在呈文中首先指出,"洛阳馆毂中原,为五千年名都,自抗战以来,即踞国防重地,敌机轰炸,肆虐殊甚,民众恨之切骨,抗战情绪因之噪起。二月中旬,华北战事失利,敌军直揭黄河,我敌仅一河之隔,时局异常紧张。本区负组织民众、训练民众之责,希以动员全民,增强抗战力量。战争初起时,即拟订洛阳实验区抗战教育计划纲要,着手积极进行,训练干部人才,普及全民训练,发动民众活动。最近并组织战地服务团,从事战地社会服务"②。

报告接下来的内容,主要分为"干部训练""普及训练""社会活动""战地服务"等四个方面,对洛阳实验区在战时教育领域的推进工作进行汇报。

其一,干部训练方面。洛阳实验区创办战时民众干部训练班,主要是为培养民众训练干部人才,推行实验区全民抗战事业。其具体内容如下:

训练办法。干部训练以全区为单位,即由实验区指导处主办,招集全区教师与乡村工作人员,进行干部训练。授课训练周期为两周,时间为每日下午2时至5时,训练科目为防护常识、战时教育、战时经济、自卫新知、精神讲话与唱歌等。训练结束后,接受训练的学员分赴各村,办理战时民众普及训练班,并且从事普及训练。

召集学员。民众干部训练班筹备就绪后,即开始召集学员。因之前指导处曾与全区教师、保长与乡村工作人员召开过联席会议,将开展民众干部训练的意义进行阐明,因此报名学员较为踊跃。但因名额所限,不得不"加以甄别",经指导处审查合格者共计五十名,其中教师占多数,乡村工作人员较少。

课程内容。在抗战时期,课程内容为适应实际需要,即以抗战为中心,主要课程内容包括:1.防护常识(每周3小时):灌输防空防毒常识及简易救护消防实施等。2.自卫新知(每周3小时):普及军事常识,熟娴简易技能,"借以参加抗战

---

① 《中国社会教育社最近一年来的社务报告》,《建国教育》第1期,1938年。
② 《洛阳实验区之抗战教育实施概况》,中国第二历史档案馆编《中华民国史档案资料汇编》第五辑第二编,教育(二),江苏古籍出版社,1997,第726页。

保卫乡土",如巡察、守护、射击、游击、战术与防卫工作等。3.战时经济(每周3小时):发展战时生产,统制战时经济,以备充实资源与长期抗战,如指导麦产,提倡手工与金融流通等。4.战时教育(每周3小时):授以战时教育方法,供应战时教育材料,以资普及推广,如战时教育概论、实施战时教育方案与应注意之事项。5.精神讲话(每周2小时):激发抗战情绪,坚定抗战认识,精诚团结,发扬民族力量,其要项如国际形势、中国现势、民族复兴历史、英雄故事与抗战重要新闻等。6.唱歌(每周1小时):授以音调激昂雄壮之歌曲,激发爱国观念,增进抗战情绪,如《冲锋歌》《打回老家去》等抗日救亡歌曲。

社会服务。依照"训练为过程,服务为目的"之原则,训练以后即应就训练之所得,向实际社会应用,发挥全民训练之效率。因此干部训练班结束后,凡受训学员应积极分赴各村,办理战时民众普及训练班(即战时民众学校),担任教导与组织,以期唤醒大众,增强抗战力量。[①]

其二,普及训练方面。动员全区民众,发挥教育和训练的效能。在战时民众干部训练班结束后,继续举办各村战时民众普及训练班,以"激发民众抗战意识,普及民众战时知识",进而动员全区民众,完成实验区全民抗战事业。普及训练开展的具体情形如下:

训练办法。普及训练以各村为单位,但小村可联合二村以上共同办理,由接受过战时民众干部训练的学员分团创办,同时承担教导与组织的责任。实验区内11岁起至25岁的民众,体格健全,且无不良嗜好者,一律采用强迫征学制的办法,强迫受训,训练周期为一个月,每晚7时至9时;训练科目为时事讲述、防护常识、自卫新知、精神讲话、唱歌等。至各班学员毕业后,则组织战时工作团,从事防卫救护宣传等。

征集学众。实验区采用"征学制"的经验,借助政治力量推动教育事业的开展,因此普及训练班的运作,也采用征学制的办法,由实验区指导处函请当地区署通令全区保甲长按丁征集,强迫受训。

课程内容。训练课程内容围绕战时实际需要设置,主要科目包括:时事讲述、防护常识、自卫新知、精神讲话、唱歌等。在具体课程内容方面,大致与干部

[①]《洛阳实验区之抗战教育实施概况》,中国第二历史档案馆编《中华民国史档案资料汇编》第五辑第二编,教育(二),江苏古籍出版社,1997,第726—728页。

训练班课程相近。但二者仍有课程难度深浅的差异，干部训练班的课程程度较深，注重高深战时知识与技能训练，普及训练班程度则较浅，仅注意战时民众必备简易知识与技能，内容力求浅显简要。

集团组织。战时民众训练班之目标，不仅在使学员能够获得战时知识与技能，更重要的是使受训学员能够组织团体，从事社会服务，展开乡村救亡运动，所以训练结束后即分别组织战时工作团，由学员与导师协同组织，其组织采用军队编制，从事救护、宣传、防卫、劝募与办理造产等事宜。

其三，社会活动方面。在抗战时期，主要依托多种社会活动开展教育，主要包括集会活动、庙会活动、报纸巡回、战时服务等。

集会活动。集会分固定与临时两种，固定集会包括国庆纪念、国耻纪念、总理诞辰、总理纪念周等；临时集会包括兵役宣传会、抗敌宣传会、庆祝台儿庄胜利大会等。借助上述诸多活动，讲演民众英雄历史、先贤逸事、暴敌侵略政策、战时重要新闻等内容，以增进民众对抗战之认识，激发民众的抗敌情绪与爱国观念，参加的活动主体为保甲长与教师、学生等。

庙会运动。庙会是乡村中开展活动的最好机会，如某村有庙会时，附近各村之男女老少都会参加，借助此活动的机会，可以从事救亡歌剧之表演、抗战漫画之展览、战时新闻之讲述等。

报纸巡回。由实验区指导处购买各种报纸多份，分别巡回阅读。各导师阅读过后，除负责编写本村壁报外，同时召集村民对他们做简要之时事报告，使得一般人众也能了解战争时事，以激发民众抗战情绪，增强抗战力量。

战时服务。为开展乡村救亡活动，除战时民众普及训练班组织战时工作团外，各村基础学校均设立战时工作团，以保长为正团长，导师为副团长，下设宣传、救护、防卫与造产各组。①

其四，战地服务方面。实验区为适应战地实际需要，利用麦假时期，积极组织战地服务团，从事战地社会工作，以抚慰战地民众，发动民众力量，并且与前方将士相联合，共同保卫乡土。

组织概况。战地服务团设正、副团长各一人，总理全团事务；下设总务、训

---

① 《洛阳实验区之抗战教育实施概况》，中国第二历史档案馆编《中华民国史档案资料汇编》第五辑第二编，教育（二），江苏古籍出版社，1997，第728—730页。

育、宣传、调查四组,每组设组长一人,干事若干,分任各该组事宜。其主要工作为创办战地民众学校、组织联庄会、调查访问与抗敌宣传等,地点为济源、温县、孟县等地,组织活动周期为一个月。在撰写汇报内容时,相关工作正在积极进行中。

工作事项。主要包括四大方面:其一,创办战时民众学校,激发民众的爱国情绪,增进民众抗战知识与技能,联合当地军政机关协助办理,召集附近民众,给予短期训练,科目为时事讲述、防护常识、自卫新知、精神讲话等,课程内容着重战时民众必备简易知识与技能,授课原则以简要为主。其二,组织联庄会,根据教育部颁布的战时民众学校组织办法,组织联庄会,协助军队工作,增强抗战力量。其三,调查访问,搜集敌人暴虐行为,慰问伤难同胞,并散发医药用品及办理相关救护事业。其四,抗敌宣传,宣传方法分为讲演、歌咏与戏剧三种。除此之外,相关工作也涉及绘制抗战漫画、国耻地图与抗敌标语,并张贴于村庄与市镇,以造成抗战救亡之印象环境。[1]

在报告最后,俞庆棠指出"按此种组织系为试行,一俟稍有结果,当再撰述报告,以供各战地服务团之参考"。[2]洛阳实验区所实行的教育组织具有一定的试验性,其具体收效与相关经验须进一步实践后方能推广实施。

洛阳所处的地理位置,使得在此时此地开展教育实践活动,独具意义。洛阳城距黄河四十余里,实验区介于洛城与黄河之间,随着战事的扩展,时有敌军炮弹飞来区内,但附近民众辛勤劳作,一如往昔,大家抱着严肃镇静的态度,一面协助军队保乡卫国,一面努力生产事业,以供应军需,使敌寇只能望河兴叹,而不能越雷池一步。其在战时主要的活动为:

其一,深沟窑洞实施教育。实验区位于"邙山之麓",地势高,土层厚,水位普遍都在五六丈以下,山水下流处冲成深沟,民众即利用此种蜿蜒曲折沟壑开凿窑洞。战时敌机横行,乡村受损严重,因此民众将深沟洞窑作为天然防空之地,也可在深沟窑洞中开展教育活动。实验区之马沟及搅驾沟等地的基础学

---

[1]《洛阳实验区之抗战教育实施概况》,中国第二历史档案馆编《中华民国史档案资料汇编》第五辑第二编,教育(二),江苏古籍出版社,1997,第730—731页。
[2]《洛阳实验区之抗战教育实施概况》,中国第二历史档案馆编《中华民国史档案资料汇编》第五辑第二编,教育(二),江苏古籍出版社,1997,第731页。

校,便设在地洞内,既经济,又适用,可在深沟窑洞中举办诸多教育活动。此外,实验区也积极准备指导附近各村妇孺携带粮食用品,避居深远之沟内,作有计划之撤退,同时使各村壮丁,扼守要隘,打击敌人。

其二,举行"割麦运动"及"一本书运动"。实验区为宣传军民合一、倡导军民合作起见,在乡间麦熟的时期,提倡进行割麦运动,召集驻军帮助农民收割。乡村中由于一部分农夫,正应征兵役或其他军事服役,远离家乡,乡中缺少劳动力。在此时开展割麦运动,有助于促进军民密切合作,收效甚佳。实验区为供应前方将士之精神食粮起见,联合各方举行征募一本书运动,所募得书籍的一部分,交由中原社会教育馆转送至前方将士。

其三,筹办工业合作,动员妇女参加生产。实验区对发展妇女从事生产,之前虽曾有所倡导,但收效不大。全面抗战开始后,交通碍滞,外货来源断绝,一切用品均依靠本地自给,所以拟采购手工纺织机,将原有之纺织事业,予以扩充,动员更多的妇女参与纺织生产。关于工业合作方面,积极与中国工业合作协会西北区办事处接洽,在洛阳附近举办小规模之工业合作事业,以促进战时生产。①

关于洛阳实验区办理的成绩,在1940年实验区基本完成实验工作时,《申报》上对其示范作用及实验成绩予以较高评价:洛阳实验区系中国社会教育社俞庆棠、陈礼江、赵步霞等发起,联络河南教育厅洛阳县政府协作办理,由陈大白主持其事,开办已六载,"事业实验颇著成绩",如教育实验,有基础教育制、强迫征学制与传习导生制;政治实验,有村政辅导制、政务督导制与保教合一制;经济实验,有军农合一、合作中心与全民造产。从事单元实验,于乡建学术殊多贡献②。后人的回忆也证明俞庆棠所倡导建立的洛阳实验区"是以中国社会教育社为主体,冀图使中国社会教育社成为有理想、有实验、有实践经验的社会学术团体。更重要的是使我国民众教育事业从江苏无锡一隅,迅速扩展到全国南北各地"。③由此可知,洛阳实验区对推广民众教育事业上的重要影响。洛阳实

---

① 《中国社会教育社洛阳实验区近讯》,《建国教育》第1卷第3、4期合刊,1939年。
② 《洛阳实验区实验完成》,《申报》1940年8月20日,第2张第8版。
③ 王怀良:《回忆洛阳民教实验区》,载苏州大学原江苏省立教育学院校友会编印《艰苦的探寻:江苏省立教育学院校友回忆录》,1989,第126页。

验区地处中原和首都南京的西北方向重要地域,对中国社会教育的辐射与引领作用十分显著。

第四节　花县乡村教育实验区

　　第三届年会后,中国社会教育社与河南省教育厅、洛阳县政府联合兴办洛阳实验区,收效甚佳,并逐渐成为西北社会教育的中心。值此机缘,中国社会教育社在多方合力下,于1936年第四届年会后与国立中山大学、广东省教育厅在广东合办实验区,用以实验南国培养乡村社会青年领袖和注重战时社会教育为侧重点的各种社会教育问题。

　　早在1934年年底,中国社会教育社与广州国立中山大学即开始谋划合作设立乡村教育实验区,该项合作由中山大学教育系许逢熙、周葆儒、崔载阳三位教授发起,选定在广州附近乡村设立乡村教育实验区。"闻现已决定在番禺县属龙眼洞地方,设立实验区,并与番禺县政府合作组织指导委员会,推定周葆儒教授为主席委员。"[1]

　　第四届年会还公布了合办实验区计划。实验区定名为"国立中山大学广东省教育厅中国社会教育社合办某某乡村教育实验区",将"寻求推进普及教育之最经济办法,与适应生活需要之教育办法"定为实验区的宗旨,同时规定了区址和主任干事选择的标准,并制订了创办实验区的步骤。[2]年会后,社会教育社理事会即依据"办法"开始建立实验区的工作。为选择区址,社教社曾先后到广东鹤山、清远、增城、花县等地实地考察,直到1936年9月,才将实验区地址定在花县的龙翔市。

　　在《国立中山大学、广东省教育厅、中国社会教育社合办花县乡村教育实验区进行计划草案》中,对于实验区的相关情况进行说明和规划。其实验主旨为:寻求推行普及教育之最经济办法,与适应生活需要之教育设施。实验事项的纲领为:训练乡村青年,养成乡村服务之中坚人物;普及乡村基础教育,建造乡村

---

[1]《中山大学设立乡村教育实验区》,《申报》1934年12月25日,第4张第14版。
[2]《中国社会教育第四届年会纪念册》,第131—132页。

文化之中心组织;倡导乡村建设,并试行普教办法。①

区址选定后,先划定实验区域,调查社会背景,在经费允许的范围内,依照董事会决定的实验原则,确立实验的理论根据和制定实施方案。其中大量运用第四届年会所讨论的成果,如培养乡村建设人才;提倡乡村中等学校以训练乡村社会之中坚分子,树立乡村建设之永久基础;着眼于促成或促兴自治和生产;组织民众,训练民众;与学校教育联络办理,实行有组织、有计划、有连锁的教育方式;培养民众智能;积极实施国防教育;拟请积极推广妇女补习教育;民众教育事业之实施,应以促兴社会生产为重心;等等。

在实验过程中,设立乡村青年干部学校和乡村基础学校,同时也注重一般乡村建设实施事业。该实验区乡村建设事业,以乡村经济建设为中心,以农村文化建设提高大众知能,以乡村政治建设为各项建设之纲领。其中政治建设包括政治训练和自卫训练,政治训练的内容为:民族意识之觉醒、社团生活之训练、组织能力之培养、时事问题之讨论、近百年来中日问题之研究。自卫训练内容为:军事与救护之训练、战时防御之指导与训练等。

一、设立乡村青年学校,训练青年中坚

早前乡村服务工作的干部人才训练,都是训练知识分子下乡,但他们最终因为生活习惯的隔阂,及薪给供应的艰难,不能在乡村久留,造成"人存政举,人亡政息"的现象,而使乡村再造无法进行。因此,花县实验区开办了乡村青年学校,其目的在于养成乡村自力再造的根苗,希望能够通过直接训练乡村青年的办法,养成自食其力的乡村服务中坚人物,使乡村再造事业,能够"永永迈进"。②

乡村青年学校训练的对象主要是乡村青年,同时也附加诸多限定条件:年龄自18岁至25岁;高级小学毕业或有同等学力;体格健全能胜任劳苦工作,思想纯洁,品行端方;世居乡村,无外学或往都市经营事业的计划。其教育方针为:以国难教育、民族教育为中心;实行劳动与实践相结合的教育,使他们养成

---

① 《国立中山大学、广东省教育厅、中国社会教育社合办花县乡村教育实验区进行计划草案》,《社友通讯》第5卷第7、8期合刊,1937年。
② 邵晓堡:《花县乡教实验之理论根据及设计要领》,《社教实验通讯》第1卷第1期,1937年。

勤劳耐苦的精神;进行乡村更生教育,使乡村青年最终回到自己的乡村,负担起乡村建设的重任。训练内容分为精神训练、基本知识训练和实用技术训练。另外,学校为养成他们有组织有纪律以及耐劳刻苦的生活习惯,每天规定了严格的生活日程,还要求每个学生将一天中的所见所闻所想记成日记,以便从中发现事实和问题。

当时中国虽然"一致地起来努力于青年训练和壮丁训练",但"由于大多数民众知识的低下,优良训练干部人才的缺乏,动机和目标的歧异,以至办法和内容的凌乱",结果往往达不到预想的目的。实验区对此有深刻认识,认为在训练方式上,"加速制造"和"临渴掘井"都于事无补;在训练内容上,仅侧重于知识文字,"固然只有加强农民的欲望,加速优秀分子的离村现象",侧重军事武装组织,也有"发生供给敌人以武力的汉奸之反作用"的顾虑。因此,只有"使训练的精神,直达乡村青年和壮丁的心之深处","才是真正有意义的训练",才是实验区的工作重心。[①]当然,"过去的传统教育已经痼弊了一般乡村民众的思想"[②],以为读书上学,一定是读书写字,升官发财的,这些根深蒂固的要"跃进寄生阶级"的思想,也难免会出现在乡村青年的头脑中。因而实验区为避免"训练成为受训人员登龙的阶梯",除在考选学生时,要求学生"世居乡村,无外学或往都市经营事业之计划"外,并规定训练结束后一年内不准随便离乡,否则需要赔偿学校的一切损失。

创办实验乡村基础学校。乡间唯一普遍的下层组织是乡村教育机关,但一般都是限于或偏重于灌输书本上知识的儿童教育,对于乡村再造及广义的民族自卫方面,并没能发生多大的作用,所以很需要建立一种真正能成为乡村文化中心的机构。希望能够用最经济而有效的方法,在适合乡村经济的情形下,训练乡民(包括儿童与成人)辅导乡村建设,迅速普及义务教育民众教育,积极充实一般乡民力量,使之能负担起复兴民族的任务。乡村基础学校的实验,就是谋求建立乡村文化中心之机构。

---

① 邵晓堡、成机禅:《乡村青年中坚训设计》,《社教实验通讯》第1卷第3期,1937年。
② 石玉昆:《花县乡村教育实验区的实验工作》,《教育研究》第77期,1937年。

二、设立乡村事业辅导处,指导乡村建设事业

进行一般的普及教育工作。自设民众学校,创办教育播音及设立乡村图书室作直接开展教育的场所,于各乡分设民众教育处,作特约普及教育的工作。

改进乡村经济。乡村教育或民众教育的工作,在改善和丰富民众的生活,为提高乡村文化之水准,其工作不能不寓于经济之中。实验区在经济改进方面,开展的主要工作有开辟农场,指导农事,协商水利,协助合作,筹划农村工艺等。

乡村保健设施的工作。首先是保健场所的设立,为乡民诊疗,进行防疫以及一般的卫生工作。同时也曾指导龙翔市民众组织镇容整洁委员会,主持全市清洁卫生事项。此外,也设有娱乐室,其中备有乒乓球、棋、国乐等设备。

训练乡村民众政治意识。设有民众讲座、星期讲座、壁报等。

乡村领袖之组织。组织乡村建设协进委员会,共同推进乡村建设事业。发起组织乡村教育研究会,讨论和研究区内乡村教育的改进,促进乡村教育事业。

设立民众教育处。将各乡村划分为六个村区,分负该各村区民教设施的责任。

合办花县乡村教育实验区,"虽以乡村教育命名,但与一般以小学为中心之乡村教育,根本不同",也与以往的乡村建设不同,它的工作任务在于使农民自觉意识到乡村建设根本是乡村自己的工作,而"从事乡村工作者,是在使他们有自觉,指示他们自力更生的途径",实验区要寻求的是"究竟在如何方式之下,方能有效的完成此种任务,究竟乡村教育这个使命,能有多大办法"。而对青年的训练是实验区工作的重心,希望通过直接训练青年,引发乡村自力再造,培养乡民的力量,达到乡村再造和广义的民族自卫,并最终达到民族复兴的宏伟目标。

全面抗战爆发前期,因花县离广州仅有二百里,随时有变成战区的可能,因此该区很早就制定了战时教育工作纲领。其主要工作要点为:"1.培养乡民参加抗战意识;2.培起并加强乡民抗战的力量;3.建立并强调乡民抗战的组织;4.促起并辅导乡村抗战工作;5.战时的农业推广;6.战时的保健设施;7.辅导乡村小学的战时工作;8.乡村中的抗战联合。"花县乡村教育实验区本着上述各项要则,作为积极推进战时工作之依据,同时将该区内所有组织加以变更,分为工作组织与事业组织两部分。

1938年9月，中国社会教育社总干事俞庆棠在向中央社会部呈送《花县实验区之战时教育工作》社务报告时，对花县乡村教育实验区的情况也进行汇报说明，主要论及花县实验区战时教育工作的开展情况。所汇报的文本来源为花县实验区一年半之实验报告的部分内容。该报告全文共分五节：乡村青年中坚的出路与训练方法；乡村基础学校的办法与内容；辅导乡村建设之途径与办法；战时教育工作之方略；今后工作途径的拟定。以下选取的是汇报文件第四、第五两部分。[①]

在论及花县实验区战时教育工作方略时，文章主要从四个方面进行论述，即"宣传须说服与感动方法并用""辅导民众之相互推动""训练应采螺旋推进方式""由下而上之组织的进行"。

其一，宣传须说服与感动方法并用。实验区的抗战宣传工作，曾集中做了两个月，受众两万人以上。在这两万人以上的观众和听众的反应上，发现感动方法要与说服方法并用，才能使工作效率最高。具体为：一、戏剧和歌咏对乡民的吸引力和感动力自然是很大，但是内容的意识一定要有正确的把握。二、演讲、讨论、谈话都是说服的方式，是必要的，但须了解乡民的心理，具有相当的技巧，才可以独立而有效地完成其任务。三、两种方法并用效率最大。

其二，辅导民众之相互推动。关于发动乡民抗战的工作是实验区战时教育最重要的工作，实际的工作证明了"辅导民众之相互推动"，才是最有效的方式。其方法为：一、由民众用戏剧、歌咏及演讲讨论的方式，来影响其他的民众，如果辅导有法，其效力反较直接工作为大。二、宣传发动之后，必须立即指导组织，不管是怎样的简单，辅导民众在组织中互相推动，使抗战情绪之持久及行动化，否则效力甚微。

其三，训练应采螺旋推进方式。关于抗战的训练，实验区曾大规模办过一期，计十三班，统计其学众包括成年和少年两部分：成年372人，少年229人，共计601人。另外，举办妇女救护训练，计五班，共训练妇女百余人。在这一期的训练中，实验区已经找出了一套农民抗战基本训练的办法和材料。关于抗战训练的办法具体可以分为三个：先求普遍而后求深入；采用螺旋式推进，"迅速的

[①]《花县实验区之战时教育工作》，中国第二历史档案馆编《中华民国史档案资料汇编》第五辑第二编，教育（二），江苏古籍出版社，1997，第731—737页。

作简单内容的普遍,陆续的扩充其内容,陆续的再普遍";要在各种组织中来进行抗战训练工作。

其四,由下而上之组织的进行。该区对民众抗战组织之指导,初时为求速效起见,曾联合区内各机关学校民众团体组织御侮救亡会,开展三方面的工作:在各乡指导成立12个村支部,及其经常的救亡工作;编印旬单元救亡宣传大纲及参考资料,分发各村支部,进行宣传,计连续8个单元;传递救亡情报,编印救亡情报17期。

但在此组织进行时,又感到太缺少民众之自动性及积极性,所以决定在基础组织上入手,建立抗战组织之基础,其办法为:一、由下而上先建立各村的各种基本抗战组织,培起其自动组织力量,而后统一之,联系之,成为更大更综合之抗战组织。二、不能苛求速效,倘客观条件尚未具备的时候,宁愿稍予等待,暂时采用比较片段零碎的推动方式;一旦客观的组织机会到来时,立即抓住来利用。

在第五部分,报告主要说明花县实验区"今后工作途径之拟定",共分为"抗战中花县乡民应有之任务""配合乡民抗战任务之抗战教育""本区之战时工作""本区之战时组织"等四方面内容。

其一,抗战中花县乡民应有之任务。实验区此后的工作,必须配合中华民族的抗战,而这种配合,一定要从实验区所在的花县乡村入手。最重要的,就是用教育的方式,来帮助乡民完成其抗战中之应有任务。因为花县随时会变成战区或前方,所以花县乡民之抗战任务,应包括二个方面:第一,支持长期抗战。在后方的地位上来说花县乡民应尽全力来支持长期抗战,一方面要不断地将人力财力物力,补充并加强前方的作战,一方面要巩固后方,使抗战所需的人力财力物力能源源不断增长。第二,准备迎击敌人。实验区所在地毗沿粤汉铁路,并有北行重要公路贯其间,如敌人实现南侵之图,则实验区附近各乡,均为军事的重要通道及前方重地,所以花县的乡民,应该有随时迎击敌人的准备。第三,照料难民与伤兵。因战区的扩大,而受难同胞亦随之而增加,尤其是敌人南侵的时候,广东省东南两路,均有沦为战区的可能,过境或逗留实验区之难民,一定很多。同时,如战事迫近,伤兵亦所难免,如何照料维护,确是花县乡民应有的责任。

其二,配合乡民抗战任务之抗战教育。协助乡民完成其抗战任务,即为乡村教育之抗战使命,也就是抗战教育的主要工作。抗战教育的具体工作,有八个方面:发动乡民抗战并恒久其抗战情绪;培起并加强乡民抗战的力量;建立并强调乡民抗战的组织;促进并辅导乡村抗战的遂行;战时的农业推广;战时的保健设施;辅导乡村小学的战时工作;乡村中的抗战联合。

其三,实验区之战时工作。实验区之后的战时工作,将以前述八个方面为纲领而计划其设施。此外,也包括如下几方面:第一,辅导青年学校第一届毕业生及第二届修业生,参加实验区之各项抗战教育活动,并推动各该村之抗战工作。第二,在全区各乡村,有组织有系统地发动抗战工作。第三,在每村紧接着发动工作之结束而指导从兴趣入手之简单抗战组织,如读书会、歌咏团、剧团等,经常予以系统的抗战训练。同时,采用抗战讲习班(短期)、工学团(较长期)及训练班(各方面如救护自卫等)等各种方式,来训练各村的青壮年男女及少年。

促成民众自发的需求,指导成立青年团、妇女团、少年团、自卫团及其他抗战组织,并分期抽调各团优秀分子,做短时期集中之干部训练。在抗战组织实践中,经常协助充实其抗战力量,并辅导其抗战工作的进行,如支持长期抗战,准备迎击敌人及照料难民与伤兵等任务的计划准备与工作。战时的农业推广工作,为杂粮生产之提倡、粮食之积储、生产之增加及推广合作事业等。战时保健设施之主要工作,则为救护之训练、战时简易卫生之指导及防疫等。继续举办战时儿童教育之实验。辅导区内之乡村小学,发动其战时工作,加强其抗战作用。联合区内外各机关团体及一般知识分子,推动区内乡民之民众救亡工作。至于原有之青年中坚训练,则以实验区经费之紧缩及抗战局面之危急,不得不暂时改变办法,而纳入一般之抗战组织训练中。

其四,实验区之战时组织。实验区之旧有组织,因不适于战时工作之运用,实有改变之必要。为完成前列各项工作,拟采用下列之旧有组织,包括工作组织与事业组织两部分。

第一,工作组织。在正、副主任及主任干事之下,分设四组,开展各项工作:第一组主持抗战宣传训练等工作;第二组主持抗战组织辅导等工作;第三组主持战时农业推广及保健设施等工作;第四组主持全区事务工作。

第二,事业组织,包括分区事业、分类事业和独立事业三个方面。其一,分区事业——乡村抗战学校。将全区划定为三个抗战教育区,每区设一乡村抗战学校,负责实施各该区之抗战教育。但总办事处所在地之龙翔市,直接由总办事处负责实施。其二,分类事业——农场、保健所、图书室。农场为实验区战时农业推广之材料供应及技术指导之中心,保健所为实验区战时保健设施之材料供应及技术指导之中心,图书室为全区之范围流通总站。

第三,独立事业——战时儿童学团。战时儿童学团主要负责实验探究战时乡村儿童教育应如何开展。原有的实验乡村基础学校,除将儿童学团独立外,其余全部改为乡村抗战学校,其施教范围也由一乡而扩大为五乡,以适应抗战之需要。

该文本对于花县乡村教育实验区一年半的诸多实践情况进行总结,同时也对后续工作的开展做出计划安排。但随着战争的逐渐深入,花县实验区的运作也被迫中断。1939年,日军侵入花县,实验区停办,人员相继解散,花县的乡村教育实验区也结束其实验事业。

第五节 桂林岩洞教育实验区

抗战全面爆发后,诸多教育机构西迁至当时尚未沦陷的广西。1938年底,迁桂的中国社会教育社与生活教育社、新安旅行团、桂林市政府一道在桂林开展"岩洞教育",合作创办岩洞教育实验区。作为"在寇机不断屠杀下的桂林,目前正积极的加紧实施一种国防的、反侵略的、新而且活的教育"[①],它最为值得称道之处在于结合全面抗战不分南北的具体空间实际和需要,灵活多变地创造性实验战时新型的社会教育。

岩洞教育实验区是以广西桂林喀斯特地貌形成的岩洞为依托,加之在战时敌机轰炸下百姓经常逃至岩洞中躲避的客观条件,因地因时因需而采取的一种战时生活教育。岩洞教育的理念主要由陶行知提出。1938年12月8日,陶行知在《广西日报》发表《岩洞教育的建议》一文,公开表示提倡岩洞教育,后由生活

---

① 彭韬晦:《桂林的岩洞教育》,《全民抗战》第46期,1939年。

教育社、中国社会教育社及新安旅行团一并施行。陶行知提出"把每一个岩洞变成一所学校""警报钟就是我们的上课钟"等关于岩洞教育的口号。[1]

陶行知认为避敌机轰炸而躲在岩洞中的民众,有上课时间、教课先生以及授课地点三大因素,所谓"三美具备":岩洞是天然的校舍,躲避空袭的老百姓有现成的时间求学,知识分子是现成的先生。[2]"每一大山洞是一个战时民众学校,每一小山洞是一个课室"。加上广西省政府本来早就拟定1939年为成人教育年,要使一千三百万广西人,人人都能受到抗战教育,因此,立即采取陶行知所提议的办法,因为在当时情况下岩洞教育是成人教育的最适宜的方式。[3]

进而广西省教育厅厅长邱昌渭提出进一步的期望,他说:

广西省政府原定二十八年为成人教育年,在战区将逐渐扩大至西南的今日,本省成人教育之重要性当无需赘述。势必集合全省教育界之力量,以从事此种运动;并使之与抗战需要相配合,而获得更积极的效果。日前陶行知先生来桂,目睹空袭避难时间之浪费,向省府建议施行岩洞教育,其用意及方法至善,尤与本省成人教育运动之宗旨相合。且得各团体及热心人士之赞助,始获如此迅速实现。此固为一种适应环境之新教育的试验,更可谓整个成人教育运动的开始。故不仅在有空袭警报时施教,无警报时亦可在洞内上课,且将扩展范围至山洞以外,使桂林全部的成人均获有受教之机会。然后再将此种试验的结果,加以考察与改进,普及施行于全省。则对于抗战建国之前途,必大有裨益。[4]

岩洞教育的实施。根据桂林当时当地的情况,陶行知提出具体的相关办法:

每一大山洞为一战时民众学校,每一小山洞为一课室,社会团体、政府机关或学校有力量独力组织一团者,由政府核准得成立一团,称为某某团体机关或学校普及教育团,负责管一大山洞。个人志愿为团员者由政府按其地址远近将其编入某团服务,或将其组织成一团或数团。团员纯尽义务。每团设团长一

---

[1] 谷斯范:《岩洞里的教育》,《大风(金华)》第77期,1939年。
[2] 陶行知:《桂林战时民众教育工作人员须知》,《战时教育》第3卷第12期,1939年。
[3] 谷斯范:《岩洞里的教育》,《大风(金华)》第77期,1939年。
[4] 邱昌渭:《战时民众教育特刊·序言》,桂林《扫荡报》1938年12月24日,第4版。

人,副团长一人,分团长一人,由各团自推之。各团视儿童妇女及青年之需要施以适当之教育。山洞教育内容:第一阶段山洞教育内容包含军事、政治报告(国际、中国、本省、日本,注重最近消息及分析)、抗战故事、空袭常识、教唱歌、科学常识等。文字训练从认识标语口号入手。每次上两课,每课半小时。

普及教育团团员之训练。其中规定,初步集中训练一星期,每天二小时;以后每星期集中训练一次或二次;团员训练根据一般教育内容及妇女小孩青年团之特殊需要;设示范团轮流对各山洞扼要辅导,以便各山洞之普及教育团可以有较好的经验。此外,组织指导委员会由政府聘请专家担负训练团员之责,组织编辑委员会,生产教学材料,以便各团应用。

设备方面,规定"最低限度之设备"为一张中国地图、一张世界地图以及随时调换之标语。至于留声机、无线电收音机、小孩玩具、简易药箱等用品,则不强求。预期的成效为:"老百姓有现成的时间,知识分子有现成的贡献,大自然给我们以现成的课堂,我想三美俱备,一千元可以使十万,乃至二十万人受初步教育,还能推到同样的环境去。"①

岩洞教育充分利用桂林独特地貌条件,推广民众教育,使其"认识自己,认识国家,认识抗战,认识世界"。因此有人说:"凡是到过桂林的朋友,没有不对于桂林岩洞之多与特别奇观而感到绝大惊异与兴趣的。正因为如此,所以就利用这些岩洞来进行教育成千成万的大众,使他们认识自己,认识国家,认识抗战,认识世界——尤其是日本帝国主义。"②

时人根据岩洞教育相关情况,作成《岩洞教育歌》,充分地表现了桂林老百姓过着战时如平时的生活。诗歌的正文为:老百姓整天忙匆匆,没有钱,没有空,平时想把书来读,又见铁鸟上天空;敌人送来好机会,岩洞里,细商量,二期抗战已开始,怎样才能打胜仗? 认几个字儿听听讲,不花钱,进学堂,知识好比大炸弹,帮助我们杀东洋。③

对于岩洞教育在战时教育中所起到的作用,时人评价道:"抗战以来,寇机不顾人道,到处肆虐,绝尽屠杀的能事,使我广大的民众躲避无路,一想到他们

---

① 彭韬晦:《桂林的岩洞教育》,《全民抗战》第46期,1939年。
② 彭韬晦:《桂林的岩洞教育》,《全民抗战》第46期,1939年。
③ 豆子:《岩洞教育歌》,《杂志》第4卷第4期,1939年。

在轰炸中浪费的日子;看到桂林民众能在岩洞中利用每一分有用的时间,学习抗战知识,这不能不算是'得天独厚'了。"①

岩洞教育使得战时教育在桂林地区能够更加行之有效地推行开来,同时也为更多战时地区推行教育起到模范作用,并为全面抗战后以岩溶地区为地形特征的大西南后方教育探索了一条新的抗战教育道路。例如在贵州,其地僻西南,社会各种事业,较他省落后,民众文化水平普遍不高,自战事发生后,贵州省教育厅结合贵州省地居西南高原、山脉纵横的地域特点,利用天然岩洞作为临时校舍,"已令饬省县各公私立学校查照办理,现盘县、遵义、桐梓等地学校,均已先后寻得岩洞,但大小不等,尚须招工修理,略事布置,即可利用"。②此外,岩洞教育在具体实施过程中,为中外人士所注意。苏联记者卡尔曼曾把桂林的岩洞教育摄制成新闻片,寄往欧洲宣传,引起国外人士的注意。③社会教育社对与生活教育社等联合在桂林因地制宜开展岩洞教育实验十分重视,对所产生的影响也较为重视,视其为宝贵的实践经验。

中国社会教育社与各有关政府、学校联合设立的各个教育实验区,在探索社会教育实施时有不同侧重点,北夏民众教育实验区主要探讨政教合一的成人教育途径,其所试行的"四年半日制"成为普及民众教育的一大特色手段。洛阳社会教育实验区在推行政教合一的基础上,实行强迫征学制,为相关区域发展教育提供有效案例。花县乡村教育实验区一方面注重对乡村青年及其领袖的培养与训练,另一方面致力于对乡村建设事业的倡导和扶植,在教育和生产领域积极互动推进。桂林岩洞教育实验区则探索战时社会教育的有效措施,在为民众提供知识的同时,也积极唤起民众、组织民众、动员民众,使其为抗战做贡献,并为战时大后方依托自然环境发展民众教育提供重要经验。在这些实验区的设置与运作过程中,社教社充分注意到点与面,重点与一般,从东部向西部、西南部拓展,跨越了平时与战时两个不同的时代,为成人教育、民众教育、政教合一、乡村建设、战时动员、生产运动等实践提供重要的案例支撑,由其所获得的成绩和经验为社会教育大规模、低成本地有效开展,起到了示范作用。

---

① 彭韬晦:《桂林的岩洞教育》,《全民抗战》第46期,1939年。
② 《黔教厅实施岩洞教育》,《教育季刊》第15卷第4期,1939年。
③ 《桂林岩洞教育近讯》,《教育通讯(汉口)》第2卷第16期,1939年。

第五章 中国社会教育社与"政教合一"

"政教合一"在这里不是指人们熟知的政治与宗教的关系,而是指教育与政治的结合,是对20世纪20年代教育与政治独立思潮的一种纠偏和一种过度反应。30年代以后教育应该与政治进行合作,逐渐成为一种重要的思潮,使得教育与政治的关系由疏离走向紧密,二者相互依靠,达成各自的目的。中国社会教育社也顺应时势,在理论与实践方面积极探索社会教育与政治合作的类型和形式,为社教的推广和发展寻找不可或缺的动力资源。

第一节　从与政治分离到参与救亡

　　"教育独立"思潮在民国初年政府干预教育过甚的具体历史语境下以及高等教育层面有其必要性,但教育不可能真正脱离政治而完全独立,在初等教育和社会教育领域尤其如此。国民革命兴起、南京国民政府开始实施训政,特别是九一八事变后抗日浪潮的风起云涌,教育界逐渐意识到教育与政治独立的不合时宜,开始改弦更张,极力主张不无极端的"政教合一",并率先在社会教育领域达成共识,揭橥爱国教育、加强民众团体意识训练的大旗。这一转折详细的过程值得多费点笔墨。

一、教育从独立到与政治合流

　　1919年五四运动后,教育界力量日益强大,与政府时常处于对立状态。由于财政困难和政府对教育无意维持,经常拖欠经费,北大校长蔡元培以及周太玄、李石岑等教育界知名人士认为政府以及军阀不可靠,提出"教育经费独立"的口号,防止经费被挪用。后来因宗教、政党问题引起各种纠纷,于是由教育经费独立,推广及教育脱离政治、宗教而在立法、行政上完全独立。

据舒新城的看法,1919—1925年这一时期流行的教育独立思潮,实际上包含五种含义:"一为教育经费独立,二为教育事务独立,三为教育离政治而独立,四为教育离宗教而独立,五为高等教育之学术独立。凡真正可称为教育独立,必得具备此五种条件。"[①] 在这些教育独立思潮含义中,直接或间接都与政治有关。

这里有两点值得注意,其一,教育独立指的是教育脱离政治官僚和利益朋党的操控,独立地处理自己的事务,强调的是教育的专业化和纯洁度,防止政客官僚的染指和干扰。原因是当时"以官僚政客或为官僚政客做手脚之人出而坐拥皋比。彼辈视学校为其政治活动之后台,且往往以学生为工具"[②]。其二,指的是教育的大政方针并非不受政治势力的支配。就是说,如果第二条有特定的含义,指排除党派的干扰的话,那么,第三条在事实上绝办不到。"因为教育是国家行政之一部,无论国家采政党政治或非政党政治,凡握得政权者,自然要发表其政治之主张(政策),教育当然要为其政策所支配。所谓教育离政治而独立实是不通之论"。[③] 后来为了更加明确地说明这一教育与政治独而不立的关系,舒新城还做了进一步的厘清:"所谓教育事务独立于一般行政之外,不是教育政策不受一般行政的支配,更不是不受它的影响,乃是根据全国施政方针所决定的教育设施,非全国施政方针有根本的变更,不因他种政务之有变动而更张或中止。"[④]

此外,时人还进一步认识到,教育独立于政治或政党势力,与在学理上或理论上应该与政治结合,是两回事,不可混淆。1921年8月,谭平山强调:教育独立有特定的含义,"并不是要使政治与教育,分为两截,中间划若鸿沟之谓";而是在原理或理论上应与政治发生密切关系,以使国人"皆有研究政治的兴趣,政

---

① 舒新城:《近代中国教育思想史》,上海书店,1918,第278页。
② 《最可悲可忧之现象》,《庸报》1930年7月8日,第1张第2页。
③ 舒新城:《近代中国教育思想史》,上海书店,1918,第278页。
④ 舒新城:《我和教育》(下),台北龙文出版社股份有限公司,1990,第410页。

治训练的素养,和政治组织的能力"①。已有研究在评价五四后的教育独立运动思潮时,多以后来的教育与政治关系密切的政治学一般原理或观念加以批评,殊不知当时的先贤早已认识到教育不能笼统地说独立于政治。不过,比较具体、明确地区分政治与教育独立与否关系者,大约当推政治学者陈之迈在全面抗战爆发后的说法——"政治教育"与"政治学教育"的不同。前者是指政治应与教育独立,后者是指从政治学的角度,主张政治无法与教育独立。②厘清由教育独立引出的教育与政治事务上的独立与学理上不独立的准确关系,既有学术价值,也有现实意义。

正因为如此,与纯粹教育家与政治保持距离不同,当时主要政治党派均主张教育与政治结合;不过它们在对待教育与政治结合的性质内容上看法迥异,彼此存在冲突和分歧。国民党主张教育与孙中山三民主义、政策结合的党化教育;中国共产党从历史唯物主义观点出发,认为政治决定教育,教育对政治具有反作用;而李璜、余家菊、陈启天等为首的国家主义派,继续坚持教育与宗教、党派的分离,反对国共两党的教育与本党主义和政策结合的做法,强调教育要与民族国家政权的结合。

1925年3月7日,无产阶级教育理论家杨贤江认为,从教育的本质上说,学生应参与政治活动;③后又说教育总是"隶属"于一定的政治之下的。④中共虽然与国民党在解决中国道路问题上有根本性的分歧,但在教育与政党结合问题上,双方有共同语言,一起开展反对国家主义所持的教育与政党分立的思想。国共第一次合作破裂之后,国民党为了在这个问题上与中共划清界限,将极盛一时的"党化教育"改称为三民主义教育,仍然主张教育与政党结合。教育与政治关系有独立与非独立之分;各主要党派虽然主张教育与政治结合,但内容上有政党与民族国家的不同。因此,五四后的教育独立问题,远较一般教育史论著上所说的复杂,要具体问题具体分析。

政教两界合流的努力。教育界重新主张教育与政治结合。教育与政治独

---

① 《谭平山文集》编辑组编《谭平山文集》,人民出版社,1986,第234—238页。
② 陈之迈:《政治教育引论》,长沙商务印书馆,1939,第53—56页。
③ 杨贤江:《序一》,载高尔柏编《学生与政治》,教育研究社发行,约1926,第1—2页。
④ 李浩吾(杨贤江)编《新教育大纲》,上海南强书局,1930,第96、102页。

立的思潮在当时的政治、社会中实际影响并不大，但流风所播，对中国近代教育思想理论界产生了较大的影响，以致纯粹的教育界在一段时期内对政治保持敬而远之的消极态度。但在现实生活中，教育与政治绝然分离事实上是行不通的。在20世纪20年代末到30年代初，内受国民革命的推动，外有九一八事变的刺激，教育界逐渐放弃与政治分离的想法，重拾与政治结合的观点，并主要通过四个途径进行：

调和教育与革命的对立关系，使教育成为向政治转化的一种过渡和衔接。蔡元培等教育界人士则采取教育独立于政治的路径，高唱教育独立，实行教育与政治分离，实际上就是与孙中山所说的官僚、军阀、政客等革命对象，进行一种非暴力不合作的较量。革命在当时表现为一种最大和最主要的政治。如果按照戴季陶平和手段也是革命新形式的说法，孙中山与蔡元培都在革命，只是在教育与革命的关系上，无论是孙中山强调单一的暴力革命，排斥教育主导作用，还是蔡元培以教育手段抵制政治（这时的政治在相当程度上表现为革命对象），客观上都是在强化教育与革命二者之间的分离和对立。孙中山、蔡元培分别代表了当时两种流行的改造中国社会的方法——激烈暴力革命与温和教育改造两派的对立。"主张革命说的，以革命为一切改革的根本；主张教育说的，以教育为一切改造的根本。而这两派有时不免互相非难，前者以后者为过于平和，后者又以为前者过于急烈。"[①]两种改造社会的主要方法处于对立境地，绝非中国社会进步之福，调和二者关系就成为必要。

对教育与革命分立的调和，可分为两大方面：一方面，以教育为本位的调和，出现了具有折中性的"政治教育"的专门概念；另一方面，以政治或革命为本位，产生了具有孪生性的"革命的教育"与"教育的革命"这一对专有名词。在暴力革命与温和教育对立的各自主张上，孙中山较坚决，蔡元培则似乎摇摆不定。1921年6月30日，孙中山在广东第五次全省教育大会上就教育与政治关系进行重要阐述，反对教育脱离政治，主张两者结合。指出教育家重要的任务在于"助世界进化，改变人生观"；"政治是促人群进化之唯一工具，故教育家当为政治的教育家"，并批评教育"以不谈政治为高"的论调是一种害人误国的谬论，指出

[①] 沈仲九：《革命和教育》，《教育杂志》第17卷第2期，1925年。

第五章　中国社会教育社与"政教合一"

"当今民权发达时代,人人负国民责任,人人负政治责任,而曰不谈政治,尤为大谬"。"教育进步以政治为基础","政治不良,教育不能发展",因此,教育家"须谈政治、治政治,引导人民谈政治"。①

这或许是受教育独立口号本身具有的教育与政治主观上要独立和客观上无法独立的双重性矛盾制约,1922年蔡元培等参加了"好人政府",在行动上已经否定了自己此前教育独立于政治的主张。对此,教育界有人做了解释和辩护:"政治的本身原来就含有很大的教育价值";教育者要改造社会,必须首先从政治入手和出发。②不少人将教育与政治的这种形式上的包含关系,在内容上做进一步结合,提出"政治教育"这一专门概念。

1925年3月,黄卓认为政治教育的内容和目的,其一,使人民获得有关"国家的知识",即使人民知道国家是什么,怎么回事。其二,使人民知道自己与国家的关系,认识人民"对于国家的权利与义务"。因此,"中国现时最需要的,不是革命,不是纯粹的平民教育运动,而是政治教育的施设"。前者是在批评孙中山领导的暴力革命,是一种"皮毛的改革",后者指责的是陶行知倡导的平民教育,为一种对中国社会局部的医治。③

1925年2月,沈仲九试图将"激进派的革命说"与"和平派的教育说"两派的紧张关系,加以缓和、疏通,将两者的本质关系,概括成"革命的教育"与"教育的革命"关系。"革命的教育"包括"培养革命的精神""灌输革命的知识""注重革命的训练"和"组织革命的团体";"教育的革命"包括教育"民众自动的革命"等,并将两者之间的互动互为关系,视作判断真假革命、教育的准绳:"为'革命的教育',即'革命的教育',才是真教育";"为'教育的革命',即'教育的革命',才是真革命。"④两者不但不对立,反而互相交叉、互相渗透和互相促进与依存。以继承辛亥革命未竟之业为职志之一的国民革命爆发后,教育的革命与革命的教育的关系,被进一步强化,含义有所不同,火药味渐浓。

1926年8月,汤有全论证了教育的革命与革命的教育的具体含义及其关

---

① 孙中山:《在广东省第五次教育大会闭幕式的演说》,《孙中山全集》第5卷,中华书局,1985,第562—566页。
② 艮:《教育者与政治》,《中华教育界》,第11卷第11期,1922年6月,第1页。
③ 黄卓:《政治教育与中国》,《教育杂志》第17卷第3期,1925年。
④ 沈仲九:《革命和教育》,《教育杂志》第17卷第2期,1925年。

163

系,认为"教育的革命"内容有三个方面:"驱除盘踞教育界的败类;消灭违背时代潮流的反动思想;收回教育权"。"革命的教育"就是"用教育来宣传革命,赞助革命"。①此观点明显带有以革命为本位的取向。

鉴于以革命为本位的教育极端化和偏激化,1927年1月,在上海的国民政府教育行政委员会委员韦悫,在谈到国民政府的教育方针时,在强调教育革命的重要性的同时,有意识地进行纠偏。他认为革命教育包括两个含义:第一,要反对因袭的教育,而以最进步的自然科学和社会科学做基础;第二,"推翻一切社会不平等的组织,而建设一个真正自由的平等的博爱的社会的原动力,换句话说,革命化的教育是完成政治革命和社会革命的工具"。韦悫在力主革命教育是国民革命工具的同时,参借了戴季陶"因袭不是革命"的观点,扩大了教育革命的内涵,明确指出偏向暴力的政治革命,不适用于倾向和平的教育革命。②在教育领域里,韦悫虽然意识到片面强调政治或以革命为本位的教育存在弊端,试图在孙中山革命即破坏、建设的基础上,加入戴季陶革命即因袭与创造的新因子,这是一种不小的变化和进步,但仍然没有跳出狭义的政治革命范畴。真正在教育领域突破这一点,将革命的含义由狭义范畴扩大到广义范畴者,当推时任广州国民政府教育行政委员会委员许崇清。

广义的革命与广义的教育要相适应和配合。针对韦悫仅从国民革命来做教育方针的依据,1928年2月,许崇清根据"革命的社会学说和革命的教育学说",对广义的革命与广义的教育关系给出了看法。"以为社会的要素是互相联系而保持着一个均衡状态的,革命过程即是这个均衡的破坏和改建的过程。……革命教育当然也要能够应付这个连续变动的过程。"③革命就是社会政治、经济、文化等互相联系各要素均衡状态的破坏和改造的持续不断的一种过程,革命教育即是能够应付这种革命过程的教育。这种社会革命,其含义大于改朝换代、夺取政权的政治革命,属于广义的革命。随之,与社会脱节,局限于学校范围的狭义教育,只有扩展到与社会结合的广义教育,才能与广义的革命相适应。

---

① 汤有全:《教育的革命与革命的教育》,《民国日报》,1926年8月6日。
② 韦悫:《教育方针讨论(二)》,《教育研究》第2期,1928年3月。
③ 许崇清:《答韦悫委员》,载许锡挥编《许崇清文集》,广东教育出版社,1994,第420页。

稍后在政策实践方面,随着国民革命的胜利,教育界也意识到教育领域的革命即破坏做法,已经不合时宜,于是被调整到革命即建设阶段,防止滥用革命,妨碍正常的建设。1928年7月31日,蔡元培主张放弃以破坏为主的爱国青年运动组织学生会和学生联合会,转而实施以建设为主的读书运动,[①]即通常所谓"由读书不忘救国"到"爱国不忘读书"的转变。可见,无论从理论,还是行动方面,应该说首先较早地实现了孙中山革命由破坏到建设的衔接和转变的是教育界。

参加国民革命。1928年9月,公朴在《教育者之政治的使命》一文指出,国民革命兴起,教育者秘密进行革命,加入国民党党籍,宣传国民党党义,甚或担任国民党党务,且进而掌握政务,开始打破了"教育独立,政治莫问"的习惯;并论及教育与革命之前和与革命之后的两种不同的功能关系。在革命前,"教育是用以斗争的,志在获收政权的武器之一。在革命后,即在革命群众已经获取了政权,这时,教育的责任是在拥护民众,训练民众,以拥护这一政权,巩固这一政权,保住民众对政府的密切关系和对政策的一致信任"[②]。

天行则指出教育非但不应该独立,反而应有担当拯救危急的全民族革命的使命。他指出:"单独的政治革命、经济革命或教育革命都不能有若何大的成效,而应当在一个大目标之下,将政治经济教育军事一切等等为有计划的合作,勇敢的细心的做去。"[③]如果说公朴是从国民革命的层面论证了打破教育独立于政治的开始,那么化名天行的周予同则进一步从民族革命的层面强调了教育与政治合作的重要性。

对孙中山政治遗产的发掘与继承。孙中山逝世后,留下内容十分丰富的政治遗产,包括国民革命、三民主义、地方自治、唤起民众、长时间的训政等等。其中,后两者与教育,尤其是与民众教育(或称乡村教育、社会教育)有极为密切的关系。但在国民党内部,在对如何处理党与民众的关系上产生了重大的分歧。1928年春,李石曾、吴稚晖等国民党元老主张放弃民众,等于抽调了国民党的阶

[①] 蔡元培:《关于青年运动的提案》,载中国蔡元培研究会编《蔡元培全集》第6卷,浙江教育出版社,1997,第260—264页。

[②] 公朴:《教育者之政治的使命》,《教育杂志》第20卷第9期,1928年。

[③] 天行:《中国现代教育杂论》,《教育杂志》第20卷第9期,1928年。

级基础,这对国民党在大陆的灭亡产生了深远的影响。①

但当时教育界的一部分人,坚持不放弃孙中山遗嘱中的"唤起民众",反对教育与民众分家。即便在民众教育学院被迫改名为江苏省立教育学院,并从南京迁址无锡的压力之下,俞庆棠、高阳(践四)、赵淑愚、雷沛鸿、赵冕等骨干分子,仍一如既往地固守己见。赵冕等人甚至认为民众教育"即总理遗嘱上——唤起民众","唤起就是教育的意思。现在所谓民众运动,不是民众自己的运动,而是我们教育民众的运动……现在正值训政时期,训政重在训字,训就是教育,训政的对象是民众,所以训政可说就是民众教育"。②说民众教育即训政,这虽然有所夸大,但说明二者关系的密切。

1930年10月,邱有珍在江苏教育学院院刊《教育与民众》上发表《"政""教""民"三位一体论》一文,批评政治与教育、政治与民众、教育与民众三方面连环分家的错误,并引国民党元老胡汉民的话——"我们对于政教分立者,姑不谓为反革命,也可说其为疯了"加以论证,主张政、教、民三者"携手联合,同踏着大步,向前猛进,完成训政"③。次年3月,邱有珍又撰文从西方关于政治的含义和孙中山关于政治的概念,论证了教育,尤其是民众教育必须与政治相结合的必要性和重要性。他认为政治"Politics"这个词的含义,一是"'国政',就是政府中所行的国家大事;一个是'党争',就是政党中所用的诡谋"。因此,政治"乃治国或治人者也"。即政治包括国家行政与党派权谋两个方面。孙中山也说过,政治就是众人管理自己的事务。民众教育是以民众为对象的教育,因而就必然与政治发生关系,并以政治训练为其中心目的。④这不仅从政治的含义上论证了民众教育与政治的密切关系,甚至指出两者之间的手段与中心目的的关系。

教育内在发展的逻辑和社会的实际需要。教育与政治由分离到合作,除上述政治外在的因素外,还与教育本身发展的内在理路分不开。1930年11月,乡村教育界人士杨开道认识到,经济是物质基础,教育是一切生活的心理基础,政

---

① 王奇生:《党员、党权与党争——1924—1949年中国国民党的组织形态》,上海书店出版社,2003,第104—109页。

② 《国民党中央训练部拟订的<三民主义民众教育具备的目标>》,中国第二历史档案馆编:《中华民国史档案资料汇编》第五辑第一编,教育(二),江苏古籍出版社,1994,第700页。

③ 邱有珍:《"政""教""民"三位一体论》,《教育与民众》第2卷第2期,1930年。

④ 邱有珍:《民众的政治训练》,《教育与民众》第2卷第7期,1931年。

治是一切生活的最高主宰,因此,三者之间存在"相互为用,相辅而行"的关系。①如果说这是教育界对教育与政治等客观存在关系的一种发现和认可,那么1931年的九一八事变,有力地刺激了教育界主动、进一步放弃教育清高独立的思想,形成教育与政治、经济连环结合的观点。1931年12月,南开大学校长张伯苓在上海大夏大学演讲,声称:"办学三十年到现在才彻底觉悟教育与政治有不可分离的关系。政治不良,教育是办不好的,从今以后当抛弃以前埋头办教育的态度而对于政治有所主张,有所努力。"职业教育者青士对张伯苓"这番言论表示万分的赞同",并说要放弃教育独立于政治的观点,即使不参与政治,也要关心政治。②这是教育界对教育独立于政治,在政教关系走极端的一种主动修正。

与此同时,社会上对教育与政治分离造成的危害进行了抨击。1933年,《中华教育界》主编倪文亚从中国教育的前途出发,认为教育经费独立有四大错误。第一,一个国家的各种行政应该统一,用在教育上的经费如独立起来,便破坏了财政统收统付制度,间接打碎了整个行政的体系和机能;第二,教育经费独立将因征收之分散而增加行政费;第三,独立的教育经费如受了意外的原因而短收时,这年度的教育事业便受了停滞;第四,教育事业是逐年扩充的,指定了经费便没法适应这种需要。③与此前教育界总是强调教育独立有利于自身不同,该文不但指出了教育经费独立对国家行政的危害,而且指出对教育本身无益,从而在事实上瓦解了教育与政治分离,给教育带来好处的想法。

社会教育与基层政治开始合流。在这种政教分离、双方均有害无益的情况下,少数民众教育先觉者,明确地提出乡村教育要与乡村社会建设实际工作中的政治,甚至与经济连环结合。1932年7月,研究乡村教育的专家郭人全主张"对教育与政治经济之连环关系的分析与综合,不仅在静的说明而在动的探讨;不仅在教育的圈子里转弯抹角,而在农村的实际问题中寻求出路"。④乡村教育要跳出自身的狭隘圈子,与包括政治、经济在内的农村社会建设相结合,并成为

---

① 杨开道:《新村建设》,上海世界书局,1930,第83页。
② 青士:《教育与政治》,《教育与职业》第131期,1932年。
③ 倪文亚:《中国教育的前途》,《前途杂志》第1卷第1期,1933年。
④ 郭人全:《自序》,载《农村教育》,上海黎明书局,1932,第1页。

该年度乡村教育新的一种动向。

反映在行动上就是,如1932年8月在杭州举行的中国社会教育社第一届年会上,会议"仅仅以乡村建设为念,遂有注重乡村建设运动案之通过";江苏教育学院1932年度的工作以农村建设为研究实验的中心。①乡村教育注意追求与乡村建设结合,这是民众教育与政治结合的过渡环节或初步阶段,但与真正的合流还有相当的距离。1932年12月,在官方与民间乡建运动的首次接触的第二次全国内政会议上,内政部已视乡村建设为内政建设的一部分,但是进行乡村社会建设的教育界人士,如以晏阳初为首的平教会"仍然站在社会团体和教育的立场上去活动"②,与内政部保持了一定的距离。

政教双方达成基本共识。与内政部的一厢情愿相比,尽管有个别实践经验证明"教育与政治,实互为关系,相助则成,相斥则败",③但曾受政治干扰颇深的教育界在政教合一的态度上仍迟疑不决,顾虑重重。

这在1933年7月邹平召开的全国乡村工作讨论会上得到印证。江问渔在报告中华职业教育社徐公桥农村社会改进心得时,说:"只以社会的立场办理乡村改进,而无政治力量帮助,进行缓,成效亦迟;只能消极的利用机会,随机应变,因地、因人、因时而制定";张鸿钧在谈及燕京大学清河实验区的实际问题时,也谨慎地问道:"乡村建设工作是否仅赖私人力量可以成功?如与地方领袖长官合作,可合作至何等程度?"④

他们显然在实际工作中已经觉察到政教合一的必要,但态度暧昧,不敢理直气壮地表明自己的观点。因此,会议在讨论政教合一问题,最终占主导地位的意见仍是乡村社会运动不该政治化。"大部份会员的意见,都以为办农村建设工作是社会事业,毋庸牵涉政治问题。"作为会议的东道主、坚持乡村建设以社会为本位的山东邹平乡村建设研究院负责人梁漱溟,特别强调:"目前办乡村运

---

① 郑一华:《一年来之民众教育新动向》,《教育与民众》第4卷第8期,1933年。
② 政治通讯月刊社:《县政问题》,正中书局,1935,第53页。
③ 姜和:《本院实施民众政治教育之一实例——周龙岸乡乡自治之初步实验》,《教育与民众》第4卷第9、10期合刊,1933年。
④ 梁定蜀、罗理:《参加乡村工作讨论会第一次集会报告》,《农村复兴委员会会报》第1卷第3期,1933年。

动,要离开政权愈远愈好,否则一定遇到危险。"[1]在政与教合一有关问题上,首次乡村工作讨论会虽然没有达成共识,但这一产生于实际工作中的现实问题成为会议关心的论题之一,为会后不久大多数教育界人士接受与政治合作,创造了有利的氛围和条件。

与会者通过会后的感想,认为政治、教育单独进行乡村社会建设,各有局限,二者应该携手合作,效果才能事半功倍:"若仅恃政府机关之力,不唯易陷于虚应故事,但见命令与计划,不见实行之流弊,且方策之实施亦难期彻底于民间,结果不外虚耗国帑,贻误农村;若仅由民间团体各自图谋,则力量薄弱,既无政治力量为之帮助,甚且受政治力量之牵制,虽有良策,无由施展,纵使能自由施展,而受其利者限于一方,不足以言广大农村社会之救济也;再则农村问题断乎不能离开政治,事关政治,即不能不赖政府之力。故欲事半功倍,非官民合作,全国民总动员不可也。"一句话,农村"救济方策之实行,尤必须官民协力"。[2]不久后,1933年8月,乡村教育界,特别是一直倡导教育独立的北方教育界公开"承认教育不是独立的,最低限度教育应该与经济政治社会相提并论,或者竟以为教育是经济政治社会三者的一种产物,一种构造,一种工具"[3]。但政教合一真正成为乡建大多数人的共识,却是在1934年10月在定县举行的全国第二次乡村工作讨论会上。正如在江西参与乡建的宗教界代表徐宝谦所说,乡村社会建设"利用政治力量,以作有效的推进,此点实为到会者公有之认识"[4]。所以,有论者说1932年前后教育界普遍接受政教合一的主张,并不准确。

可见,教育的本性是离不开政治的。五四运动后,由于政府治理混乱和教育界力量的强大,教育出现独立思潮。这种思潮含义复杂,争议颇多。其中,有独立和不独立的双重含义,一方面指教育脱离政潮、官僚朋党的干预,另一方面是指教育在方针政策、学理上应该与政治分不开。国民革命的推动、九一八事变的冲击和内在本身工作变化的需要,教育界重新主张教育与政治合作,这在乡村教育与乡村建设领域尤为明显。乡村社会教育与县以下的乡村基层社会

---

[1] 《乡运会议闭幕》(续),天津《大公报》1933年7月20日,第4版。
[2] 梁定蜀、罗理:《参加乡村工作讨论会第一次集会报告》,《农村复兴委员会会报》第1卷第3期,1933年。
[3] 张宗麟:《中国新兴教育参观记》,《中华教育界》第21卷第3期,1933年。
[4] 徐宝谦:《全国乡村运动之现状与问题》,《乡村建设实验》第2集,中华书局,1935,第492页。

政治的几经反复,终于在1934年大体上达成合作的共识。

二、社教社参与救亡运动

社会教育的目的随社会实际需要而变,富有弹性与适应性,这是它优于学校教育的明显之处。1930年代初,内外交困的中国社会变动剧烈,救民族国家于危亡成为时代强音,也就是最大的政治。这恰好为社会教育发挥本身的优长提供了舞台。当南京国民政府抗日的政治、军事国策未便公开之前,动员鼓气的文化教育,尤其是民间的社会教育的御寇准备作用,前所未有地凸显出来。适逢其时的社教社敏锐地触及了这一主题,历届年会多以救亡为重要议题,且届届接续,层层深入。第一届年会特别决议案之一,是由雷沛鸿、赵冕、俞庆棠等人所提的《拟请社会教育机关,一致提倡爱国教育案》。《拟请社会教育机关,一致提倡爱国教育案》提倡社会教育应该推广爱国教育。其理由是:人民必须爱国,教育必须教人民爱国,此为天经地义,不可变易。我国当前正处危难,社会教育,既以大社会为施教范围,尤不可以荒弃本务。具体实施办法包括两方面:一方面,鼓舞及奖励当地民众,慷慨解囊,援助东北义勇军,具体方法为开展节衣会、缩食会、减除消耗会等。另一方面,鼓舞及辅导当地民众参加抵制运动,具体方法为开展仇货辨认会(以救世军传教方法行之)、国货展览会(以游艺会辅行之)、国难宣传大会,其中国难宣传大会为第三步办法,在其中以唤起民族意识为目的。①

此议案经审查照修正案通过,且最后几乎被教育部全文采纳,改题为《社会教育机关实施救国教育方案》,"通令各省市教育厅局转饬遵行",其发布理由为:"盖一国之教育,自应以民族独立为先决问题。最近我国内忧外侮,愈形严重,所谓'民族生命',已濒危殆。尤当以雪耻御侮,挽救民族国家之生存为中心目标。社会教育既以最大多数之民众为施教之对象,则其对于'唤起民众'以'求中国之自由与平等'自应比较学校教育,负更大之责任。故今后中国之社会教育,应尽量灌输救国教育之精神,而由全国各社会教育机关以各种方法努力推行之。"在提出办法时指出:"社会教育实施救国教育之目标,期在养成民众强

---

① 《中国社会教育社第一届年会报告》,第21—26页。

毅勇敢之精神,勤俭克苦之习惯,利群爱国之观念,国民应有之常识,与团结自卫之能力。务求在全体民众之中,普及救国自强之共同意识,培植复兴中国之真实力量,其实施之方法,为目前所急应实行,或应继续推行。"①

这一救国教育方案的提出和被教育部采纳转发,由民间愿望转为官方意志,足以证明它的价值和影响。因此,时人给予它"以发扬民族精神及陶铸民族意识为重"的评语。②

第三届年会召开时,鉴于东北已经沦亡,华北五省形势危如累卵,民气"消沉万分,悲歌慷慨之气,丧失殆尽,故应从根本入手,加倍努力于救国教育,以唤起固有民族意识,而御侮图强",又通过了《请由本社拟具华北各省救国教育办法,呈请中央采择施行案》的特别提案。其办法包括四个方面:

第一,"振起国族精神"。各校教职员对学生训话,各社教机关对于民众演讲,尽量采取历史上之国耻及成仁取义之先贤事迹。官佐对士兵,父母对子女,以及剧场表演,影院映片等,皆应注意唤起民族爱国观念。

第二,"训练青年壮丁,改善各县保卫团"。国家兴亡,匹夫有责,青年为社会中坚分子,一面应仿日本青年团处女会等组织,使其获道德知识上之养育;一面照广西及河南镇平民团办法,树起民众武力,并由各社教机关积极辅助,以废除已往绅豪操纵把持的积弊。

第三,"广设民校,并改进其工作"。民众学校之目的,在以学校形式,而得深入民众之路径并以之为乡村改造之中心,因此应以民校在校及毕业生为民众运动之中坚,以从事于一切社会及经济建设,绝非仅以使能读书识字即为了事。现今各地民校学生多偏重识字写算,致富有现代需要意义的民众学校,变成社会点缀品,而不为国人所重视。故应急图改良,强迫壮丁就可能时间必须入学,并特重组织与训练工作,以推进社会,而完成各种建设。

第四,"努力合作事业"。农村经济破产,致各种事业皆不易推行,应使都市金融流向农村,由行政、教育及金融机关,会商办法,辅导民众,成立各种合作社,以资救济而裕民生。③

---

① 《社会教育机关实施救国教育方案》,《教育与民众》第4卷第3期,1932年。
② 崔载阳:《八年来中国民族教育之研究》,《教育研究》第65期,1936年。
③ 《中国社会教育社第三届年会报告》,第29—30页。

此外，在本次年上还有加强训练民众团体意识的提案。陕西省立第一民众教育馆刘宰国有《请由本社决定具体方案,训练全体民众的团体意识,以复兴民族,挽救危亡案》。该案提出的理由为：九一八事变后,民族弱点,暴露无遗,国家前途,隐忧殊深,推究原因,为民族之缺乏团体意识。欲谈挽救之方,"惟有统筹具体有效方策,使各地社教机关在联合战线共同努力之方式下,以训练全体民众的团体生活型态和习惯,为各社教机关的整个中心思想,借以复兴民族精神,挽救国家危亡"。其提出的办法为："由本社选定社教专家,研究具体方策并呈请教育部通令全国积极施行。"[①]

当时,南京国民政府表面在政治、军事上对日寇退却妥协,暗中却并没有放弃教育文化上的抵抗,具体而言,"从教育文化方面,培植舆论,唤起民族意识,以为将来抗敌之准备"。[②]从这个意义上,才能理解该提案的价值以及当时华北教育文化界风起云涌的反日浪潮的隐因。

尽力推行新生活运动。新生活运动既是南京国民政府推行的社会政治运动,同时在一定程度上也是在全面抗战前进行社会动员准备的一次运动。在第三届年会上先后有两个相关提案。沈世祺、丁明德提议的《本社应请全国各社会教育机关一致实施新生活运动案》与吴县角直民众教育馆谢巾粹提议的《请通函各省市教育厅局转令所属各社教机关组织民众新生活表率队,劝导民众实行新生活案》。

关于《本社应请全国各社会教育机关一致实施新生活运动案》,提案的理由为：新生活运动为增进全民生活向上发展之一种社会动员运动。其宣言中云："国家与民族之复兴,不在武力之强大,而在国民知识道德之高超,提高国民知识道德,在使一般国民衣食住行,能整齐、清洁、简单、朴素,合乎礼义廉耻。新生活运动,即是目前救国、建国、复兴民族之革命运动。"

民众教育作为顺应当时中国教育和中华民族之需要,为解除民众穷、愚、私、弱、乱五种仇敌之围攻。概言之,新生活运动与民众教育的推广本质上是目标一致的,而证以杜威"教育即生活"之名言,益信新生活运动与民众教育,不仅具天然实质之关联,实为相互并容之一体。如二者相互并进,打成一片,则成效

---

① 《中国社会教育社第三届年会报告》,第58—59页。
② 中研院近代史所档案馆藏,《朱家骅档案》全宗301,人才人事530(1),顾颉刚条。

自然日益显著;故今后之中国社会教育,应注重于新生活运动之实施,而由全国各社会教育机关以各种方法努力推行之。办法:由大会推举五人,起草实施办法,交理事会通过后,请全国各社教机关实行。①

《请通函各省市教育厅局转令所属各社教机关组织民众新生活表率队,劝导民众实行新生活案》的理由为:新生活运动开展以来,我国社教工作人员有启迪民智,领导群伦之责,对此救亡图存之工作,似应群策群力,共谋进展。本馆应该施行其他各方面教育,裨益民众,诚非浅鲜。拟请通函各省市教育厅局转令各社教机关,乘机组织进行。至少年团之命名,只不过教育对象之区分,各地尽可酌量办理。其所提出的办法为:由社通函各省市教育转令所属各社教机关办理。最后大会决议:修正通过《由本社通函全体社员在实施民教时,尽力推行新生活运动案》。办法交理事会拟定。②

在第四届年会之时,更有《普遍实施公民训练案》和《各省市社教机关积极实施国防教育案》。《普遍实施公民训练案》的具体办法包括四个方面:拟请大会呈请行政院暨教育部通令各省市一致普遍实施公民训练;制定普遍实施公民训练办法;各地普遍实施公民训练,所有受训公民应于四年内训练完成,得分期分区办理;各地普遍实施公民训练每期办理完毕,应依性别、年龄、职业或其他条件,分别严密组织,俾获得继续受训机会。③

其中,关于制定普遍实施公民训练的办法,其要点共有八个,具体为:各地公民训练由各地教育机关联络当地党政军各界暨自治人员共同办理;凡年在二十岁以上四十岁以下之公民,不分性别,不论职业,一律应受民众训练(公务员教职员学生及已受中等教育公民准免受训);公民训练以利用原有保甲乡镇自治组织或职业组织为编配根据,遇必要时得另行从事组织(如壮丁队、青年团、妇女会之类);公民训练课目分公民常识、音乐陶冶、军事、集团活动等项,必要时并得举行文字教导及游艺表演;公民训练以集合训练为主,每次集合以二小时至三小时为准,每 公民至少应参加训练二十次;公民训练所用教材由本社搜集现有材料汇集编订教材纲领分送各省市教育机关参考;公民训练服务人

---

① 《中国社会教育社第三届年会报告》,第47—49页。
② 《中国社会教育社第三届年会报告》,第47—49页。
③ 《中心问题以外提案议决录》,《中国社会教育社第四届年会纪念册》,第62—63页。

员,应由各机关公务人员各办理自治人员及各学校教职员学生分派担任,纯为义务;各地办理公民训练,应拟订施行细则,自各省会推广至各县市,自城镇普遍于各乡村。

鼓励社员回到熟悉的地方从事救亡民众训练的基本工作。在第四届年会上,张宗麟、周葆儒、张俶知、濮秉钧等人提出《社员回到熟悉地方去做民众训练的基本工作案》。其所陈述的理由为:社会教育工作者,当此国难危急的时期,应该深入地方,从事民众训练工作。这类工作,"在目前虽看不出花花绿绿,炫人耳目的表现",但是从长远的复兴中国民族的角度来看,"将来必然发出极大影响,也就是现在最重要的工作"。此议案也提出,社员做民众训练的主要办法有六个方面:

第一,凡本社社员,每人至少要认定一处去做工作,但本人于该处必须有相当熟悉,如家乡或工作多年之地,又最好是到乡村里去。

第二,认定工作场地后,即着手认辨或结识当地有为青年,及有见地的老者,先从举办公共事业做起,例如兴办小学民众教育等。

第三,既有了事业,然后着手认识本地大部分的有为青年,加以组织的训练,如用自卫团、青年俱乐部等名义,办法可以仿照十六年以前国民党的办法,并参酌邹平的乡学校村学及定县的毕业同学会等。

第四,训练的唯一内容是复兴民族。

第五,每成立一处即报告总社,总社必须予以经济人才及材料方法等接济。

第六,总社须指定有魄力的社员(或理事)主持全国民众训练的事。

此为社会教育社参与地方民众教育的方法尝试,同时也是其对国民进行救亡训练的重要手段。[①]

与此同时,福建省立民众教育馆馆长谢大祉提出的《沿海各省市社教机关积极实施国防教育案》也在第四届年会上获得通过。其理由为:第二次世界大战迫在眉睫,沿海各省市地居要冲,应亟实施国防教育以未雨绸缪。相关办法有四:第一,呈请教育部通令各级社教机关所举办之民众学校加国防常识为必修课程,每周以六十分钟为限。第二,各级社教机关应特辟国防教育展览室,招

[①] 《中心问题以外提案议决录》,《中国社会教育社第四届年会纪念册》,第83—84页。

致民众阅览。第三，各级社教机关每周应定期举行国防常识讲演，切实灌输民众国防常识。第四，各级社教机关应常常联络军政机关举行大规模之国防演习，切实训练民众的国防之知能。[1]

第二节 与各级党政部门关系

社教社及其主要负责人在理论和实际工作中认识到教育必须与政治合作，因而主动向政治方面靠拢，除了在举办年会时邀请所在地的党、政方面负责人出席指导、讲话外，还特别注意将年会通过的普及民众教育、民众教育普及应与民众生活相连、提高社教人员待遇等重要提案呈报教育部，以借助行政力量加以落实和推广。

一、邀请各级党政部门代表出席年会

中国社会教育社自成立起，除了前面第一章中提到的积极向教育部、有关省份教育厅争取经费补助外，一直比较注意推动政教合作，但各家所理解的合作的形式与程度有分歧，总的来说，趋向于政教合一。为推动社教的进展，社教社在历次年会上，均注意邀请中央、地方（尤其是会址所在省分）党政机关负责人或代表出席，加强教育界与政界的沟通和联络。国民党中央党部代表杨栋林、陈顾远、张家箴、区方浦（两广西南政务委员会执行部），教育部代表彭百川、何思源、张炯、黄麟书，省党部代表胡健中（浙江）、张苇村（山东）、土星舟（河南），省政府代表王继曾（浙江）、张鸿烈（山东）、李敬斋（河南）、金曾澄（广东），教育厅代表钱家治（浙江）、相菊潭（江苏）、钟道赞（福建）、何思源（山东）、齐真如（河南）、黄麟书（广东）、雷沛鸿（广西）等，先后莅临指导或发表训词。其中，出席中国社会教育社第四届年会的有中央执行委员会西南执行部代表区芳浦，广东省政府代表广州大学校长金曾澄，教育部代表广东省教育厅厅长黄麟书，广西教育厅厅长雷沛鸿，中山大学校长邹鲁，岭南大学校长钟荣光。

如第二届年会函请会议所在地山东省厅局代表参加。"除呈请中央党部、教

---

[1]《中心问题以外提案议决录》，《中国社会教育社第四届年会纪念册》，第68页。

育部派员指导,函请山东省党政机关参加外,并由理事会函请各省市教育厅局派员参加,以期学术界与行政界彼此可以沟通,而使全国社会教育有长足的进展。"①国民党中央党部和山东教育厅代表均有发言。中央党务代表陈顾远训词,认为当时的中国社会教育办理,应注意三点:"第一,培养民族精神;第二,培养民族组织能力;第三,应注重人民的科学观念及实际知识。"②

山东省教育厅长何思源致欢迎词更为详尽,集中反映了政府方面对社会教育社的观感,内容包括对社教社的充分肯定和在乡村建设、救亡图存方面的期待:

肯定社教社成立和发展的意义。"贵社于东北事变发生后本教育之热诚,抱救国之宏愿"而成立。自成立后发展迅速,而且"泯除畛域,不分派别,团结合作,为当世楷模。"

认为社教社乡村建设宗旨切合实际需要。中国"近年来入超日巨,农村经济日落",乡村破产之声不绝于耳,"根基动摇,崩溃堪虞"。社教社宗旨,在"增进农业生产,改善经济之组织,促进乡村建设,充实人民之生活。本届年会,更以'由乡村建设以复兴民族'为讨论中心,行见宏猷展布,大厦共擎"。

社教社本身的团结合作,并向政府建言,树立了政教合作的风气。"环顾教育发达之国家,其国内教育团体亦独多,互助共挽,易至普及。吾国自中华教育改进社中衰以来,只中华职业教育社及中华平民教育促进会,华岱并峙,渐感寡助。"社教社的成立,"教育壁垒,彩焕一新,且能合作共济,谠论时出,为行政当局之诤友,树社会事业之风声"。

社教社实现了民众教育与乡村建设结合,宗旨明确。乡村建设与民众教育,为现代中国新事业之两大动向,亦为民族复兴之要图。各地民教实验区、村治学院及研究乡村建设等机关,如雨后春笋,蓬勃连绵,各具有特殊的目标。而社会教育社揭橥以乡村建设为宗旨,合二为一,"救国良谟,相得益彰"。③

在第三次年会闭幕词上,总干事俞庆棠诚恳地说希望"中央最高的党政机关,继续给予我们指导帮助",表达了与政府合作的热望,并引用国民党元老钮

---

① 《中国社会教育社第二届年会报告》,第9页。
② 《中国社会教育社第二届年会报告》,第19页。
③ 《中国社会教育社第二届年会报告》,第16—19页。

永建的话:我们的事业,必须与政府的方针密切融合,否则不但不能成功,其结果也不会良好。还实事求是地承认社教社社员都是在社教埋头工作的人,平时或没有多少机会,能够与政府常常接近。"我们只有希望中央最高当局顾念民族的危机和我们为民族努力的诚意,能够注意到我们的事业,而常常予以同情与指导。"①换言之,在与政界联系方面,社会教育界处于被动地位,希望政界高姿态,主动关心和联系教育界,这样才能将社教建言更好付诸实践。

二、向政府建言献策

社教社与一般学术团体不同的是,它不仅发挥集体智慧,提出有学术含量的议案,而且多向国民政府各级党政机关进行教育,尤其是社会教育方面的智库建议。社员许公鉴强调,完成社教乡村建设的宗旨,单靠教育不行,"要教育工作与政治党务联合",才能奏效。这可以说是一种将政党、政府包含在内的范围比较广泛的政教合一。

许公鉴认为应该形成"党务—政治—教育"的"联合线"。具体而言,"教育与政治同为谋国家社会安宁的工具,互相为用,相得益彰,教育是软性的,须赖政治以致其力;政治是硬性的,须赖教育以辅其功。现在许多同志们,迷信教育的万能,而忽视政治若无用,不免多吃辛苦,而少成就。"例如就民众学校招生而言,可称是一个普遍的苦难问题,如由政府施行强迫政策,明定法律,一致实行,相信可减省不少精力。把这种浪费的精力,移用于别项工作,效益会增加不少。政治工作正以筹备地方自治为目标,所谓调查户口、测量土地、办理警卫、修筑道路,均需民众训练。所以,"民众教育的工作,就是政治的工作,政治的工作,就是党务工作,党务政治工作,就是民众教育工作。既是殊途而同归,何不携手以共进,今后我们必得党务政治教育三面包括,联合战线,一致向地方自治一条路走,才可兼程倍功,早达目的。"②

关于教育与政治联合的办法,依许公鉴的见解,"应当把现在的党政教育的制度和活动的方式彻底改造一下。三者联合一片,分工进行,以政治任指挥监

---

① 《总干事俞庆棠致闭幕词》,《中国社会教育社第三届年会报告》,第25页。
② 许公鉴:《普及民众教育之联合线》,《中国社会教育社第二届年会报告》,第148—150页。

督的责任，以教育负领导实行的使命，以党务做推进辅助的工作。例如荒地造林，由政治机关制定办法，考核成绩；由教育机关教导办法，领导实行；由党务机关宣传益处，辅助进行。又如强迫识字教育，由政治机关明订法律，严厉执行；由教育机关研究办法，从事教学；由党务机关举行运动，指导宣传。三者互相呼应，一致动员，然后才能一事之举，不致使民众怨恨政治之苛暴，藐视教育之软弱，厌恶党务之多事，而水到渠成，效可立见。"①

第一届年会后，社教社即开始向教育部递交年会报告，指出过去教育对于乡村民众教育有所忽视，教育部对此表示认可，并采取了相应措施。"教部通令各省市教厅局云，据中国社会教育社呈称，过去种种社教设施，未免重于城市而略于乡村，以后改进，似宜注重乡村民众教育。"同时附有高阳草拟的《苏省各县县单位乡村民众教育普及办法草案》，结果也被江苏省教育厅"采用施行，暂指定江宁无锡南汇三县为试行之所，其他各省似可踵行"。②

在第二届年会上，通过了《民众教育，应附属于各种民众生活有关系之组织中推行，而以唤起民众，完成国民革命为目标案》。审查意见：请理事会建议行政院及内政、教育两部通令各省，参考原案施行。③1934年年初，社会教育社呈请教育部，"通令增筹社教经费训练人才"，"请转咨各省府通令县府凡民教机关所在地之公务人员，应尽力协助民教事业之进展，并定考核办法，以资责成"，并通令各省组织国外社会教育及乡村教育考察团等。④

第三届年会后，中国社会教育社整理相关提案，汇集为要案十件，诸如积极提倡教育电影，呈请教育部规定民众教育为师范学校必修课程，规定社教经费所占比重，各省市社会教育视导工作由专人负责，筹设流通图书馆等提案。此外，中国社会教育社对"由乡村建设以复兴民族之实施要点"，"请令国立北平师范大学添设社会教育系，以推进社会教育"等特别重要提案，均分别专案呈请教育部核办。⑤

1934年8月，社教社鉴于全国民众学校众多，"亟须订定民校课程标准，公

---

① 许公鉴：《普及民众教育之联合线》，《中国社会教育社第二届年会报告》，第150页。
② 《教部令各县普及乡村民众教育》，《申报》1932年9月2日，第3张第11版。
③ 《中国社会教育社第二届年会报告》，第30页。
④ 《教部注重社教事业》，《申报》1934年2月2日，第4张第16版。
⑤ 《中国社会教育社请教部推行决议案》，《中央日报》1934年12月5日，第2张第4版。

布全国以应需要",曾推钟灵秀、甘导伯、杨效春、冯绍武、冯国华、赵冀良、杜良杰等七人起草,送由理事会转经大会决议,请钟灵秀召集原起草人开会,决定原起草人16、17两日在教部召集会议,将民众学校国语、算术、音乐、体育等科全部课程标准完全议定,交由中国社会教育社呈请教部核定公布。[①] 社教社第二届年会时,即决定编拟民众学校课程标准,呈请教育部通令施行。经一年之研究,于第三届年会时提经大会讨论通过,将该项课程标准呈请教育部通令施行。[②] 1935年3月,教育部令各厅局根据中国社会教育社所拟具的民众学校课程标准草案,采择施行。教育部将原草案分别下发给所属各民众学校,并指定较为优良之五校至十校,按照该标准草案,先行试用一年,以期获得充分研究实验,待实验期满后,汇齐试用各校意见,开具详细报告,进行修订推行。同时规定这一政令其实行期限最迟不得超过7月31日,可见教育部对于此项课程标准的重视和急需,对其实际成效寄予厚望。[③]

在第四届年会上,重要提案包括十三个,其中多个提案不仅会上通过,而且建议党政机关颁布实施。如《呈请教育部确定民众教育厅局,增设民教视导员,以健全教育行政组织,增加行政效率案》《由社再呈请中央明定民众教育课程为各级师范必修科目并注意民教实习案》《请教育部严令各省市限制划定拨足百分之二十社教经费按年递增并着为考成案》《建议国民政府在修正宪法草案时明白规定社会教育地位案》《建议教育部从速制定社会教育机关人员任用及待遇规程案》《请由本社制定训练民众、组织民众方案,呈请中央通令各省市实施以增民教功效案》等。

以程宗宣提出的《普及失业民众简易教育案》为例,社教社努力向教育部建议进行宣传落实。其理由为:"我国因教育未能普及,失学民众超过百分之八十以上。失学民众过多,不仅社会文化低落,并足以影响社会秩序,于政治推行、社会生产、国家建设均颇多障碍。欲谋民众复兴,对此大多数失学民众,不得不有整个具体计划,以资救济。我国过去虽曾有分午普及民众教育之计划,实施以来,迄无若何成效,最近教育部已有普及儿童教育之实施义务教育计划,且有中

---

① 《中国社会教育社议定民校课程标准》,《申报》1934年12月18日,第4张第14版。
② 《社会教育社呈请施行民众学校课程标准》,《中央日报》1935年2月4日,第2张第2版。
③ 《教部令实验民校课程标准草案》,《申报》1935年3月31日,第5张第20版。

央补助经费之规定,但对于失学民众之教育,仍尚未提及,吾人既知失学民众教育之重要,自不能不谋有以普及,惟此种教育其内容应以公民常识为主,识字读书为辅。既非正式的普通的教育,而实施方式亦必求其经济、敏捷、简单、易行,故拟命名为'民众简易教育'。"

该案具体方法为:拟请大会呈请教育部速颁普及失学民众简易教育实施方案。并提供办法要项数则:

其一,凡十六岁以上四十五岁以下未受义务教育之民众,无论男女,一律应补受民众简易教育。其二,民众简易教育内容包括两种:公民训练,授予一般公民实际生活上应具智能,如新生活习惯之注意,国家民族观念之培养,以及政治、经济、史地、法律、常识、音乐之陶冶,简单军事训练等项。文字教学,分识字、书法、算术等项,使能达到认识常用字一千个以上,并能读书看报写信记账。其三,民众简易教育实施方式。公民训练:以集合训练为主,分讲演、讨论、操练、集团活动、巡回指导等项,每次集合一小时至三小时为准,每一民众至少应参加公民训练三十次。文字教学:以能达到识字读书看报写信记账各项应用为目的,不限时间,但最长不得超过一年,其方式有成班教学、自行施教、上门教导等。[①]

中国社会教育社通常在年会结束后,将相关重要决议案整理提交给教育部等相关部门,向其建言献策,努力发挥其资政作用。在第一、二两次年会后,社会教育社"除直接函请各省市教育厅局或社教机关采行外,有很多的重要决议案,向政府建议,亦多由政府采纳"。其中主要议案如:建议教育部通令各省市教育厅局试行县单位乡村民众教育普及办法;建议教育部并通函各省市采行救国教育实施方案;建议教育部通令各省市派人出国考察美、俄、德、丹麦、瑞士等国社会教育及乡村教育;建议教育部通令各省市限期设立社会教育人才训练机关;建议中央通令各省市分别规定社会教育服务人员养老金抚恤金条例及进修办法;建议教育部订颁社会教育服务人员待遇办法;建议教育部通令各省市社会教育机关,注重实物教学及电影教学;呈请教育部从速公布社会教育法规,为设施之准绳,以利事业之进行;呈请教育部通令各省市县教育主管机关,切实执

[①]《中心问题以外提案议决录》,《中国社会教育社第四届年会纪念册》,第75—76页。

行社教经费应占全教经费成数之规定。[①]由此可以看出,中国社会教育社在向政府建言献策过程中态度是诚恳的,行动是积极和密集的,尽到了作为民间学术团体应有的责任。

第三节 对政教合一的认识深入

社教社在注意走行政上层路线的同时,也认识到具体实施和处理社会教育与政治如何结合及其途径的问题。在年会后将集体讨论后通过的有关政教合一的提案提请教育部给予关注和落实。在实验区实验政教合一的同时,各地进行了各有特点的实践。

一、政教双方有合作的愿望及其途径

随着政教合一的深入发展,政界和教育界合作的意愿变得进一步强烈,双方均认识到需要借助彼此的力量,才能使各自之目的更好地达成。

政教界双方表达了合作的愿望。在第一届年会上,教育部代表彭百川说"官厅须与社教团体合作,社教方易于进展"。对此,该社理事、江苏省立教育学院院长高践四也积极回应,"详述官厅提倡民众教育之易于收效,盼主席转达厅长,同人热烈盼望陈厅长在浙教厅及在中央多多与以提倡,使民众教育臻于光大之域"。[②]即希望年会主席、浙大教授郑晓沧转达时任浙省教育厅厅长、蒋介石的心腹陈布雷,利用自己的特殊位置,促使最高当局多关心社会教育。

在第二届年会闭幕式上,社教社总干事俞庆棠再度呼吁政教合作的重要性,希望最高当局顾念民族的危机和社教社为民族努力的诚意,能够注意到社教社的事业,而常常予以同情与指导。

在如何具体合作的内容与途径上,各届年会有各种各样的提案,或社教附隶于有关组织;或利用政府人力资源;或主持乡村政权。在第二届年会上,广西省立民众教育馆根据自己的经验,主张民众教育与民众生活需要结合,依托民

[①] 储志:《中国社会教育社的过去与将来》,《教育与民众》第5卷第8期,1934年。
[②]《中国社会教育社第一届年会报告》,第15—16页。

团、各种合作社、武馆、村社等有关组织,实施民众教育。[1]

山东民众教育馆提出《用大会名义,呈请教育部转咨各省市政府通令各县政府,凡民教机关所在地之公务人员,应尽力协助民教事业之进展,并定考核办法,以资责成案》。理由有两个方面:充分利用政治力,使研究与推广,密切联络,以期民教实验事业收效之迅速与普遍;由行政教育化,使公务人员有以教育活动接近民众之机会,以趋于政教合一。[2]这是在人力资源方面的合作。

在第三届年会上,通过有《请本社拟定社教机关与其他机关联络合作之办法案》,其原提案为河南省立实验民众学校所提《呈请教育部转呈中央通令各省市行政机关与社教机关切实合作,以期收政教合一之效案》。其列出的主要理论依据和方法各有五个。理论依据方面:第一,作君作师是中国自来政教合一之先例。第二,欧美各国遇有特殊问题,多取决于大学教授,即为政教接近之表现。第三,中国近代政教分家,主政者类皆漠视教育,地方土劣又从而把持之,虽经学者鼓吹说法,然多受政治影响,不能见诸实行。第四,社会教育为唤起民众之基本工作,但非与政治携手,不能收功倍之效。第五、现国家忧患并臻,不可终日,而一般民众犹在五里雾中,若不经一番紧急训练,则麻木沉疴不能拔除。然单靠教育,绝难奏功,亟须政教合一,使全国民众均有保乡保国之精神,与谋生讲礼之风尚,则庶能挽救国家,复活民族。

至于政教合一办法,该案认为可从五个方面进行:第一,呈请教育部通令各省市中小学一律联络行政机关兼办民众学校,内设成人、青年、小学三部。第二,呈请教育部转呈中央令各省市行政长官须负教育重大责任,以谋政由教出之成轨。第三,由各省市政府严令地方行政机关与社教机关合一,贯彻政教合一之主张,以奠乡村建设之根基。第四,访造贤良、扶植正绅,为推行政教合一之步骤。第五,由省市政府严令各地方各级行政机关,于各该管辖区域内将所有民众分期训练以成绩之优劣为考成之标准。[3]

同样在第三届年会上,山东民众教育馆进一步提出《呈请教育部转咨各省市政府,通令凡省立乡村民众教育机关区域内之乡村政权,完全交由该机关主

---

[1]《中国社会教育社第二届年会报告》,第30页。
[2]《中国社会教育社第二届年会报告》,第55页。
[3]《中国社会教育社第三届年会报告》,第38—39页。

持领导案》,建议在组织层面推进政教合一。该案理由两个:其一,现在区乡庄长,除消极执行例行公事外,对于地方自治、乡村建设等事业,都不能进行。民教机关负有完成自治、复兴农村的使命,专靠偶然地与乡村行政人员之友谊合作,断难强其必行。所以非加入乡村政治组织,领导进行,殊无达到目的之把握。其二,政教合一的实验,以县为单位自然是彻底的办法,但规模既大,一省内便不能多多举办。若缩小范围,以区乡为单位,既合于自然经济单位的划分,又不背于现行的行政系统,毋庸大事更张,即可着手试行。一区收效,在普遍推行上,又有无上之便利。

其建议办法有五条:第一,省立乡村民众教育机关负责人,兼任区长或乡长。原有系统上的下级行政人员,均归其统属。第二,兼任区长乡长对县政府直接负责,区内行政,县政府应许其依据现行法令,全权实验。第三,区内一切行政,以不受政府津贴,不增加民众负担为原则。第四,区内一切行政组织与公共团体,均归兼任区乡长指挥训练。第五,实验期限,最短定为三年。[①]这一《呈请教育部转咨各省市政府,通令凡省立乡村民众教育机关区域内之乡村政权,完全交由该机关主持领导案》,其实是梁漱溟在山东邹平"以教统政"思想的具体化。大会或许鉴于不易做到,仅决议为"交理事会斟酌办理"。

到第四届年会时,通过有《请教育部转呈行政院通令各省市极力推行政教合一案》,希望借助最高行政权力机关的力量,在行政组织上达成政教合一的目的和效果。原提案人李腾仙认为"现在政教合一之办法,在各实验区域已有成效,宜请政府令行全国"。具体办法建议为:先由联保做起,每联保之联保主任兼任联保小学校长及联队长。另设联保书记一名,小学(民校)教员若干名,联队副一名,各负责一部分之责任,其工作则可交互负责,如书记亦可任课,教员亦可负联保中之一部分工作,联队副亦任小学民校之军事训练及训育等工作。联保设会议,一切进行事宜均由此会议中解决之。[②]

[①]《中国社会教育社第三届年会报告》,第31—32页。
[②]《中心问题以外提案议决录》,《中国社会教育社第四届年会纪念册》,第78—79页。

二、政教合一的实施与分歧

社会教育社在理论上主张政教合一,但在具体运作中则有分歧,成员们各有主张。就学理认知而言,以社员许公鉴的观点最具代表性。首先,他主张中国社教坚持"政治—教育—党务"三位一体的重要性。"教育与政治同为谋国家社会安宁的工具,而互相为用相得益彰的,教育是软性的,须赖政治以致其力;政治是硬性的,须赖教育以辅其功。"所以民众教育的工作,"就是政治的工作,政治的工作,就是党务工作,党务政治工作,就是民众教育工作"。因而"今后我们必得党务政治教育三面包括,联合战线,一致向地方自治一条路走,才可兼程倍功,早达目的。"而且,"三者联合一片,分工进行,以政治任指挥监督的责任,以教育负领导实行的使命,以党务做推进辅助的工作"。三者互相呼应,一致动员,然后"才能一事之举,不致使民众怨恨政治之苛暴,藐视教育之软弱,厌恶党务之多事,而水到渠成,效可立见"。

其次,提出实施教育与政治结合的设想和建议。许公鉴认为欲达到应乎三民主义治国之需要,人民的自治能力急需培养,政府机关从事训政工作,"无非训练民众使用四权有参与政治的知能;同时调查户口测量土地办理警卫,修筑道路等以筹备地方自治"。[①]

政教合一,并非停留口头文字上,而且付诸实践。前述社教社各个实验区多少都涉及到了这个问题,其中尤以影响大、时间长的洛阳实验区的政教合一实施最具代表性。1934年8月20日,该社与河南教育厅、洛阳县政府合办的民众教育试验区正式成立。不仅在形式上,而且实际操作中做到政教合一。如在试行强迫造产办法,筹措教育经费时,即"请洛阳县政府协助进行"。1935年,实验区负责人陈大白在总结洛阳实验区第二年的经验之时,着重记录实验区"战线联合之轨迹",即当地民众教育机关如何与党务、政治、军事、农事、金融、教育等机关合作,共谋乡村建设之事业的基本情况,这不啻是前述许公鉴建议的付诸实验。陈大白指出,洛阳实验区的战线联合主要有三条:

第一条,"为儿童青年成人之教育战线"。即所建立的基础教育制度,将学龄儿童之义务教育、失学青年之短期义务教育与失学成人之补习教育,熔于一

[①] 许公鉴:《普及民众教育之联合线》,《中国社会教育社第二届年会报告》,第142—150页。

炉,将小学、青年学校与民众学校打成一片,组织民众基础学校,这样可以节约教育经费,提高教育效率,从而教育全民,成为普及教育的捷径。

第二条,"为党政军之政治战线"。乡村建设是建设三民主义的社会,其建设理论基础该根据三民主义,所以实验理论应以三民主义为中心,其次乡村建设亦即地方自治,教育事业之推行必须依赖政治力量与军事纪律以资策动,所以教育实验应以政治、军事为动力,教育与党政军建设携手共进,联合战线,共谋完成地方自治。

第三条,"为农业、金融合作之经济战线"。乡村经济建设在整个乡村建设事业中位置较为重要,民教机关之经济建设,仅能推广指导,根据农业机关实验研究之所得,为之推广、宣传,难以负责全责,所以必须与农事机关联合起来研究推广,分工合作,但经济建设必须依赖资源以流通,组织以运用,谋以组织团体流通经济,所以民众教育机关与农业、金融组成联合战线,共谋复兴农村经济。上述三种轨迹,都是洛阳实验区在具体运作中形成的,"由行而后知",其形成原因一方面是实际社会之迫切需要,一方面是学术潮流之荟萃契合,逐渐成为"所探得之新路"。[1]

但在实施过程中,各地在教育与政治关系方面的地位确定以及两者结合的程度上各有不同,甚至存在分歧。据高践四在第三届年会上的报告,江苏教育学院在实验民众教育过程中,深感政教合一的重要,并不想创造新的组织形式,而是"只利用原有的环境,希望就原有的社会中求出办法来"[2]。这与广西较为接近,但后者依靠省级行政力量,力度更大,较彻底,可以称之为坚持政教结合,政主教辅。杨效春在报告山东邹平的经验时,则重视组织创新,以乡村学校代替、行使原有的基层政权组织,反对"以政治推动教育"的做法。[3]与其说是"政教合一",不如说是"以教统政"。总干事俞庆棠认为将政治力量容纳于教育机构之中,甚至有"以教代政"的过分理想化主张。河南镇平县主张"政教养合一",以求自卫(军事)、自治(政治)、自富(经济),但"政"并没有政府权力的介

---

[1] 陈大白:《洛阳实验区第二年》,《社友通讯》第5卷第1、2、3期合刊,1936年。
[2] 《中国社会教育社第三届年会报告》,第79页。
[3] 《中国社会教育社第三届年会报告》,第85页。

入,而是由民选的自治委员会负责;虽政教一体,但"不是以教育为中心"。[①]平教会对"政教合一"的态度有一个变化过程。在研究实验阶段,为了保持科学性,他们主张独立于政治之外;在实施推广阶段,认为借助政府的力量,才能大规模地进行,但是即便如此,"政府处于辅导地位,不加强制力量"。[②]因此,有人说,平教会由原来的政教分离改弦易辙,力主两者结合,兼邹平、青岛之长,顺应了乡教由实验到推广转变的需要,代表了社会教育与政治关系的发展方向。

教育与政治关系认识的深化的重要体现,便是1936年1月在广州召开的中国社会教育社的第四届年会的中心议题的确定。该届年会的中心议题为"助成地方自治,促兴社会生产"。据梁漱溟说,本题系根据第三届年会讨论的结果——"组织民众,促兴生产"而来;[③]社员储志则谓这"实为接续历届的讨论"。[④]与前几届年会的中心议题相比,一方面继续关注经济建设,一脉相承;另一方面,重视地方自治这一政治问题,更重要的是将社会教育与经济建设、政治建设三者结合起来。其中一个设想,就是该社应有之行动、设计方案、组织机构,均应该重视"政教合一"的理论与实践,从而扩大了教育与政治合作的范围和基础。

教育与政治的关系本质上是难以分离的。在民初教育从与政治分离到合作,甚至合一的过程中,在社会教育领域中率先认识到两者无法分离,必须携手合作。九一八事变爆发,中日民族矛盾逐渐上升为主要矛盾,抗日救亡图存成为最大的政治。以救亡为成立原因之一的社教社将华北救亡图存作为自己1935年主要社务工作之一。为了获取政治资源支持,社教社除在理论上阐明了政教合一的重要性和合作的内容和方法、形式外,还在洛阳民众教育实验区付诸并扩大了实践,取得了比较明显的进展,也产生了一定的分歧。在行动上,为了显示社教社的诚意和重视,在每一届年会中都主动邀请会议所在地的党政负责人出席和讲话;尤其是发挥专家云集的优势,频繁向当时教育部建言献策,受到后者的及时回复和积极反应,发挥了民间智库应有的作用。

---

① 《中国社会教育社第三届年会报告》,第96页。
② 刘平江:《如何培养地方人民自治团体》,《教育与民众》第7卷第4期,1935年。
③ 《中国社会教育社第四届年会纪念册》,第36页。
④ 储志:《中国社会教育社第四届年会记》,《教育与民众》第7卷第7期,1936年。

中国社会教育社与乡村建设

第六章

社教社致力于开展社会教育,其主要活动的范围是在广阔的农村,理论上以乡村建设复兴民族为自己的宗旨,乡村建设遂成为中国社会教育社在年会上、理事会议及决议案中的持续重要关注点;在实践中与乡村建设各派存在交流,甚至在有关问题上发生较大的分歧和争论。这些均表明它与乡村建设存在密切的关系。

第一节　中国社会教育社对乡村建设的重视与参与

1930年代初,农村经济破产,足以动摇中国以农立国的国本,酿成严重的社会问题,中国社会教育社以及年会主题对此有敏锐的反应。不仅抗战前四届年会都以乡村建设作为中心议题,而且呼吁政府机关加强对金融、合作经济等乡村重要内容的重视和投入。

一、年会中心议题与乡村建设

在第一届年会有一个特别决议案,为俞庆棠所提的《请本社于本年度内召集全国乡村运动讨论会案》,提出"请本社函请热心人士、教育专家,会同讨论实施乡村民众教育之理论与方法,非特拯救农民疾苦,亦所以奠国家之基础"。原案经过会议修正得以通过,修正后的办法有:"(1)设法派人赴各处作乡村建设运动宣传;(2)本社全体社员,应于本年度内,努力于乡村建设运动;(3)由理事会指定社员三人,分析关于乡村建设各项具体问题,并特约社员及国内著名乡村建设研究实验机关,分别研究实验;(4)联络全国乡村建设机关,促进全国乡村建设运动讨论会之召集。"①此案虽尚缺乏具体的办法,但引起了社内外对乡村建设工作的重视。

社教社第二届年会的中心议题之一仍然是乡村建设,并且有了新的进展。首先,在认识上,认为社会教育必须与乡村建设相结合。"当社会经过一度改造和一番自觉的时候,不能不仰赖教育以竟全功,所以乡村建设不能不与教育紧联起来。在'由乡村建设以复兴民族案'内,第二组平教会的提案有句话'教育与建设应打成一片',这一点是非常重要,在民族复兴的新运动中,两者合而为一,确实不容我们忽视的。"②

其次,不但社会教育与乡村建设结合,一并提出,而且充分研讨,集思广益,求同存异。为了更好地讨论这个问题,第一届年会后,先由理事会于1933年3月在南京开会,议决以"由乡村建设以复兴民族"为下届年会的中心议题。分五组起草提案。但理事会接案之后,"深觉各案自成系统,归并不特不易,且亦无益"。③明眼人一看,实质上反映了山东邹平、河北定县、广东中山大学教育研究所、江苏教育学院各派在"乡建"口号下的分歧,抵触之处显然不少。但经过相当的讨论以后,一致认为"由乡村建设以复兴民族"为"今后社会教育之要旨",反映了社教工作者们在国难当头的形势下,求同存异的大局意识。

在第二届年会上,对于乡村建设与社会教育之间的关系有了更加明确的认识,认为二者具有重大的现实意义。"民族复兴端赖社会教育,而社会教育端在以乡村建设为内容,夫然后可以完成其复兴民族之功。"④在此届年会上,总干事俞庆棠甚至有"函请全国各学术会社,组织中国乡村建设研究会,并拟订中国乡村建设大纲"的建议。⑤

如果说第二届年会在理论和原则上达成社教进行乡村建设的要旨,那么第三届年会则解决了要旨实施的要点和具体方法问题。第三届年会通过了《由乡

---

① 《中国社会教育社第一届年会报告》,第26页。
② 《中国社会教育社第二届年会报告》,第26页。
③ 《中国社会教育社第二届年会报告》,第79页。
④ 《中国社会教育社第二届年会报告》,第27—28页。
⑤ 《中国社会教育社第二届年会报告》,第38页。

村建设以复兴民族之实施要点案》的中心提案,并"呈请教育部通令各省市县,照此实施要点切实进行"①。该案主要综合梁漱溟、孟宪承、高践四、庄泽宣等人的意见而成。主要内容,包括三大方面。

首先,"社教的重心趋重于乡村建设"。具体要点包括三个内容:经费的增加,倾向农村,其支配的数量以工作的影响和人数多少为准;机关的设置应尽量在乡村;人才训练应使之了解乡村在民族中的地位,实习生产技术和社会组织活动之方法,体验农村的疾苦和农民的坚韧耐劳。

其次,"实施社教的原则"。其要点同样包括目的、内容、方法三个小点。目的是培养民众的生产和组织力;内容系乡村急需的新生产工具与技术和新社会组织的方式;方法为握住实际生活问题,顾及农人固有经验,注重示范。

再次,"社教自身力量的运用"。这包括如下五个小点:使机关团体彼此能够密切联络,才有力量;着眼整个民族;认定工作中心;分工合作;扩大组织。

该案得到教育部的认可,训令各省市教育厅局注意采行。②

第三届年会后,社教社理事会第六次会议召开时决议,决定具体征集乡村建设方案,"函请晏阳初先生参加组织乡村建设具体方案编制委员会,广征国内各省市从事乡村建设工作者之意见,编制乡村建设具体方案,以作实施者之准绳"③。

二、金融、合作与乡村建设

在实践层面,中国社会教育社也积极与其他机关进行合作,逐步深入开展乡村经济建设的运动,挽救乡村危机。为了配合和落实第三届年会的中心提案《由乡村建设以复兴民族之实施要点案》,此届年会也有在经济方面促进乡村建设的相应提案,如福建省立民众教育馆馆长谢大祉提出的《由社呈请财政部诱掖各银行投资乡村,借谋乡村经济之复苏案》。

此案所提出的理由为:"今日乡村经济,已达山穷水尽之日,种地之人,无力购买肥料,育蚕之家,无力购买蚕种者,在在皆是,厥状如斯,则虽终岁勤劳,亦

---

① 《中国社会教育社第三届年会报告》,第29页。
② 尤蔚祖:《一年来民众教育之重要集会》,《教育与民众》第6卷第8期,1935年。
③ 《中国社会教育社征求乡村建设方案》,《申报》1933年10月6日,第4张第16版。

安有收益之望！故谋乡村经济的复苏,实属刻不容缓之举。近来虽有一二银行,投资乡村,然杯水车薪,成效未彰,应由本社呈请财政部商请各银行尽量投资并设法奖励,俾全国各银行,乐于从事,则一转移间,不啻有多数农民银行之设立,乡村经济之复苏,庶几有豸。"其建议的办法为:"由社呈请财政部颁订银行投资乡村之奖励办法,在该项办法中,明定凡银行乡村贷款部分,将来可免征银行收益税,以资鼓励。"大会决议改为《由本社函请上海各银行投资乡村,借谋乡村之复苏案》通过。①该案引起了新闻界的关注,上海《申报》进行相关报道,希望加强教育界与金融界联络,并请财政部奖励银行对乡村贷款。②此举有助于农村金融流通及为乡村社会事业之长远发展注入资金提供帮助。

合作是乡村经济建设的重要内容之一,因此,第三届年会有《积极推行合作事业案》。大会决议通过如下三个办法:"(1)由社呈请教育部通令各省教育厅通令中小学及民众学校加入合作课程。(2)由社呈请教育部通令各省教育厅举办合作事业工作人员训练班。(3)由本社函请各省市教育厅局通令所属社教机关,对于合作事业,努力进行。"③

乡村经济建设不仅要社会教育介入,而且应该与政治结合起来。第四届年会的中心议题为"助成地方自治,促兴社会生产"。为使所关注的经济建设讨论得更加深入,在方式上有变化,增加了会前的通信讨论。理事会决定中心问题后,向社员征求讨论意见;再由常务理事会编订提纲,发给与会社员。讨论的结果如下:

(一)助成地方自治:地方自治未能成功的原因;地方自治的一般问题;社教助成地方自治的工作。(二)促兴社会生产:我国社会生产不兴之原因;促兴社会生产的一般问题;社教促兴社会生产之工作。(三)本社应有之行动:设计方案、组织机构,重视"政教合一"的理论与实际,争取政府支持,且要经济、军事等方面的通力合作。

以上表明,社教社不仅注意以社教促进地方自治,而且注意自治的政治、经济、军事、文化四大内容,并开始重视它们之间的内在关联,尤其是社会教育与

---

① 《中国社会教育社第三届年会报告》,第32页。
② 《中国社会教育社近讯》,《申报》,1935年3月16日,第5张第19版。
③ 《中国社会教育社第三届年会报告》,第50—51页。

地方政治的政教合一关系,这是对乡村建设认识深入的重要表现。

第二节　社教社与乡村建设各派的联系

以乡村教育为方法的乡村建设派总称之下实际上包含十余个各有主张的不同派别,在实际工作中亟需加强彼此的联系和合作。在社教社及其年会轮流在全国各地召开的桥梁和纽带作用下,各地各派在南北空间,黄河、长江和珠江三大流域之间努力进行了联系甚至精神上的整合,再度显示出了社教社即便是在社教外部也拥有枢纽的地位。

一、乡村建设各派构成

由于社会教育多处于自发状态,星散各地,着眼点各异,加上各种条件的限制,领导人和负责者的学识和理论信奉有别,往往各成一家,自成一派。从1930年代起,教育和学术界将以教育为方法,进行乡村社会改造的各种团体和力量,统称为"乡村教育派",也称乡村建设派。其实这一笼统称呼之下,包含众多的派别。主要包括以梁漱溟为代表的村治派,陶行知的晓庄派,晏阳初的平民教育会派和邰爽秋的念二社派,黄炎培、江问渔的中华职业教育社,沈定平的"国民党的农民运动",许仕廉等的"农村复兴委员会",高阳、俞庆棠的"无锡教育学院",冯和法、薛暮桥等的"中国的社会主义者",雷沛鸿的"广西的国民基础教育者",庄泽宣、崔载阳、凸楳、于钵、杨卝道等为代表的普通大学教授等11派之多。[1]

二、社教社与各派交往

如前所述,加强彼此联系是社教社成立的重要原因。在各家各派交往的同时,彼此也意识到有组织联系的重要性。有组织的联系,就是以教育学术社团为"平台",以其年会为纽带的方式进行联系。与自发交往相比,它具有目的明确、主题集中、节时省费,交流面广、效率高的优点。20年代末30年代初,学界

---
[1] 曹天忠:《乡村建设派分概念形成史考溯》,《广东社会科学》2006年第3期。

不甘中国处处落于人后,为振拔学术,结社风气日浓,"少数热心之士,遂联合同好,组织各种学术团体,从下往上推进,同时又向横的方面扩大"①。

在这一大背景下,与乡教关系密切的两个全国性社团——全国乡村工作讨论会和中国社会教育社应运而生。学人已在一定程度上注意到前者在乡建由分散到整合中的作用,而对成立更早、活动范围更广、存在时间更长,作用丝毫不亚于前者的社教社,在各派有组织的联系过程中发挥的功能作用,几无涉及。在已有成果的基础上,从交往联系的角度,在对全国乡村工作讨论会研究做新的补充的同时,此处着重考察社教社在其中发挥的空间桥梁作用。两者在乡村建设各派之间的联系中所扮演的角色相比较,社教社的组织性更强一些。

突破一隅和区域,南北对流,全国连成一体。社教社的成立和乡村工作讨论会的举行,旨在使各派互通声气,提携团结。1933年7月14—16日、1934年10月10日,全国乡村工作讨论会第一、二次会议,分别在邹平、定县召开,旨在集群体的智慧,求整套的办法,以应付复杂的乡建需要。"现在全国从事乡村工作(亦即农村复兴工作)的公私机关不下百数。它们的最后目的,当然是复兴农村,复兴中国。而他们的共通目标,则是想在一个地区,用实验的方法,努力寻求整套的或部分的适切有效的复兴农村方案,以推行于全中国各个农村。但它们的做法,则不但因机关性质的公私和机关规模的大小而各异,并且因人因地而不同。……它们深自反省的结果,不仅觉着大家的工作得失,有互相比较和借镜的必要;并且感觉遇到独力不能解决的问题,没有可以提请大家去共同研究讨论,以求出一个对策的机会。何况整个的中国农村问题太伟大,太复杂了,各机关单独的力量太有限,太薄弱了,如果老是各自埋头于一地道的实验工作,不问是如何苦干不息,要想求得整套的复兴农村方案殆不可能。故必须设法使各方提携团结,用群的力量去寻求研讨,然后共同的目标,方有迅速达到的可能。"②

社教社年会和乡村工作讨论会会议地点的确定及轮值,既是乡教事业本身空间扩展辐射的重要表征,更是打破各派囿于狭小地点的限制,实现跨区域联系的产物。作为现代学术社团,社教社和自称"系国内从事实地乡建事业者一

---

① 钟道赞:《参加社教年会之后》,《教育与民众》第4卷第2期,1932年。
② 曾毓钊:《乡村工作讨论会第二次集会经过》,《乡村建设实验》第2集,中华书局,1935,第2页。

工作讨论团体"的乡村工作讨论会,最主要的活动方式是举办年会。因此,通过对年会的考察,可以集中地反映出乡教各派有组织联系的具体情形。1935年10月,晏阳初已观察到一种有趣的现象,即参加乡村工作会议的人数多寡,与会址的交通距离有关:"必定是离开会地址较近的,则出席的多,远的就要少些。"所以"乡村工作讨论会能够分年在各地举行,实在是很好的,可以使各地从事乡村工作的同志,都有参加讨论的机会"。①

无独有偶,这种现象也反映在社教社的历次年会中。1932年8月,第一届年会在杭州举行,出席社员89人,来自江苏(45人)、浙江(35人)等9省,"足征本社已影响到全国各省"。这时社员总数306人。②1933年8月,第二届年会在济南举行时,社员总数690人,团体社员25个。出席社员131人,团体社员15个;山东人数最多(51人)、江苏(26人)次之,来自12个省市。③1934年8月,第三届年会在开封举行时,社员总数1021人,团体社员30多个。出席社员148人,团体社员15个,分布11个省市;河南人数最多(74人),江苏(28人)次之。④1936年1月第四届广州年会时,社员总数1447人,团体社员38个。出席社员182人,分布21个省市。广东人数最多(99人),江苏次之(41人)。这既反映了交通距离对与会者的影响,同时也显示了乡教事业的空间扩散和发展,表明了两点:出席的各省社员人数与其和历届年会召开地的距离远近大体成正比;社员总人数,随会址的移动而不断扩大。

社教社年会和乡村工作讨论会会议地点的确定及轮值,是乡教各派超出各自一隅、实现跨区域联系的产物,也是各派实力竞争和地位被确认的结果。20世纪30年代初,乡教各派的交流,主要在各大区域内部进行。社教社第一届年会,虽然是全国性的会议,但主要还在以江浙为中心的长江流域下游的华东地区内展开。从参加人数看,总人数89人,来自苏、浙、粤、皖、冀、鲁等省,以江浙为主,两省人数分别占出席总人数的50.56%和39.34%。⑤从大会主席团成员

---

① 晏阳初:《关于出席乡村建设学会会议等经过情形报告》,《晏阳初全集 第1卷 1919—1937》,湖南教育出版社,1989,第377页。
② 《中国社会教育社第一届年会报告》,第90页。
③ 《中国社会教育社第二届年会报告》,第14页。
④ 《中国社会教育社第三届年会报告》,第15页。
⑤ 《本社第一届年会社员籍贯比较图表》,《中国社会教育社第一届年会报告》,第2页。

看,有钮永建、郑宗海、俞庆棠、高阳、董渭川五人,除董渭川来自山东外,[①]前四位均为江浙籍。从年会最重要的提案看,有社会教育在学制系统上的地位、实施救国教育、乡村建设运动及确定社教方针诸案,均出自江浙的社教单位。乡村工作讨论会第一次邹平会议,大会主席团成员为梁漱溟、晏阳初、黄炎培、章元善、江恒源、许仕廉。黄、江所属的职教社占了两席,实际上他们并未被列在发起人之列;章属华洋义赈救济总会,许系燕京大学(后参加政府派),主要作用是居间调解各派矛盾;而当时华北的乡教两主力邹平派与平教派,因第一次会议的主办地之争而产生暗斗(详后)。先后在大会做工作报告的派别和团体,有邹平、职教社、平教会、燕京大学、金陵大学、安徽和县乌江、内政部卫生署、华洋义赈会、华北工业改进社、齐鲁大学、农村复兴委员会等11个,华北占了6家。因此,第一次全国乡村工作讨论会,实际上起主导作用的仍是华北地区,尤其是邹平派与平教派。在某种意义上,不妨说会议主要还是华北地区内的交流。

华东与华北跨区域空间的互动。社教社第二届年会的地点北移济南,无论是各省出席人数(含个人和团体社员)还是补选的理事中,均以华东和华北为多。出席人数居前四位的省份,依次分别是山东(52)、江苏(33)、河北(14)、浙江(6);所补选的理事中,陈礼江(江苏教院)、董渭(山东民众教育馆)、彭百川(南京教育部)、尚仲衣(浙江)当选。主宰大会者,是邹平派的梁漱溟。梁氏在开会以前,即拟了社会本位的教育系统和由乡村建设以复兴民族两案。前者为大会的专题演讲,后者为大会的中心提案之一。故人称他为大会"所花精神特多"[②]。本届年会不仅实现了华东与华北两大区域的沟通,而且开始关注西北地区的社教。所通过的《请组织西北教育考察团》提案,为下一届年会向西北方向移动做了提示。社教社第三届年会地点定在开封,会上组织社员考察西北教育,以及会前理事会决定与当地政府开办洛阳社会教育实验区,其意义是配合当时的"开发西北"的热潮,[③]使社教的触角伸入中原,指向西北。这表明社教社继续西进,重视并试图扩大长江流域与黄河流域中上游的联系。

[①] 董氏虽来自山东,但此前主要教育活动在南方的晓庄和广西雷沛鸿派处。
[②]《中国社会教育社第二届年会报告》,第23页。
[③]《中国社会教育社第三届年会报告》,第26页。

南北互补。全国乡村工作讨论会第二次会议（定县），主席团由晏阳初、梁漱溟、高践四、梁仲华、陈筑山组成，平教派2人、邹平派2人、民众教育派1人。做大会主题报告的有梁漱溟、晏阳初、高践四、章元善、陈志潜、孙廉泉（菏泽）。从上可知，乡建的主流在北方，南方仍处于下风。但值得注意的是，该次会议已意识到南北乡建的不同，以及二者合作、取长补短的必要性。江问渔在谈到会议的感想时说："南北各地乡运机关代表，同聚一堂，报告彼此工作得失经过，实为开展乡运工作效能之极好机会。"在县政方面，南方的江宁、兰溪，"纯以政府为立场"，自上而下；北方的定县、邹平、菏泽，"纯以社会为立场"，由下而上，做法不同。他认为"北方不重形式，不求速效；南方善用方法，力求速效"，各具特点和优势。因而他主张"尽可上下两方，同时并进"①。这既是乡建需要政教合一的结果，更是南北乡教需要合流的反映。可见，至少在1934年10月以前，虽然乡教的重心仍在北方，但南方的快速发展引起学人关注，已露出重心将南移的端倪。

互动与重心南移，三大流域连成一体。1935年10月，全国乡村工作讨论会第三次会议在无锡民众教育派的大本营——江苏教育学院举行。这是乡教重心南移的一大标志。会前苏教院对会议寄予厚望，其中之一是谋彻底的联络，以壮大乡村工作的力量，对社会国家有更大的贡献。大会主席团由高践四、晏阳初、陈筑山、许仕廉（南京实业部）、章元善、梁漱溟、江问渔7人组成，北4南3。分别代表政治、经济、教育等。分组做大会报告的有江问渔、王先强（浙江）、庄泽宣、俞庆棠、许士廉和梁漱溟6人，南方占5个。除大会报告和分组讨论之外，尚有晏阳初、梁漱溟和高践四分别代表三派做特约个人谈话。由此可知，南方在本次会议上已略占优势，而民众教育派也借东道主之机，提升自己的地位，与强势的平教、邹平两派平起平坐。

如果说乡村工作讨论会第三次会议，标志着乡教互动的重心开始南移至长江流域，那么，社会教育社第四届年会，则表明乡教的重心继续移到华南，使珠江流域与黄河、长江流域连成一体，雷沛鸿的国民基础教育派的地位也因之得到确定。1936年1月，应中山大学和广西教育厅的请求，社教社第四届年会在

---

① 江问渔讲，沈文华、骆负华记《参加第二次乡村讨论会后感想》，《乡村建设实验》第2集，中华书局，1935，第486—487页。

广州举行。主席团由钮永建、邹鲁、金曾澄、黄麟书、梁漱溟、雷沛鸿、萧冠英、崔载阳、钟荣光、俞庆棠、董渭川组成。梁、董为黄河流域的邹平派,钮、俞是长江流域的民众教育派,其余都是珠江流域的两广籍,其中又以广东人居大多数。在大会上宣读论文和教育实验报告的,按顺序先后,有广西的雷沛鸿、山东的梁漱溟和江苏的刘平江,分别"代表华北华中华南各部"[①]。广西教育办理成绩出色,受到大会的重视,以致总干事俞庆棠在报告社务时,认为广西的教育与山东的乡建一道,在"组织制度的努力"上,代表了本社"努力的程度"和今后发展的方向。[②]这些表明雷沛鸿派已与邹平、民众教育两派鼎足而立,甚至有超越之势。

如前所述,第四届年会后,与会代表66人还组成该社历史上规模最大的教育考察团,对广西教育,尤其是国民基础教育给予充分肯定的同时也提出委婉的批评;[③]并在南宁与雷沛鸿派举办学术会议,庆祝广西国民基础教育研究院成立两周年,发表观感[④],解答疑问。这些有效交流不仅大大增强了南北社教界的沟通联系,而且有力地促进了岭南地区粤桂两省之间的教育交流,使得国民基础教育的名声鹊起,显示了南方尤其是珠江流域乡教的开展方兴未艾的局面。由此看来,1935年10月在无锡举办全国乡村工作讨论会第三次会议后,乡村建设运动已经基本结束的说法,为时过早。[⑤]

俞庆棠、崔载阳在社教社第四届年会上,一致强调年会地点的选择,对社教事业的发展具有"以点带线,点线成面"的意义。俞庆棠指出年会的举行地点,第一届在杭州,第二届在济南,第三届在开封,第四届在广州,"以地域而论,由长江流域而黄河流域而珠江流域,有普遍全国的趋势"。[⑥]负责操办第四届年会的中大教育研究所所长崔载阳进而说,第四届年会的召开,不仅"充分表示出本社生命之继续不断的扩大。从长江流域、黄河流域,沛然的扩大到珠江流域",

---

[①] 储志:《中国社会教育社第四届年会记》,《教育与民众》第7卷第7期,1936年。
[②] 《中国社会教育社第四届年纪念册》,第100页。
[③] 中国社会教育社广西考察团编《广西的教育及其经济》,无锡民生印书馆,1937,第43—46页。
[④] 雷坚编著《雷沛鸿传》,广西人民出版社,1997,第123页。
[⑤] 杨开道:《我所知道的乡村建设运动》,载《文史资料存稿选编·教育》,中国文史出版社,2002,第1089页。
[⑥] 《中国社会教育社第四届年会纪念册》,第100页。

而且"从国家讲,这届年会确实表明我国无论南方北方,他们的文化教育始终都是一有机的大整个,不可分离的统一体"。①将南北乡教交流的意义提高到国家文化统一的高度来认识,说明乡教空间联系的意义已超出其本身,与30年代日寇压境下民族意志须要集中的时代主题相扣合。

逐渐走向团结合作。由于派分、利益等原因,各家刚一接触,难免矛盾抵牾,联系与合作水平受到影响。随着时间的推移,了解联系的加强,求同存异,达成的共识逐渐增多。

开始关注乡建的全国性和综合性的问题。1935年10月,第三次全国乡村工作讨论会分组讨论时,丁组讨论了"全国乡村工作团体,应如何切实联络以宏实效"的问题;并提出"乡村建设需一全国计划,且为全国建设计划之一部分"这一带有全局性的见解。这表明乡建经过各派五年多的努力和联系,已经突破和超越了原来的从小处、地方入手的阶段,开始到达从大处、全国着眼的新阶段。与此同时,乡建从单一方面的建设,步入多方面建设的综合阶段。晏阳初在本次会议上总结平教会的经验,认识到乡建实验阶段,宜结合各地环境,可分别从自卫、教育、生产某一方面下手,"但至某阶段,往往感觉到单办一种事业的不足,而牵涉到他种事业,这是必然趋势"②。在社教社第四届年会上,也有类似的讨论决议。关于社会教育与地方自治的关系,应施行有计划的政教合一制度,争取政府支持,且要与经济、军事等方面通力合作。③由地方到全国,由单一到综合,是乡教从分散到整合的重要表现。

以中国社会教育社以及全国乡村工作讨论会为平台,加强了乡村建设各派之间的联系,各派由异趋同,互相影响,取长补短。以交融影响而言,以社教社年会为例,在第二届年会上,通过的《所有民众读物,应该按照语言最后单位,语词分开排印,以增明确,而便教学案》。是以平教会做法为基础的。在第三届年会上,梁漱溟赞扬了平教派"教育与社会打成一片"的理念;杨效春在谈到"社(会)教(育)与学(校)教(育)"关系时,援引俞庆棠"要普及教育必须小学与民校

---

① 崔载阳:《欢迎社友到广州来》,《中国社会教育社第四届年会纪念册》,第125页。
② 《全国乡村工作讨论会第三次大会经过》,《乡村建设实验》第3集,中华书局,(出版日期不详)第23页。
③ 《中国社会教育社第四届年会纪念册》,第44页。

合一,社会教育与学校教育合一"的观点为证;所议决的特别提案《请由本社拟具华北各省救国教育办法,呈请中央采择施行案》,规定"训练青年壮丁,改善各县保卫团"办法,则采用了广西及河南镇平民团的经验。洛阳实验区则借鉴了广西国民基础教育以教育促进政治的方法。

各派联系过程之中,尽管由于观念(主要)、立场和权益差别分歧等原因,存在明竞暗争的现象(详见下节),但是联系、合作、团结,求大同存小异,终归是主流。经多方努力,促使乡教的范围由一隅到全国,内容由单一到综合,规模和结局从小到大。诚如晏阳初在总结乡教和乡建走向时所说:这是"整个新社会结构的建设,并非是头痛医头、脚痛医脚的事,而是从根本上谋整个的建设事业,所有文化、教育、农业、经济、自卫等各方面工作都是互相连贯的,是由整个的乡建目的下分出来的,各方面工作的发展,合起来就是整个乡建事业的发展"。[①]各派从分散到聚集,由分歧到合作,不仅是乡教发展的内在逻辑演进,而且是30年代中国教育和社会发展的价值取向由个体本位向社会本位过渡的折射;更是在中日民族矛盾上升的时代背景下,弱国抗击强敌,统一意志,众志成城的客观要求的反映。从当事人的初始设想和终局来看,乡村教育及乡村建设,大体按照预定目标运行,甚至最后上升为国家的意志和政治制度——以国民教育为中心内容的新县制。

第三节 在乡村建设中的分歧与笔战

社教社在乡村建设各派联系中扮演枢纽地位的同时,也见证了彼此之间的暗斗较劲乃至明争。前者主要表现在不同派别之间在会议上的较劲,后者多反映在社教社著名个人、理事梁漱溟、古楳等社会教育名家的笔战上,所体现出来的分歧甚至超出了教育领域。

[①] 晏阳初:《十年来的中国乡村建设》,载《抗战前十年之中国》,1937年中国文化建设协会出版,1980年龙田出版社印行,第412—413页。

一、乡村建设各派在乡村建设交往中的暗争

乡教各派在从分散到聚合的过程中,虽然合作是主要的,但并不意味着一帆风顺,没有矛盾,只是当事者没有挑明,以致失落在今日学人的视野之外。事实上,在各派初期的合作联系中,不乏暗斗明争。在全国乡村工作讨论会第一次会议上,就存在内有邹平、平教两派关于会议名称及会议主办地之争,外有各派联合抵制李石曾欲染指乡运领导权。根据杨开道的回忆,证诸那时的书信,可以了解其中内幕,从而对负责人有关本次会议的表面现象的刻意渲染,给出新解。章元善、许仕廉在会议报告集出版序言上,反复强调会议名称,不用原定的"乡村建设协进会",而用"乡村工作讨论会",是为了"以精诚团结,实事求是,不重形式";并且以无组织、无会章、无宣言、无决议的"四无"会议,只推举两个值年相标榜。[①]其实真正的目的,是"为了抵抗李石曾的进攻,也为了解决邹平和定县两派互不相让的局面"。结果,身为国民党元老、在华北教育界具有举足轻重地位的李石曾的愿望落空,未能入选主席团成员。邹平被迫放弃了"乡村建设协进会",代之以"乡村工作讨论会"的名称,进而与定县在首次开会地点上展开竞争,最后占据上风。因此,晏阳初本不想亲自参加会议,后听一国际友人的劝告才与会。[②]会议地点之争,揆诸当年档案可知,该次会议的会址,原定在镇平,后高践四拟在定县,晏阳初则向梁漱溟建议在无锡,意在排挤邹平。关于定县,晏阳初在1933年3月15日致高氏信中云:"尊意拟在定县开会,惟目前北方情形,似不甚便利,可否改在尊处,于五月举行?"[③]"目前北方情形,似不甚便利"一语,当指定县与邹平竞夺会址之事。

明争突出表现在社教社第二届年会上,尤其是在最为重要的"由乡村建设以复兴民族为要旨"的中心提案的分歧上。如前所述,实质上反映了各派在"乡建"口号下的分歧难以协调。从人事关系看,属于浙江的第三组,"因人事纷更",内部瓦解,未能起草方案。平教会虽然"盛意协助",提交议案,但无人与会,大约是与第一次乡村工作讨论会和邹平的矛盾,而本届年会又为梁漱溟所

---

① 章元善、许仕廉:《序》,《乡村工作讨论会第一次集会工作报告汇编》。
② 杨开道:《我所知道的乡村建设运动》,载《文史资料存稿选编·教育》,中国文史出版社,2002,第1086—1087页。
③ 晏阳初:《致高阳》,宋恩荣主编《晏阳初全集》第4卷,天津教育出版社,2013,第342页。

主宰分不开。此后,平教派虽也派员出席第三届年会,但晏阳初从未亲自参加过社教社的年会,而且对该社的建议和来函,大多不持积极的态度。这从侧面反映了平教派与担当乡教各派之间有组织联系重任的社教社关系的微妙。第四组提案认为,中国目前条件下,"只希望能防止乡村更大的崩溃",谈不上乡村建设。结果被与会者视为"主张停止一切乡村建设",态度消极,不予讨论。①这一争论还延续到会后,成为乡教著名的争论之一(详于后)。

求同合作。社教社第二届年会的中心议题"由乡村建设以复兴民族",虽有争论,但通过大会协商议决,一致原则同意可作为之后社会教育的要旨;对分歧部分,各社员"可斟酌各地实际情形采用",弹性处理。在这一基础上,在第三届年会通过了《由乡村建设以复兴民族之实施要点案》的中心提案。该案综合梁漱溟、孟宪承、高践四、庄泽宣等人的意见而成,主要包括"社教的重心趋重于乡村建设""实施社教的原则"和"社教自身力量的运用"三大方面。该案还得到教育部的认可,并"检发《该社议决之乡村建设以复兴民族之实施要点案》,训令各省市教育厅局注意采行"。②乡村工作讨论会第二次会议,是一次合作色彩较浓的会议。会前社会各界特别是农民对会议充满期待,希望与会者:统一办法、精诚团结、和衷共济、取长补短、分工合作、替农民着想、反对利用乡建肥私等。③会议主席晏阳初在致欢迎词中强调,从事乡村建设,方法、步骤固然重要,但最重要的是"同人的合作精神"。④会议期间,与会的各派领导人晏阳初、梁漱溟、瞿菊农、陈筑山、杨开道、张鸿钧、梁仲华、孙廉泉、章元善等经过讨论,达成"分工合作"的五条办法:会员应守五信条、训练中心处、实验省、人才训练和人才物色。⑤晏阳初在谈到会议的影响时,或许因首次会议不能主办之故,不无夸大地说,会期各派之间,"化除畛域,通力合作,休戚与共,团结一体,共谋整个的国家建设,共求我国家民族之改造,今后之成功,即大家之成功,今后之失败,即

---

① 《中国社会教育社第二届年会报告》,第81、92页。
② 尤蔚祖:《一年来民众教育之重要集会》,《教育与民众》第6卷第8期,1935年。
③ 《农人们对于乡村工作讨论会之希望》(华洋义赈总会征文),《乡村建设实验》第2集,中华书局,1935,第475—484页。
④ 晏阳初:《农村工作的使命及其实现的方法与步骤》,《民间》1卷11期,1934年。
⑤ 曾毓钊:《乡村工作讨论会第二次集会经过》,《乡村建设实验》第2集,第6—7页。

大家之失败,同荣共辱,共勉共励,此诚历年努力之最快事也!"①不过,以本次会议为契机,各派联系和合作确实进入一个新阶段。

  1935年后,全国乡村建设逐渐进入高潮,各派的联系合作更加紧密和深化。首先表现在团体内联系的有组织化和团体外合作的高级化。在第三次全国乡村工作讨论会上,达成两个重要的共识:一是重视集合各乡村工作团体的长处,增加各家的联络机会;二是产生了推广委员会和研究委员会两个组织。②原来只有形式,偏重精神团结的非正式的乡村工作讨论会,这时进入到名副其实的有组织的发展阶段。团体外合作的高级化,一方面是指乡村工作讨论会与社教社两大团体之间实现了跨组织的交流。第三次乡村工作讨论会在社教社大本营无锡举行,由总干事俞庆棠以该社的名义表示欢迎,"最竭诚欢迎的,莫过于在无锡的中国社会教育社和江苏省立教育学院的同人"。③另一方面,指的是无锡会议关注到了乡村建设与大学教育的关系:"大学教育宜训练学生兼有农夫身手与科学头脑,每门功课有书本研究,亦有实做机会,以培养其创造力。"④原来平教会与各大学组建华北农村建设协进会,进行了一定程度的合作,惜因教育观念的分歧及利益纷争而效果受损,无锡会议在这方面显然是一个进步。中国社会教育作为改造中国社会的工具之一,主张通过培养人才和教化改良社会,与当时主张革命的人士有较大的分歧。无论是社教社内部的社员之间,如社员古楳为代表的国立中山大学教育研究所的"大学教授"派与梁漱溟之间的争论以及古楳与该社理事孟宪承就教育要不要扩大范围、参加乡村建设的争论,还是社教社与其他激进团体,如中国农村经济研究会成员之间,发生多次笔战。其中,思想一度偏向"激进"的古楳表现得异常活跃和抢眼。

---

① 晏阳初:《复江问渔》,宋恩荣主编《晏阳初全集》第4卷,天津教育出版社,2013,第471页。
② 晏阳初:《关于出席乡村建设学会会议等经过情形报告》,宋恩荣主编《晏阳初全集》第1卷,天津教育出版社,2013,第332页。
③ 俞庆棠:《欢迎三届乡村工作讨论会》,《教育与民众》第7卷第1期,1935年。
④《全国乡村工作讨论会第三次大会经过》,《乡村建设实验》第3集,中华书局,(出版日期不详)第48页。

二、古楳与梁漱溟、孟宪承在乡村建设上的论战

供职于中大教育研究所的古楳、庄泽宣、崔载阳三位社员，在中国社会教育社第二届年会上提交的《由乡村建设复兴民族案》，引发了梁漱溟与古楳之间的初次论战。提案指出"现在谈不到建设，更谈不到复兴"，"目前只希望防止乡村更大的崩溃"。[①]1933年9月9日，梁漱溟正式提出了反对意见。质问防止乡村崩溃的力量在谁？并表示乡村崩溃不会自然停止，崩溃之中亦孕育了建设之力，必须从眼前开展的乡村建设潮流中求得防止乡村崩溃之力。[②]10月26日，古对梁的观点逐条进行了反驳，指出中国乡村是长时间的崩坏，"崩溃中虽伏有建设之机，但经千百年都未见成功，甚至无限止的破坏与崩溃"。[③]其后，梁未做正面回应，古仍发文质疑梁漱溟的乡村建设途径。[④]

直到1934年，梁漱溟发文解释自己的提案主张，后续而来的庄泽宣、唐现之、杨效春和金海观等教育界知名人士亦纷纷加入论争。1934年，梁漱溟在《对于编制〈由乡村建设以复兴民族案〉之意见——一封公开的信》中逐条解释了自己的提案，指出"中国社会本一乡村社会，中国文化本一乡村文化，从其转变改造之前半期言之，固必为乡村崩溃；而后半时期新局面之转现出来，由种种缘故，复必然为乡村建设"[⑤]。见此，庄泽宣表示要先防止乡村更大的崩溃再去寻找建设的力量，"其实我们并不反对真正的建设，而反对去增加农民负担来建设更增农民痛苦的建设"[⑥]。教育家唐现之早在1933年古、梁论争之初便出来调和，此时则再次强调庄、古、崔三人之提案中所反对的建设，"乃指政府所办的所谓'新政'"，这与梁漱溟的主张并不冲突，相信"古楳先生个人是不甚以乡村建

---

① 庄泽宣、崔载阳、古楳：《如何防止乡村的崩溃》，《教育与民众》第5卷第1期，1933年。
② 梁漱溟：《建设与崩溃——为乡村建设问题答庄、崔、古三先生》，《乡村建设》第3卷第6期，1933年。
③ 古楳：《乡村崩溃与乡村建设——崩溃耶？建设耶？敬以请教梁漱溟先生》，《新中华》第1卷第23期，1933年。
④ 古楳：《读梁漱溟先生〈村治论文集〉后——敬以请教梁先生》，《申报月刊》第2卷第12号，1933年。(该文原名为《是〈中国民族自救运动之最后觉悟〉吗？》，作于年会之前，正式刊发出的题名经过该刊编者的删改。)
⑤ 梁漱溟：《对于编制〈由乡村建设以复兴民族案〉之意见——一封公开的信》，《中华教育界》第22卷第1期，1934年。
⑥ 庄泽宣：《乡村建设的前提》(1934年7月)，《中华教育界》第22卷第4期，1934年。

设为然的"。原因在于"一个是他对于梁先生所说的'乡村建设'的意思,没有细心考虑过",第二个"怕是由于看见在今日中国如此的情况下之下,要想建设势有不可能"①。古楳见此,强调自己与梁漱溟不同,很不客气地指出唐现之是"每喜自作调人","强奸人意"。古楳自己虽也经常讲乡村教育、乡村建设,但正如陶行知对金海观所说"各处所做的事情都差不多,可是意识很不相同",并点名批评杨效春引用的梁漱溟的说法,"教育就是建设"不合辩证法法则。②唐现之似乎隐晦批评古楳:"近人爱高喊打倒帝国主义与封建势力的口号,可是他们忘记了这是一种中间的手段……现在有许多人把手段看作目标,是一件最大的错误!"并与梁漱溟倾向相同,主张"以教育的方法去建设乡村,而不是以政治力量去建设乡村"③。

　　论战中被古楳点名批评的杨效春撰文回应,主张教育与建设合一。他指出自己的意思是"教育不要空谈,要在建设上谈;建设亦不要仅仅在物的增造上来计算,并且应当在人的教化上有意义。如是,故教育与建设合一"。比起理论层面的是否认同,他更关心"我们大家在乡村工作上能够有个一致的方向","各人彼此一时的意识绝不能越过人类永恒的理性"。在最后,他表示了对古楳的关切,"我不知道他最近对于中国问题的看法究竟是怎样?态度急躁否?"④有鉴于此,古楳一针见血地指出梁漱溟和杨效春"教育就是建设"的说法不能全通,因为"只讲似是而非的形式逻辑,而不讲试验论理学,更不讲辩证法"。⑤

　　金海观针对古、杨论争中提及的"意识"即理论,指出实干比理论意识更重要。"其他作者发表乡教文字,有时好用'封建意识'或'小资产阶级意识'一类的用语来攻击国内某　派提倡乡村建设的人物,一面则自以为含有'时代意识',这足证'意识'一个名词的何等被人重视!""左倾者有时右倾,妥协者亦能革

---

① 现之:《由"谈不到建设"谈到建设》,《社友通讯》第2卷第4、5期合刊,1933年;唐现之:《乡村建设运动中的几个基本问题》(1934年7月),《中华教育界》第22卷第4期,1934年。
② 古楳:《古柏良君讨论乡村建设问题函》(1934年10月15日),《中华教育界》第22卷第5期,1934年。
③ 唐现之:《乡村建设运动中的几个基本问题》(1934年7月),《中华教育界》第22卷第4期,1934年。
④ 杨效春:《杨效春君讨论乡村建设问题函》(1934年12月15日),《中华教育界》22卷8期,1935年。
⑤ 古楳:《古柏良君再论乡村建设问题函》(1935年1月11日),《中华教育界》22卷8期,1935年。

命,这种例很多很多。""意识虽可贵,但不是事业评价的惟一标准。"①金海观此言值得玩味,实际揭示出乡村教育问题上因意识形态倾向不同,而有不同派别。古楳动辄指责他人不合辩证法法则,正是他个人思想"左倾"的一个反证。

　　回顾这一场论争,唐现之、杨效春和金海观比较理性平和,立场倾向于乡村建设。杨、唐二人皆为梁漱溟门人,持论如此,不难理解。金海观与陶行知关系密切,其时信奉的是陶行知生活教育思想。②陶行知与梁漱溟的乡村建设路径虽不同,却同属广义的"乡村建设"派。古楳一人孤军奋战,态度坚决。直到1936年,仍坚持"中国农村早已在长期崩溃的过程中;如果有人说到近百年来才崩溃的话,那真是否认历史的胡说"。③矛头仍然直指梁漱溟。

　　要理解古楳之所以强调其与梁漱溟的不同,并极力否定乡村建设改良方法,当须要进一步检讨二者的看法。梁漱溟1934年春在山东建设研究院讲习会上发表了题为《社会教育与乡村建设之合流》的演讲。④他论述教育即是建设的一大立论前提为,中国社会的革命与西洋社会的革命不同,前者是外部引发的,是机械性的。后者为内部自发的,可用教育化解。中国已经用过暴力革命,但新秩序尚未建立。"除了机械的构造,必以机械力推翻以外,中国的此时,正好似一块空白,专等着教育来填补。"⑤相比之下,古楳在《乡村建设与乡村教育之改造》中指出:梁漱溟和陶行知等人之所以进行了五六年而无效果,并非是乡村教育走错了路,而是由于"帝国主义不打倒、资本主义不推翻、土地制度不改革、官僚政治不铲除,官僚教育或治术教育不消灭"所致。故"第一步必须从自己做起,打倒传统的官僚教育或治术教育","努力加入劳苦民众的队伍,作反官僚教育或治术教育的大运动";"第二步则利用教育为武器,领导被压迫民众向压迫者进攻"。乡村建设和乡村教育改造等运动"应当进一步和政治改造、经济改造、社会改造等运动积极的联合阵势,才有成功的可能"。⑥对比其此前的革命

---

① 金海观:《意识是否乡村事业评价的惟一标准》,《锄声》第1卷第8期,1935年。
② 余起声主编《浙江省教育志》,浙江大学出版社,2004,第1076页。
③ 古楳:《中国农村社会转变的枢纽:土地问题:中国土地问题研究之一》,《教育与民众》第8卷3期,1936年。
④《编辑后记》,《乡村建设》第4卷第9期,1934年。
⑤ 梁漱溟讲,郝心静记:《社会教育与乡村建设之合流》,《乡村建设》第4卷第9期,1934年。
⑥ 古楳:《乡村建设与乡村教育之改造》,《东方杂志》第30卷第22期,1933年。

论,除去"革命"和"改造"具体字样的不同,实际含义并无二致。

表面看来,古楳与梁漱溟的争执点在于乡村建设的功用上,若仔细考量,方法上的对立才是根本。梁漱溟认为"中国问题根本不是对谁革命,而是改造文化"。①反观古楳持的观点则多是一种被压迫者革命论。据此检视,拨开表浅的乡村建设功用之争,可见背后的根本不同在于是否倾向进行暴力政治方法斗争。梁漱溟认为乡村崩溃可以通过乡村建设来防止,并将乡村建设作为解救中国问题的方法,持的是一种温和变革论,或如此前学界所说的改良主义观点;古楳则力持以教育为带动工具的联合革命论,反对缺乏暴力斗争的乡村建设运动。

古楳与另外一位著名理事社员孟宪承就乡村建设之方法、教育范围及其作用展开笔战。古楳的一度"左倾"激进,还表现在与孟宪承之间就教育与社会关系、教育研究的功用和范围而展开的论争上。1935年底至1936年初,孟承宪、古楳和天行(周予同)之间爆发了短暂的论战。社会教育社成员孟氏以古氏所撰的《中国教育与生产问题》为论据,指出尽管教育与政治、经济、文化诸问题相关联,但教育学"只能解答其中关于教育事实、原则与方法的部分,而不能解答这些问题的全部"。②言下似有主张在教言教之意,将教育的作用限制在自身范畴内。随即,天行撰文对其进行了批评,指出孟文的意识欠正确,是一种逃避责任的做法,中国的教育专业者"更应该留意政治、经济、文化诸问题,使其和教育发生有机的联系"。"教育专业者应该坚贞地负起历史的使命,将中国从半殖民地半封建的泥潭里拯救出来。"③古楳则强调教育的作用在于带动生存革命,教育学者不应当画地为牢。他表示孟文对己意有所曲解,《中国教育与生产问题》仅为其欲说的一部分,"其余因为言论不自由,出版不自由,都没有发表"。"过去中国的教育虽不能促进生产,但非永远无促进生产的可能"。恢复被压迫民众的完整生存权为中国教育的出路,教育的作用亦在于"使他们实行生存革命,恢复完整的生存权"。教育的范围很大,教育学者不能画地为牢,尽管教育学者要

---

① 梁漱溟:《中国问题之解决》,载《中国民族自救运动之最后觉悟》,中华书局,1936,第211页。

② 孟宪承:《教育学所不能解答的教育问题》,《中华教育界》第23卷第4期,1935年。古楳:《中国教育与生产问题》,《教育研究》(广州)第38、39期合刊,1932年。

③ 天行(周予同):《教育学者和尾巴主义》,《大众生活》创刊号,1935年。

研究政治、经济和文化等问题受到的客观限制很多,但正如历史的唯物论者所言,这些障碍都是可以通过主观努力消除的。①

孟宪承时任中央政治学校教授,其文首先发表在中央政治学校的刊物《政治季刊》上。中央政治学校为CC系(the Central Club,中央俱乐部)大本营,素来以反共著称。由此校刊物刊出,立场倾向不言而喻。而周予同此时思想同样"左倾",其著作《中国现代教育史》,以阶级分化、对立来叙述中国教育的发展变迁,可以代表他对教育的基本看法。该书同样吸收了唯物史观,指出"教育是社会的上层机构,不明了这个社会的经济、政治的变迁,决不能彻底明了这个社会的教育之所以变迁"②。且其言教育的"尾巴主义",与杨贤江如出一辙。后者在《新教育大纲》中指出"教育也有率先领导或者促进的功用","教育着实有作用,决不像是专做'尾巴'的。"③古楳的参加论战,除回应孟宪承指责外,适度肯定了教育的作用,实际上还暗含声援周予同的意思。古、周二人皆受唯物史观影响,皆有教育社会化的倾向,两人在与孟宪承论争过程中,不啻为同一战壕里的战友。

三、社教社成员与"农研会"成员论争

如果说社教社社员内部之间的争论主要在学理理解的不同,那么,在与另外一个关注农村问题的团体——中国农村经济研究会之间的争论则主要在于改造社会,解决农村问题根本出路的难以调和的分歧。1936年3月出版的《中国农村》一刊上,便刊载两篇关于中国社会教育社第四届年会的文章,一篇为署名"作民"的《中国社会教育社的第四届年会》,另一篇为署名"余霖"的《怎样"助成地方自治"?怎样"促兴社会生产"?——评中国社会教育社第四届年会的中心问题讨论》。《中国农村》作为左翼进步团体中国农村经济研究会会刊,能代表该派别对社会教育社年会的观感与所持的批评看法。

吴培元署名为"作民"的文章,主要从出席年会的人员、会场讨论氛围、实验

---

① 古楳:《教育专业的领域在哪里?——一封公开讨论的信》,《中华教育界》第23卷第8期,1936年。
② 周予同:《序》,《中国现代教育史》,良友图书印刷公司,1934,第2页。
③ 李浩吾(杨贤江):《新教育大纲》,南强书局,1937(初版于1930年),第104页。

报告真实性、目前需要解决的主要问题等方面对这次年会进行质疑和批评。

其一,对出席社员广东占多数以及其权利不平等的不满。文章第一部分为"出席社员的分析"。报告出席的社员,一共有一百八十二人,其中大会所在地的广东就占了九十人。这次外来社员数和本地出席社员数的相差之所以如此悬殊,"至要原因是会议地点太不适中,偏在最南面的广州,以致一般远道社员困于经济和时间,尤其是参加实际工作,真正接近民众的下层工作人员能够出席的,实占少数中的少数"。而超过出席社员半数以上的广东社员,又有十分之九是新社员,他们大多很少做过实际工作,不能提出实际问题。同时又因语言隔膜,所以大多数默然静听,不发一言。于是各地的领袖们、高级职员们,即各处的理论家们,便变成为会场中的主角;"而且有些理论家竟利用他的地位和身份来操作一切;甚至明目张胆地在会场上用种种方法来限制别人,自己偏偏不受那些限制的束缚。就这样轻轻地把那些极少数极少数的下层工作人员,想发表一点意见的权利,也被剥夺了"。具体而言,是指"同一问题,发言不得超过三次"以及每人每次发言时间不得超过两分钟,但梁漱溟却可以例外。所以有人说:"这并不是会议,不过是给一二人来宣布他的'开倒车的歪曲理论'罢了!"这是乡村建设中主张革命与改良的根本区别在第四次年会上的反映。

其二,批评会议的安保工作过严,实际上是对广东地方当局压制抗日运动的抗议。文章第二部分为"戒备森严中的讨论"。这次会期,在广州学生举行救亡运动发生惨案之后,广州各处正在戒严。参会人员一到广州,便见马路两旁,三步一批警察,五步一队宪兵,如临大敌的样子来。"连我们会场的前后左右,也始终布满着武装宪警","在当局们,也许是怀着维持会场秩序保护社员安全的美意;但是这在不识抬举的我们,却不能不认为是阻止爱国宣传和发表救亡言论的监视"。因此,会场里的空气,便不得不沉闷了。凡和政府意志稍有不同的言论,虽然说到嘴边,也不得不留下半句。于是关于抗敌救亡的提案,都在审查会里就被那些所谓"稳健"的先生们审查掉了;再没有提到大会场上去讨论的余地。这一切,不能不说是当局防范着的结果。

其三,批评会议实验报告成绩的雷同和没有新意。文章第三部分是"东抄西录的实验成绩",对在会上报告的实验区成果进行质疑。"原来社教社在每次开会的时候,总有若干机关,要发表他们伟大的工作报告。但是试一审阅这些

209

报告的内容怎样？不客气地说，都是东抄西录；除了换几个人名和地名以外，差不多是千篇一律。而且除了给人家拿回去，填塞图书馆和装潢书架以外，我是再也找不出他们真正的成绩是在那里。"至于另一种表现实验成绩的方法的湖北、山东等地的口头报告，"不是说得天花乱坠，使听者不敢置信；便是老生常谈，提不出目前的迫切任务和实际困难。所以每使听者生厌，甚至庸俗到令人恼恨。各地年来实验的成绩究竟在那儿？只有使我感到茫茫然了"。

其四，忘记了讨论重要的救亡图存任务，希望社教社切实关注抗日救亡大事。文章第四部分为"忘记了目前的重要问题"。"目前的中国已经到了存亡生死的关头，参加救亡运动，从事救亡工作，这是每个中国人的目前最重大的任务。""凡是中国民众所组成的团体，当然更是义不容辞地要负起这个重大使命；何况是素以复兴民族为己任的中国社会教育社呢？"遗憾的是，除了雷沛鸿、俞庆棠两位提及国难问题外，大会中心却在讨论"那些缓不济急的'地方自治'和'社会生产'问题，借以缓和空气，转移目标，这实在是件莫大的罪恶！我们以为对外不能抵抗侵略，对内不能驱除汉奸，那就根本不能助成'地方自治'，根本不能促兴'社会生产'"。希望以民族复兴为宗旨使命的社教社实施国难教育，从今以后，"我们就得加紧组织民众、训练民众、领导民众从事抗敌救国！"[①]

与此同时，薛暮桥也在同期《中国农村》上发文质疑第四届年会的中心议题，指出讨论自治或生产不如讨论它们的方法，更重要的是需要注重对时局的重视，发挥社会教育和民众教育挽救国难的重要作用。"在这国难最严重的时候，社会教育同志无疑地应当把抗敌救国当做最重要的任务。如果在这时候，故意放弃了抗敌救国工作，而来空谈什么'助成地方自治，促兴社会生产'；那末纵使不是有心要当汉奸至少也是避重就轻，自愿放弃'民众领导'地位。我们深信，假使坐视国家沦亡，毫不设法挽救；那末这些大大先生们的努力，至多只是替××帝国主义'助成'了傀儡式的'地方自治'和'促兴'了殖民地化的'社会生产'而已！"[②]

由于在改造社会方法上的分歧，如前面所提到的社教社成员古楳、理事雷

---

① 作民（即吴培元）：《中国社会教育社的第四届年会》，《中国农村》第2卷第3期，1936年。
② 余霖（即薛暮桥）：《怎样"助成地方自治"？怎样"促兴社会生产"？——评中国社会教育社第四届年会的中心问题讨论》，《中国农村》第2卷第3期，1936年。

沛鸿等先后与力持暴力革命方法解决社会问题的中国农村经济研究会成员发生激烈论争。在中国社会性质大论战的背景下,古楳所作的《中国农村经济问题》被列为论战中的一本重要著作,[1]代表了1930年前后古楳对中国农村性质的看法,研究偏于实证,侧重经济中的生产力方面。将农村衰落的主因和解决办法尽归于国民政府,代表了一种改良观点,因而遭到了马克思主义革命理论家薛暮桥的批评:把"雇工费大"当作导致农民贫困的一大原因,是站在地主富农的立场说话;把"人口繁密"列为原因,并消极悲叹该问题无法解决,是过于悲观;在讨论"耕地不足"时,主张农民须交租纳税,完全暴露了阶级意识。因而作者"不是为农民而哭,只是'猫哭老鼠'而已"。[2]1934年,已持有暴力政治革命思想的古楳,再回过头看这部书时,也承认此书的弊病在于"只用机械的方法,根据不尽不实的材料,从静止的关系上去推究中国的农村经济",太过呆板、机械。[3]此亦可为该书展现的改良思想倾向和薛暮桥的批评作一注脚。

社会教育社理事雷沛鸿1933—1936年在家乡广西担任教育厅长,在南宁创设广西国民基础教育研究院,作为在该省推动大规模的社会教育——广西普及国民基础教育运动的智库机关。广西教育研究院与广西师专学生的争论,背后反映了国民基础教育派与有"中国的社会主义者"派之称的中国农村经济研究会成员之间的分歧。1934年12月,广西师专学生一行96人,从桂林到南宁的研究院实习。师专学生虽然肯定国民基础教育的主旨和意义,但对它的内容、教学方法、学制、轻视理论等方面,几乎都作了否定,从而与研究院师生发生激烈的争论。前者认为:"农村破产,救死不遑,人民不可能来接受基础教育";后者针锋相对:"正因为当前国势日危,农村破产,基础教育才有爱国教育、生产教育的提倡;""接受基础教育的男女老幼的踊跃热烈的事实,充分说明人民大众是需要这种教育的。"[4]特别是对"以爱国教育为灵魂,生产教育为骨干"两大内容,师专学生坚持认为由爱乡土、爱家庭以培养爱国思想,非但不可能,相反容

---

[1] 高军:《中国社会性质问题的论战索引》,载《中国社会性质问题论战(资料选辑)》(下册),人民出版社,1984,第886页。
[2] 余霖(薛暮桥):《评古楳先生所著〈中国农村经济问题〉》,《中国农村》第1卷第3期,1934年。
[3] 古楳:《古柏良君讨论乡村建设问题函》,《中华教育界》第22卷第5期,1934年。
[4] 马伟:《我知道的宾南先生》,载政协广西壮族自治区委员会文史资料研究委员会出版《广西文史资料选辑 第26辑 雷沛鸿纪念文集》,1988,第152页。

易造成狭隘的地方观念,反而足以破坏国民的统一意志,因为中国生产的下降,是帝国主义的侵略,封建军阀扰乱及天灾迭乘的结果。因此,两大内容的最终解决,"都落在反资本帝国主义反封建残余等等的任务上去"。①

学生如此有组织和坚定的看法,绝非偶然,大多是受老师的影响。师专校长杨东莼,是大革命时期著名的共产党人和学者,他通过由中共掌握的中国农村经济研究会负责人陈翰笙的推荐,请来了薛暮桥等人担任教师,开设了社会发展史、辩证唯物论、政治经济学等马克思主义课程。"学生思想进步很快,自称是'小莫斯科'"。②师专学生与雷沛鸿派的争论,实际上是"中国的社会主义者"派与整个乡村教育派对垒的一个延伸。因为前者在批判后者时,恰如孙冶方认为乡教各派有一个共同的特征,即"都以承认现存的社会政治机构为先决条件;对于阻碍中国农村,以至整个中国社会发展的帝国主义侵略和封建残余势力之统治,是秋毫无犯的"。③

1930年代极盛一时的乡村建设是一场以乡村教育为主要方法的社会改造运动。以社会为本位的社教社恰巧在同一时期出现和同步演进,将乡建视为宗旨与方针,为此在全面抗战爆发之前四届年会上连续、逐步深入地以乡村建设内容作为研讨的中心议题。在社外,关注乡村工作讨论会的召开,积极与其他相关机关团体合作进行乡村金融、合作经济的调查研究。社教社成为继全国乡村工作讨论会这一松散联盟之后维系乡村建设各家诸派最重要的平台,凭借各地轮流召开年会的契机,将东南西北异地各派的乡村建设专家和工作人员联系在一起,彼此合作成为主流,分歧、竞争也在所难免。在社内,有著名社员梁漱溟与古楳关于乡村建设方法、古楳与孟宪承关于教育范围与边界的争论;在社外则有以理事雷沛鸿为代表的广西国民基础教育派与以薛暮桥为首的左翼、进步的中国农村经济研究会的激烈辩论,可视为马克思主义者评判乡村建设派的一种延伸。由于社教社与乡村建设关系密切,以致有人认为该社可以定义为"全国从事由社会教育以达乡村建设的同志们之总集团"。④

---

① 广西师专调邕训练班全体学生报告:《参加广西普及国民基础教育研究院工作报告书》,1935年1月,第17—19页。
② 薛暮桥:《薛暮桥回忆录》,天津人民出版社,1996,第41—46页。
③ 孙冶方:《为什么要批评乡村改良工作》,《中国农村》第2卷第5期,1936年。
④ 陈一:《中国社会教育社第四届年会记要》,《乡村建设》第5卷第13期,1936年。

结语

中国自古以教化为主的社会教育见长,但在由学校教育、家庭教育和社会教育组成的近代中国教育体系中,对范围最广的社会教育的重视和研究较之前面两种教育均明显滞后。清末民初因为新政拉动和教育部设立社会教育司,社会教育一度繁荣,但不久又因为在学制上没有合法性以及范围宽泛,从业人员各自为政,发展再度受阻。

1931年为了加强星散各地的社教人员之间的联络和因应内有农村经济凋敝、外有日寇侵华险境,社教界先进人士在南京宣布成立中国社会教育社。社教社主要按照社内与社外两大方面进行活动、运作。

在内部,它自己或与其他教育团体先后举行多次均有不同的中心议题的年会或联合年会,由此可窥其在抗战前后变化沿革的大体情形;以理事会和监事会为基本权力机关,按照比较规范的程序运行,筹集经费、招收社员、确定年度工作重点,呼吁给社教以学制上的法理地位,最终如愿以偿;并以此为平台,采取创办《社友通讯》、设立分社、组织参观访问等有效的方式,加强国内之间以及国内与国际之间的联络、交往,充分发挥了在全国社教中枢纽的地位和作用。在实施方面,为了节约成本和总结经验教训,该社与地方政府、高校在有代表性的东部、西北、华南、西南设立了五个实验区,积累了经验,取得一定成效,为大规模推广社会教育打下了良好的基础。

在外部,社教社逸出教育内部,较早、主动靠拢各级党政机关,践行政治与教育合作的理念,不仅纠此前教育独立于政治之偏颇,而且争取必要的经费补助,频繁向最高教育行政决策部门贡献智库建议,并得到了回应和反响。社教社以乡村建设为自己的宗旨,在全面抗战之前各届年会均以乡村建设为中心主题,且内容逐年深化和细化;主张以政教合一为方法,①重视乡村金融和农村合作经济问题;为乡村建设各派的交往、合作乃至分歧、争论,提供了机会,准备了平台。全面抗战爆发后,以社会教育为武器努力参与抗战救国各种活动。第一,社教社成立本身是社教界抗日救亡的一种行为;加入中国教育学术团体联合会后,更是教育界各主要团体团结抗战的表征,不啻为"一种精诚团结之有力的组织"②。第二,日寇不仅在军事上肆无忌惮地侵略中国,而且特别注意"任意地摧残和毁灭"中国文化教育机关,社教社成立和演变发展及其所发出的各种爱国言行,本身也成为进行教育文化抗战的一种反映。第三,在抗战中动员社会民众的作用,无论是战前年会上倡导的华北救亡教育,还是战时举办岩洞教育,以及在教育团体联合年会上提议的《普遍实施战时民众教育案》等案,都引起了政府教育部门以及社会的关注。1939年1月,哲学家冯友兰在《阐教化》一文中指出,在社会转型过程中,立足于家的家庭教化教育不如现代以社会为本位的社会教育教化作用大。"在以社会为本位底社会中,'化'的力量比在以家为本位底社会中大得多。所以在以社会为本位底社会中,群众运动可以很多,而且规模也可以很大。"③在这种情况下,以全体民众为施教对象的社会教育在整个抗日战争时期在宣传动员方面的作用进一步凸显。

社教社的历史是近代,尤其是民国社会教育发展的一个缩影。它自己的定位为"本社自成立以来,对于我国社会教育可谓有很多的贡献"。不仅在教育部官方那里有良好的口碑,"计划远大,历史悠久,社员达千余人,分布全国"④,而且演进适应了社会教育发展的潮流和趋势。有人认为1930年代社会教育的内容和任务由简单而复杂的变化趋势,主要表现在三大方面:由观览施教到分区

---

① 如果说学术力量就是专家,社教社就是集体组织而成的专家荟萃之所。政治力量就是各级政党和政府组织;社会力量就是社会教育的对象广大民众。换言之,只有以教育民众为职志的社教社与政治结合,达到三位一体,乡村建设或者社会建设才能成功。因此,社教社主动与政治进行合作,是社教社的一大举措及其在乡村建设中一种贡献。参见陈侠、傅启群编《傅葆琛教育论著选》,人民教育出版社,1994,第406页。

② 《发刊辞》,《建国教育》第1期,1938年。

③ 冯友兰:《贞元六书 上》,华东师范大学出版社,1996,第304页。

④ 《中国社会教育社简史》,台北"国史馆"档案,统一编号196,案卷号190-1。

实验;由农余补习而进入参加乡村建设;由补充附属机关而进入正式学制系统。①该社社员、后任江苏教育学院院长的童润之,在1940年代初对社教整体概貌有过如下概括:其一,是全民教育,不限于扫盲;其二,是教育的全体,非其中一部分或民众补习教育;其三,与学校教育合流,而非分歧或彼此不相谋的;其四,是一切事业建设之母,必须与四大建设(政治、经济、军事、文化——原注)密切联系,并非独立清高的;其五,目的是建设三民主义新中国,而非空洞玄虚的。②这足以说明社会教育这时已经是一种以全体民众为对象的与学校教育合流的整体教育,成为国家学制体系中的有机组成部分,并配合新县制的建设,同时积极推动战时抗战建国工作的开展。这也说明作为社会教育最重要组织的社教社在成立之后的所说所为,基本上是顺应了中国社会教育乃至近代中国历史发展的进程的。

---

① 杜元载:《非常时期之社会教育》,中华书局,1937,第28—31页。
② 童润之:《〈教育与民众〉一百期与江苏教育学院十三年》,《教育与民众》第10卷第10期,1941年。

附录

中国社会教育社社章[1]

第一章 总则

第一条 本社定名为中国社会教育社。

第二条 本社以研究社会教育学术,促进社会教育事业为宗旨。

第三条 本社之工作暂定如下:

一、调查并报告社会教育之研究及推行状况;

二、研究社会教育之重要问题;

三、谋各处各项社会教育研究及实验工作之互相联络;

四、协助各机关团体或个人从事社会教育之研究及推行;

五、宣传社会教育之重要;

六、于推行事业之必要时,联络各地同志为一致之努力;

七、举办社会教育事业;

八、出版社会教育刊物;

九、介绍社会教育人才;

十、联络外国社会教育机关团体及学者;

---

[1]《中国社会教育社社章》,《民众教育通讯》第1卷第9期,1931年,第123—126页。本文及后面的附录内容,照录原文,不做修改,明显排版错误除外。原文为竖排的,"列左""如左"等改为"列下""如下"。原文无标点的,依据句意加了标点,原文标点与现代使用习惯明显不符的,依据现行标准进行了调整。本书正文中的引用,也以此为原则。

十一、其他依照宗旨应进行之工作。

第二章 社员

第四条 本社社员规定如下：

一、普通社员

甲、个人社员 凡研究社会教育或服务于社会教育机关者,由社员二人之介绍,经理事会之通过,得为个人社员。

乙、团体社员 凡与社会教育有关而不以营利为目的之机关及团体,赞成本会宗旨者,经理事会之通过,得为团体社员。

二、名誉社员

凡于社会教育之研究或推行有特殊贡献或予本社以特殊助力者,得由理事会提经大会通过,推为名誉会员。

第五条 凡普通社员无故不缴社费在一年以上者,或有足以损坏本社名誉之行为,由社员三人以上之指证,经理事会查明属实者,均得由理事会取消其社员资格。

第三章 组织

第六条 本社设理事会为大会闭会期间本社之最高机关。其职权如下：

一、对外代表本社对内综理社务；

二、草拟本社社务进行计划；

三、编造本社预算决算；

四、筹划并保管本社经费；

五、审定社员资格；

六、召集社员大会；

七、执行大会决议案。

第七条 理事会设理事十五人,其中十二人,由全体社员公选之；其余三人,由当选之理事,就未当选之重要省市或重要社会教育事业之社员中推选之。

第八条 理事之任期均为三年,惟第一年社员公选理事之任期三年,二年一年者各四人,当选理事公推之理事,其任期三年二年一年者各一人,均以被选票数多少为根据,以后每年如法改选五人,连举均得连任。

第九条 理事之选举,由全体社员于常年大会期前,用双记名法通讯选举,密封送交理事会汇齐于常年大会时开票。前项选举票,由理事会制定于大会期前三月至一月内,寄交各社员。

第十条 理事会设常务理事三人,处理日常社务,由理事互推之。任期一年,连举得连任。

第十一条 理事会为执行职务之便利,应组织事务所。事务所组织大纲,由理事会订定施行。

第十二条 本社为研究及规画之便利,得设各项专门委员会。组织大纲另定之。

第十三条 各地社员因研究及推行事业之便利,得自由组织分社。惟分社社章,须经理事会之审定,并随时受理事会之指导。

第四章 会议

第十四条 社员大会,每年一次,由理事会于会期前二月召集之。日期及地点,由理事会决定。

第十五条 理事会会议,每年至少举行三次,由常务理事召集之。

第五章 经费

第十六条 本社经费,以下列各项充之:

一、社员常年社费;

二、社员特别捐;

三、政府补助费;

四、社外机关团体个人之捐助;

五、其他收入。

第十七条 社员常年社费,普通个人社员每年二元,普通团体社员每年五元。凡个人社员能于一次缴足二十五元,团体社员能于一次缴足六十元者,永远免除其常年费。

第六章 附则

第十八条 本社社址在自建事务所以前由理事会决定之。

第十九条 本社章如有未妥善处,得由社员十五人以上之提议,提出大会修正之。

第二十条 本社章由社员大会通过施行。

中国社会教育社社章修正案[①]

(1947年3月修正)

第一章 总则

第一条 本社定名为中国社会教育社。

第二条 本社以研究社会教育学术,促进社会教育事业为宗旨。

第三条 本社之任务规定如下:

一、调查并报告社会教育之研究及推行状况;

二、研究社会教育之重要问题;

三、谋各处各项社会教育研究及实验工作之互相联络;

四、协助各机关团体或个人从事社会教育之研究及推行;

五、宣传社会教育之重要;

六、举办社会教育事业;

七、出版社会教育刊物;

八、介绍社会教育人才;

九、办理社会教育人员之进修事业;

十、增进社会教育人员之福利;

十一、联络外国社会教育机关团体及学者;

十二、其他依照宗旨应进行之工作。

第四条 本社得于各省市组织分社,其章程准则由理事会订定之。

第二章 社员

第五条 本社社员规定如下:

一、普通社员

甲、个人社员 凡研究或服务社会教育者,由社员二人之介绍,经理事会之

[①]《中国社会教育社社章修正案》(1947年3月),中国第二历史档案馆编《中华民国史档案资料汇编》第五辑第二编,教育(二),江苏古籍出版社,1997,第486—489页。

通过,得为个人社员。

乙、团体社员 凡社会教育有关团体及与社会教育有关,而不以营业为目的之机关团体,赞成本会宗旨者,经理事会之通过,得为团体社员。

二、名誉会员

凡于社会教育之研究或推行有特殊贡献,或予本社以特殊助力者,得由理事会提经大会通过,推为名誉会员。

第六条　凡普通社员无故不缴社费,在一年以上者,或有足以损坏本社名誉之行为,由社员三人以上之指证,经理事会查明属实者,均得由理事会取消其社员资格。

第三章　组织

第七条　本社以社员大会为最高权力机关,社员大会闭会期间,由理事会、监事会负责处理本社一切事务,其职权如下:

一、理事会

甲、对外代表本社,对内综理社务;

乙、草拟本社社务进行计划;

丙、编造本社预算决算;

丁、筹划并保管本社经费;

戊、通过社员入社;

己、召集社员大会;

庚、执行大会决议案。

二、监事会

甲、审核社员资格;

乙、审核本社预算;

丙、督促大会决议案之执行及社务之推进;

丁、复审本社刊物。

第八条　本社设理事二十一人,候补理事十人。监事七人,候补监事三人。除理事中三人,监事中一人,由理事会、监事会就重要省市或重要社会教育事业之社员中推选外,均由社员公选之,理事、监事分别组织理事会、监事会,以执行其任务。

第九条　公选之理监事任期均为三年,惟第一年社员公选理事之任期,依得票多寡平均分三年、二年、一年三种任期,届满之理监事于每年改选之,连选得连任。

第十条　理监事之选举,由全体社员于常年大会期前,用只记名法通讯选举,密封送理事会汇齐,于常年大会时开票,前项选举票由理事会制定,于大会期前两个月内寄交各社员。

第十一条　理事会设常务理事三人处理日常社务,由理事互推之。监事会设常务监事一人处理日常监察事务,由监事互推之,常务理监事任期一年,连选得连任。

第十二条　理事会为执行职务之便利,应组织事务所。事务所组织大纲,由理事会订定施行。

第十三条　本社为研究及规划之便利,得设各项专门委员会。

第十四条　各地社员因研究及推行事业之便利,得自由组织分社,惟分社须随时受理事会之指导,其社章须根据本社社章第四条之规定订定之。

第十五条　社员大会以每年一次为原则,由理事会于会期前二月召集之,日期及地点,由理事会决定之。

第十六条　理事会、监事会会议每年至少举行三次,由常务理事及常务监事召集之。

第四章　经费

第十七条　本社经费以下列各项充之:

一、社员常年社费;

二、社员特别捐;

三、政府补助费;

四、社外机关团体个人之捐助;

五、其他收入。

第十八条　社员常年社费,普通个人社员每年一万元,普通团体社员每年分五万元、十万元、二十万元三种,由该团体社员自行认缴之,凡个人社员能于一次缴足十万元,团体社员能于一次缴足六十万元者,永远免除其常年费。

《建国教育》发刊辞[①]

本刊为什么会产生？为什么命名《建国教育》？在它诞生的时候，本处同人不能不有一言敬告于全国社会人士。

中国教育学术团体联合办事处之组织，本来在卢沟桥事件发生以前早已发生了。当时本处底目的，无非在于谋国内各个教育学术团体底行政结构之联络而使于交换知识、沟通消息而已。但是自从卢沟桥事件发生以还，暴日肆行无理的军事侵略，尤其视教育文化机关为眼中钉，任意地摧残和毁灭。因此，本处同人认为敌人既具有消灭我国教育文化之野心和行动，则我们不能不对于它讲求其所以自卫之道。然则我们将怎样地讲求自卫呢？本处同人认为国内各个教育学术团体首先地要有一种精诚团结之有力的组织。孔子说得好："足食足民，民信之矣。必不得已而去，先去兵，次去食，自古皆有死，民无信不立。"孔子所谓"民信"，申言之，就是现在我们所谓"民族的自信力"。这种民族的自信力之恢复和培养，其责任就是在于我们教育学术界同人底身上。这不啻于好像训练兵队之责任在于军事家底身上及讲求粮食之责任在于政治家底身上一般。若照孔子那几句话看起来，我们底责任之重大比之军事家和政治家只有过之而无不及的；至少限度，这三者所应负的责任应该等量齐观的。

根据上述的这个理由，所以我们教育学术界同人自抗战以来，每碰到敌人把我们教育文化机关破坏一次，便可以使我们恢复和培养民族的自信力之决心增加一度；经过一年六个月抗战之久，我们教育文化机关被敌人所破坏，不可胜数。因此，我们恢复和培养民族的自信力之决心底程度，越加越厚，好像练成钢铁一般。照这样说起来，我们对于敌人却要表示感谢。因为假定上年七月七日没有卢沟桥事件之发生而酿成一年半来的大规模侵略战，那么，我们所有的各个教育学术团体散在各处，教育学术界同人也不容易荟萃于一处共同地谋精诚团结之有力的组织。现在呢，本处已经迁移到重庆，各个教育学术团体总会也陆续迁移于此，并且各个教育学术团体底会友也源源而来，所以本处同人认为我们不能不利用这个好机会再进一步地有一种精诚团结之有力的组织。然

[①]《发刊辞》，《建国教育》1938年第1期，第1—3页。

则本刊所以会产生的,其目的就是在于要表现我们怎样地做有一种精诚团结之有力的组织底一种工作。

复次,谈到我们为什么命名本刊为《建国教育》这一个问题呢,这就是因为我们要遵守中国国民党临时全国代表大会所议决公布的《抗战建国纲领》宣言着"一面抗战,一面建国,抗战与建国,同时并进"这个原则,所以我们虽则不能够像军事家一样赴前方参加抗战,并不能够像政治家一样为前后方讲求粮食,然而如前面所说,我们应该在空间上为着前后方,在时间上为着前后代讲求怎样地恢复和培养民族的自信力之道,以分担精神建设之一点责任。原来如《抗战建国纲领》所指示,抗战与建国同时并进的;又如总理底"民生哲学"所垂训,精神与物质不可分离的。因此,我们要建国,即所以要抗战;同时,我们讲精神,也即所以讲物质。就中国各个教育学术团体本身底性质而论,它们有的研究教育学,有的研究职业教育,有的研究儿童教育,有的研究社会教育,有的研究民生教育,有的研究卫生教育,有的研究健康教育,有的研究心理卫生,有的研究测验,有的研究图书馆学,有的研究教育电影,有的研究体育;不但研究,并且都在躬行实践进行中的。因此,本刊底第二种任务,就是要把各个教育学术团体平日研究所得的结果报告于全国社会;同时,还要表示它们怎样直接地或间接地参加抗战上底各种服务工作。读者诸君读了本刊的内容,便知其端倪的。至于本处同人呢,我们不过负集稿和编辑之微责而已。现在因为本刊既要刊发,我们为表明自己底责任起见,不能不在此地说几句"编辑前话",好像"开场白"一般,不敢云是一篇什么发刊辞。

主要参考文献

著述、资料汇编

曹天忠:《教育与社会改造——雷沛鸿与近代广西的教育及社会》,天津古籍出版社,2004。

桑兵等:《近代中国的知识与制度转型》,经济科学出版社,2013。

周慧梅:《中国社会教育社研究》,北京师范大学出版社,2019。

冯友兰:《贞元六书 上》,华东师范大学出版社,1996。

郑大华:《民国乡村建设运动》,社会科学文献出版社,2000。

赵春晨等主编《中西文化交流与岭南社会变迁》,中国社会科学出版社,2004。

王奇生:《党员、党权与党争:1924—1949年中国国民党的组织形态》,上海书店出版社,2003。

杜学元、郭明蓉、彭雪明编著《晏阳初年谱长编》,上海交通大学出版社,2017。

古楳:《卅五年的回忆》,无锡民生印书馆,1935。

中国人民政治协商会议江苏省无锡市委员会文史资料委员会编《无锡文史资料》第25辑(江苏省立教育学院专辑),1991。

中国人民政治协商会议江苏省暨南京市委员会文史资料研究委员会编《江苏文史资料选辑》第13辑,江苏人民出版社,1983。

《文史资料存稿选编·教育》,中国文史出版社,2002。

政协广西壮族自治区委员会文史资料研究委员会编《广西文史资料选辑

第26辑 雷沛鸿纪念文集》,1988.

苏州大学原江苏省立教育学院校友会编印《艰苦的探寻:江苏省立教育学院校友回忆录》,1989。

政协江苏省太仓市文史委员会编《太仓文史 第13辑 俞庆棠纪念文集》,1997。

薛暮桥:《薛暮桥回忆录》,天津人民出版社,1996。

李正富编著《王凤喈先生的生平及其著作》,台北正中书局,1980。

《谭平山文集》编辑组编《谭平山文集》,人民出版社,1986。

韦善美主编《雷沛鸿文集 下》,广西教育出版社,1990。

陈友松主编《雷沛鸿教育论著选》,人民教育出版社,1992。

茅仲英,唐孝纯编《俞庆棠教育论著选》,人民教育出版社,1992。

许锡挥编《许崇清文集》,广东教育出版社,1994。

北京师范大学校史研究室编《林砺儒文集》,广东教育出版社,1994。

陈侠、傅启群编《傅葆琛教育论著选》,人民教育出版社,1994。

李扬汉主编《章之汶先生纪念文集》,南京农业大学出版社,1998。

中国文化书院学术委员会编《梁漱溟全集》,山东人民出版社,2005。

宋恩荣主编《晏阳初全集》,天津教育出版社,2013。

吴稚晖:《吴稚晖全集》,九州出版社,2013。

董晓萍编《钟敬文全集》,高等教育出版社,2018。

庄俞、贺圣鼐编《最近三十五年之中国教育》,商务印书馆,1931。

江苏省立教育学院北夏实验区编印《北夏第一年》,无锡中华印刷局,1933。

中国社会教育社编印《中国社会教育社社员一览》,无锡民生印书馆代印,1935。

千家驹、李紫翔编著《中国乡村建设批判》,新知书店,1936。

中国社会教育社广西考察团编《广西的教育及其经济》,无锡民生书局,1937。

杜元载:《非常时期之社会教育》,中华书局,1937。

马宗荣:《大时代社会教育新论》,贵阳交通书局,1941。

晏阳初、(美)赛珍珠著,宋恩荣编《告语人民》,广西师范大学出版社,2003。

于述胜主编《民国时期社会教育史料汇编》,国家图书馆出版社,2017。

李景文、马小泉主编《民国教育史料丛刊》,大象出版社,2015。

杜成宪主编《民国乡村教育文献丛刊》,国家图书馆出版社,2014。

王强主编《民国乡村教育文献丛编》,四川大学出版社,2015。

杜学元主编《民国乡村教育文献丛刊续编》,国家图书馆出版社,2017。

中国第二历史档案馆编《中华民国史档案资料汇编》,第五辑第二编,教育(二),江苏古籍出版社,1997。

档案

南京第二历史档案馆教育档案

上海档案馆档案

重庆市档案馆档案

广东省档案馆档案

台北"国史馆"教育档案

台北"中研院"近代史研究所档案

会议报告、年鉴、年报

《中国社会教育社第一届年会报告》

《中国社会教育社第二届年会报告》

《中国社会教育社第三届年会报告》

《中国社会教育社第四届年会纪念册》

《第二次中国教育年鉴》,商务印书馆,1948。

中国教育学术团体联合办事处:《中国教育学术团体联合年报》,1944。

报刊

《地方自治》

《东方杂志》

《行政院公报》

《合作月刊》

《建国教育》

《江苏教育》

《教育部公报》

《教育季刊》

《教育通讯》

《教育研究》

《教育与民众》

《教育杂志》

《科学》

《民间》

《民众教育通讯》

《民众教育研究》

《农业推广》

《山东民众教育月刊》

《社教实验通讯》

《社友通讯》

《申报月刊》

《石牌生活》

《苏声月刊》

《现代民众》

《乡村建设》

《新北辰》

《新中华》

《浙江合作》

《浙江教育行政周刊》

《中国农村》

《中华教育界》

《中华图书馆协会会报》

《晨报》

《大公报》(天津)

《大公报》(重庆)

《中央日报》(重庆)

《广州民国日报》

《国立中山大学日报》

《申报》

《时事新报》

《新闻报》

《扫荡报》(桂林)

后记

《中国社会教育社史》是国家出版基金资助项目"中国现代教育社团史"丛书中的一本。本人服务于中山大学历史系，教研中国近现代史，教育与近代中国社会变迁是其中的长期兴趣所在。20世纪90年代因研究中国社会教育社代表性人物、著名教育家雷沛鸿进而关注该社，于2006年发表了《中国社会教育社述论——以年会（1932—1936年）为中心》《中国社会教育社与乡村教育派分的互动》等论文，受到学界的好评，与教育史界结缘不算晚。该书得以列入丛书，得益于丛书主编储朝晖研究员的错爱。储先生在教育学界大名如雷贯耳，却素未谋面，有感于他的一再诚恳邀约和相近的学术理念，只好勉为其难。其次，为了与已有研究区别，本书采取叙述与研究相结合的办法，由内而外，在重点着墨社教社本身的沿革变化、组织运作、社教界之间联系、社教实验事业的同时，逸出社外，思考社教社与政治合作，尤其是与盛极一时的乡村建设以及彪炳史册的抗日战争的关系，将该社历史置于近代中国教育史乃至中国近代史脉络中考察、定位。在研撰过程中，由于一些难以拒绝的俗事缠身，加上新冠肺炎疫情的影响，交稿时间一再拖延，主编和社方始终宽容和理解，为此甚感不安。最后，我们再次感谢储朝晖主编的不弃以及责任编辑的辛劳，期待学界的批评和指正。

曹天忠

2020年9月21日

丛书跋

2012年完成自己主编的2012年度国家出版基金资助项目"20世纪中国教育家画传"后，就策划启动新的研究项目，于是决定为曾在中国教育现代化过程中发挥巨大作用而又少有人知的教育社团写史，并在2013年3月拿出第一个包含8本书的编撰方案。当初怎么也没想到这一工作一再积累后延，几乎占用了我8年的主要时间，列入写作的社团一个个增加，参加写作的专家团队、支持者和志愿者不断扩大，最终汇成30本书和由50多位专家组成的团队，并在西南师范大学出版社鼎力支持下如愿以偿地获得2019年度国家出版基金资助。

1895年中日甲午海战中国战败后，中国社会受到强烈震动，有识之士勇敢地站出来组建各种教育社团，发展现代教育。1895年到1949年，在中国传统教育向现代教育转化、嬗变的过程中，产生了数以百计的教育社团。中华教育改进社等众多的民间教育社团在中国教育现代化进程中都曾发挥过重要的、甚至是无可替代的作用，到处留下了这些社团组织的深深印记，它们有的至今还在发挥着潜移默化的作用，它们是中国教育智库的先声。

但随着时间的推移，知道这段历史的人越来越少。教育社团组织与中国教育早期现代化既是一个有丰富内涵的历史课题，更是一个极具现实意义的实践课题。挑选"中国现代教育社团史"这一极为重大的选题，联合国内这一领域有专深研究的专家进行研究，系统编撰教育社团史，既是为了更好地存史，也是为了有效地资政，为当今及此后教育专业社团的建立、发展和教育改进与发展提供借鉴，为教育智库发展提供独具价值的参考，为解决当下中国教育管理主体过于单一问题提供借鉴,从而间接促进当下教育质量的提升和《中国教育现代化2035》目标的实现。简言之,为中国现代教育社团修史是一项十分有意义的工作。

在存史方面,抢救并如实地为这些社团写史显得十分必要、紧迫。依据修史的惯例,经过70多年的沉淀,人们已能依据事实较为客观地看待一些观点,为这些教育社团修史,恰逢其时;依据信息随时间衰减的规律,当下还有极少数人对70多年前的那段历史有较充分的知晓,错过这个时期,则知道的人越来越少,能准确保留的信息也会越来越少,为这些社团治史时不我待。因此,本套丛书担当着关键时段、恰当时机、以专业方式进行存史的重要责任。

在资政方面,为中国现代教育社团修史是一项十分有现实意义的工作。中国教育改革除了依靠政府,更需要更多的专业教育社团发展起来,建立良性的教育评价和管理体系,并在社会中发挥更大的作用。社团是一个社会中多种活力的凝结和显示,一个保存了多样性社团的社会才是组织性良好的社会,才是活力充足的社会。当时的各个教育社团定位于各自不同的职能,如专业咨询、管理、评价等,在社会和教育变革中以协同、博弈等方式发挥出巨大的作用。它们的建立和发展,既受到中国现代新式教育发展的制约,又影响了中国现代新式教育发展的进程。研究它们无疑会加深我们对那个时期中国新式教育发展过程中各种得失的宏观认识,有助于从宏观层面认识整个新式教育的得失,进而促进教育质量和品质的提升。现今的教育社团发展不是在一张白纸上画画,1900年后在中国产生的各种教育社团是它们的先声。为中国现代教育社团修史将会为当下及未来各个社团的建立发展和教育智库建设提供真实可信而又准确细致的历史镜鉴。

做好这项研究需要有独特的史识和对教育发展与改革实践的深刻洞察,本丛书充分运用主编及团队三十余年来从事历史、实地调查与教育改革实践研究的专业积累。在启动本研究之前,丛书主编就从事与教育社团相关的研究,又曾做过一定范围的资料查找,征集大陆(内地)和台湾、香港、澳门等地教育史专业工作者意见,依据当时各社团的重要性和历史影响,以及历史资料的可获取性,采用既选好合适的主题，又选好有较长时期专业研究的作者的"双选"程序，以保障研究的总体质量，使这套丛书不仅分量厚重，质量优秀，还有自己的特色。

本丛书的"现代"主要指社团具有的现代性，这样的界定与中国教育现代化进程相吻合。以历史和教育双重视角，对中华教育改进社等具有现代性的30余个教育社团的历史资料进行系统的查找、梳理和分析。对各社团发展的整体形态做全面的描述，在细节基础上构建完整面貌，对其中有歧义的观点依据史实客观论述，尽可能显示当时全国教育社团发展的原貌和全貌，也尽可能为当下教育社团与教育智库的建立和发展提供有益的历史镜鉴。

为此，我们明确了这套丛书的以下撰写要求：

全套丛书明确史是公器，是资料性著述的定位，严格遵循史的写作规范，以史料为依据，遵守求真、客观、公正、无偏见的原则，处理编撰中的各类问题。

力求实现四种境界：信，所写的内容是真实可靠的，保证资料来源的多样性；简，表述的方式是简明的，抓住关键和本质特征经过由博返约的多次反复，宁可少一字，不要多一字；实，记述的内容是有实际意义和价值的，主要体现为内容和文风两个方面，要求多写事实，少发议论，少写口号，少做判断，少用不恰当的形容词，让事实本身表达观点；雅，尽可能体现出艺术品位和教育特性，表现为所体现的精神、风骨之雅，也表现为结构的独具匠心，表达手法的多样和谐、图文并茂。

对内容选取的基本标准和具体要求如下：

（1）对社团的理念做准确、完整的表述，社团理念在其存续期有变化的要准确写出变化的节点，要通过史料说明该社团的活动是如何在其理念引导下开展的。

（2）完整地写出社团的产生、存续、发展过程，完整地陈述社团的组织结构、活动规模、活动方式、社会影响，准确完整地体现社团成员在社团中的作用、教育思想、教育实践，尽可能做到"横不缺项，纵不断线"。

（3）以史料为依据，实事求是，还原历史，避免主观。客观评价所写社团对社会和教育的贡献，不有意拔高，也不压低同时期其他教育社团。关键性的评价及所有叙述要有多方面的史料支撑,用词尽可能准确无歧义。

(4)凸显各单册所写社团的独特性,注意铺垫该社团所在时代的社会与教育背景,避免出现违背历史事实的表述。

(5)根据隔代修史的原则,只记述中华人民共和国成立之前的历史。对后期延续,以大事记、附录的方式处理,不急于做结论式的历史判定。

(6)各书之间不越界,例如江苏教育会与全国教育会联合会之间,江苏教育会与中华教育改进社之间,详略避让,避免重复。

写法要求为:立意写史,但又不写成干巴、抽象、概念化的历史,而是在掌握大量资料的基础上,全面、深刻理解所写社团的历史细节和深度,写出人物的个性和业绩,写出事件的情节和奥秘,尽可能写出有血有肉、有精气神的历史,增强可读性。写法上具体要求如下:

(1)在全面了解所写社团基础上,按照史的体例,设计好篇目、取舍资料、安排内容、确定写法。在整体准确把握的基础上,直叙历史,不写成专题或论文,语言平和,逻辑清晰。

(2)把社团史写得有教育性。主要通过记叙社团发展过程中的人和事展示其具有的教育功能;通过社团具有的专业性对现实的教育实践发生正向影响,力求在不影响科学性、准确性的前提下尽量写得通俗。

(3)能够收集到的各社团的活动图片尽可能都收集起来,用好可用的图,以文带图,图文互补,疏密均匀。图片尽可能用原始的、清晰的,图片说明文字(图题)应尽量简短;如遇特殊情况,例如在正文中未能充分展开的重要事件,可在图题下加叙述性文字做进一步介绍,作为一个独立的知识点。

(4)关键的史实、引文必须加注出处。

据统计,清末至民国时期教育社团或具有教育属性的社团有一百多个,但很多社团因活动时间不长、影响不大,或因资料不足等,难以写成一本史书。本丛书对曾建立的教育社团进行比较全面的梳理,从中精心选择一批存续时间长、影响显著、组织相对健全、在某一专业领域或某一地区具有代表性、典型性的教育社团进行深入研究,在此基础上做出尽可能符合当时历史原貌和全貌的整体设计，整体上能够充分完整地呈现所在时代教育社团的整体性和多样性特征，依据在中国教育现代化进程中所发挥的作用大小选择确定总体和各部分的研究内容，依据史实客观论述，准确保留历史信息。本丛书的基本框架为一项总体研究和若干项社团历史个案研究。以总体研究统领各个案研究，为个案研究确定原则、方法、背景和思路；个案研究为总体研究提供史实和论证依据，各个案研究要有全面性、系统性、真实性、准确性、权威性、实用性，尽量写出历史的原貌和全貌，以及其背后盘根错节的关系。

入选丛书的选题几经增减，最终完稿的共30册：

《中国现代教育社团发展史论》《中华教育改进社史》《中华平民教育促进会史》《生活教育社史》《中华职业教育社史》《江苏教育会史》《全国教育会联合会史》《中国教育学会史》《无锡教育会史》《中国社会教育史》《中国民生教育学会史》《中国教育电影协会史》《中国科学社史》《通俗教育研究会史》《国家教育协会史》《中华图书馆协会史》《少年中国学会史》《中华儿童教育社史》《新安旅行团史》《留美中国学生联合会史》《中华学艺社史》《道德学社史》《中华教育文化基金会史》《中华基督教教育会史》《华法教育会史》《中华自然科学社史》《寰球中国学生会史》《华美协进社史》《中国数学会史》《澳门中华教育会史》。

本丛书力求还原并留存中国各现代教育社团的历史原貌和全貌，对当时各教育社团的发展历程、重要事件、关键人物进行系统考察，厘清各社团真实的运作情况，从而解决各社团历史上一些有争议的问题，为教育学和历史学相关领域的发展提供一定的帮助，拓展出新的领域，从而传承、传播教育先驱的精神，为当今教育改革和发展提供历史借鉴和智慧资源，为今后教育智库的发展提供有中国实践基础的历史参考，在拓展教育发展的历史文化空间上发挥其他著述不可替代的作用。在写作过程中严格遵守史的写作规范，以史料为依据，遵守求真、客观、公正、无偏见的原则，处理编撰中的各类问题。

这是一项填补学术空白的研究。这个研究领域在过去70多年仅有零星个别社团的研究，在史学研究领域对社团的研究较多，但对教育社团的研究严重不足；长期以来，在教育史研究领域没有对教育社团系统的研究；对民国教育的研究多集中于一些教育人物、制度,对曾发挥不可替代作用的教育社团的研究长期处于不被重视状态。因此,中国没有教育社团史的系列图书出版,只有与新安旅行团、中华职业教育社相关的专著,其他教育社团则无专门图书出版,只是在个别教育人物的传记等文献中出现某个教育社团的部分史实,浮光掠影,难以窥其全貌。但是教育社团对当时教育的发展发挥了倡导、引领、组织、管理、评价等多重功能,确实影响深远,系统研究中国现代教育社团是此前学术界所未有过的。该研究可以为洞察民国教育提供新的视角,在今后一段时期内具有标志性意义,发挥其他著述不可替代的作用。

这是一项高难度的创新研究。它需要从70多年历史沉淀中钩沉,需要在教育学和史学领域跨越,在教育历史与现实中穿梭,难度系数很高、角度比较独特,20多年前就有人因其难度高攻而未克。研究过程中我们将比较厚实的历史积累和对当下教育问题比较深入的洞见相结合,以史为据,以长期未能引起足够重视的教育社团为研究对象,梳理出每个社团的产生、发展、作用、地位。

这是一项促进教育品质提升的研究。中国当下众多教育问题都与管理和评价体制相关。因此,我们决定研究中国现代教育社团史,对中国教育现代化进程中发挥过重要作用的诸多教育社团的历史进行抢救性记述、研究,对中国教育体系形成的脉络进行详尽的梳理,记录百年中国教育现代化进程中教育社团所起的重大作用,体现教育现代化过程中的"中国智慧",为构建中国教育科学话语体系铺垫史料、理论基础,探明1898到1949年间教育社团在中国教育现代化发展中的作用,为改善中国教育提供组织性资源。

这是一项未能引起足够重视的公益性研究。本研究旨在还原并留存各教育社团的历史原貌和全貌,传承、传播教育先驱的精神,为当今教育改革和发展提供历史借鉴和智慧资源,拓展教育发展的历史文化空间,需要比较厚实的历史积累和对当下教育问题比较深入的洞见。本研究长期处于不被重视状态,但是其对教育的发展确实影响深远,需要研究的参与者具有对历史和现实的使命感。

这个研究项目在设计、论证和实施过程中得到业内专家的大力支持、高度关注和评价。中国教育学会教育史分会原会长田正平先生热心为丛书写了推荐信,又拨冗写了总序,认为:"说到底,这是当代中国教育改革的需要和呼唤。教育是中华民族振兴的根基和依托,改革和发展中国教育,让中国教育努力赶上世界先进水平,既是中央政府和各级政府义不容辞的职责,也必须依靠广大教育工作者的自觉参与和担当。从这个意义上讲,中国近代教育会社团体与中国教育早期现代化研究,既是一个有丰富内涵的历史课题,更是一个极具现实意义的重大问题。"中国现代教育社团史的课题,"从近代以来数十上百个教育社团中精心选择一批有代表性、典型性、产生过重大影响的教育社团,列为专题,分头进行了深入的研究。我相信,读者诸君在阅读这些成果后所收获的不仅仅是对教育社团的深入理解和崇高敬意,也可能从中引发出一些关于当代中国教育改革的更深层次的思考"。

北京师范大学教育学部原部长、清华大学教育学院院长石中英教授在推荐中道:"对那些历史上有重要影响的教育社团进行研究,既具有非常重要的学术价值,也具有非常强烈的现实意义。""当前,我国改革开放正在逐步地深入和扩大,激发社会组织活力,在整个社会治理体系建设中具有重要作用。现代教育治理体系的建设,也迫切需要发挥专业的教育社团的积极作用。在这个大背景下,依据可靠的历史资料,回溯和评价历史上著名教育社团的产生、发展、组织方式和活动方式等,具有现实意义和社会价值。""总的来说,这个项目设计视角独特,基础良好,具有较高的学术价值、实践价值和出版价值。"

1990年代,中央教育科学研究所张兰馨等多位前辈学者就意识到这一选题的重要性,曾试图做这一研究并组织编撰工作,终因撰写团队难以组建、资料难以查找搜集等各种条件限制而未完成。当我们拜访80多岁的张兰馨先生时,他很高兴地拿出了当年复印收藏的一些资料,还答应将当年他请周谷城先生题写的书名给我们使用,既显示这一研究实现了学者们近30年未竟的愿望,也使这套书更具历史文化内涵。

西南师范大学出版社是全国百佳图书出版单位、国家一级出版社、全国先进出版单位,承担了多项国家重大文化出版工程项目、国家出版基金资助项目、重庆市出版专项资金资助项目,具有丰富的国家、省市重点项目出版与管理经验。该社出版的多项国家级项目受到各级主管部门、学界、业内的一致好评。米加德社长调集素质高、业务精的专业编辑团队支持本书的编辑出版，尹清强先生、伯古娟女士做了大量联络和组织工作，各位责任编辑付出了大量辛勤劳动。西南大学的学术优势为本书的出版提供了学术支撑。

本项目30余位作者奉献太多。他们分别来自中国人民大学、北京师范大学、华东师范大学、中山大学、首都师范大学、浙江师范大学等多所高校和研究机构，他们长期从事相关领域的研究，具有极强的学术责任感，具备了较好的专业基础，研究成果丰硕，有丰富的写作经验。在没有启动经费的情况下，他们以社会效益为主，把这项研究既当成一项工作任务，又当成一项对精湛技术、高雅艺术和完美人生的追求，以高度的历史使命感和现实的使命感投入研究，确保研究过程和成果具有较高的严谨性。他们旨在记录中国教育现代化过程中教育社团所起的重大作用，体现教育现代化过程中的"中国智慧"，写出理论观点正确、资料翔实准确、体例完备、文风朴实、语言流畅，具有资料性、科学性、思想性，经得起历史检验的，有灵魂、有生命、能传神的现代教育社团史。

这套丛书邀约的审读委员主要为该领域的专家，他们大多在主题确定环节就参与讨论，提供资料线索，审读环节严格把关，有效提高了丛书的品质。

本人为负起丛书主编职责，采用选题与作者"双选"机制确定了撰写社团和作者，实行严格的丛书主编定稿制，每本书都经过作者拟提纲—主编提修改意见—确定提纲—作者提交初稿—主编审阅，提出修改意见—作者修改—定稿的过程，有些书稿从初稿到定稿经过了七到八次的修改，这些措施有效地保障了这套丛书的编撰质量。尽管做了这些努力，仍难免有错，敬希各位不吝赐正。

十分感谢国家出版基金资助。本丛书有重大的出版价值，投入也巨大，但市场相对狭窄。前期在项目论证、项目启动、资料收集、组织编写书稿中投入了大量的人力、物力。多位教育专家和史学专家经过八年的努力，收集了大量的资料，研究的深度和广度都大大超出此前这一领域的研究。各位作者收集了大量的历史资料，走访了全国各大图书馆、资料室，完成了约一千万字、数百幅图片的巨著。前期的资料收集、研讨成本甚高,而使用该书的主要为教育研究者、教育社团和教育行政人员。即便丛书主编与作者是国内教育学、教育史学领域的权威专家,即便丛书经过精心整理、撰写而成,出版后全国各地图书馆、研究院所会有一定的购买,有一定的经济效益,但因发行总数量有限,很难通过少量的销售收入实现对大量经费投入的弥补,国家出版基金资助是保障该套丛书顺利出版的关键。

教育在实现中华民族伟大复兴中发挥着不可替代的作用。完整、准确、精细地回顾过去方能高瞻远瞩而又脚踏实地地展望未来,将优秀传统充分挖掘展现、利用方能有效创造未来,开创教育发展新时代。在中国教育现代化进程中众多现代教育社团是促进者。中国人坚定的自信是建立在5000多年文明传承基础上的文化自信。中国现代教育社团的发起者心怀中华,在中华民族处于危亡之际奔走呼号,立足弘扬中华优秀文化传统提倡革新。本丛书深层次反映了当时中国仁人志士组织起来,试图以教育救国的真实面貌,其中涉及几乎全部的教育界知名人物,对当年历史的还原有利于挖掘中华优秀传统文化的强大生命力和在民族危亡关头的强大凝聚力,弘扬中华优秀传统文化,为构建中华优秀传统文化传承发展体系添砖加瓦。研究这段历史,对于推动中华优秀传统文化创造性转化、创新性发展,对于促进教育智库建设,发展中国教育事业,发挥教育在促进中华民族伟大复兴中的作用具有重要意义。

愿我们所有人为此的努力在中国教育现代化进程中生根、发芽、开花、结果。

储朝晖

2020年6月